Focusing on Strategic Marketing Capabilities

경영연구시리즈1

고객자산관리와 마케팅프로세스의 변화

이성호 | 박정은 | 채서일

"전략적 마케팅능력을 중심으로"

Customer Equity Management and Marketing Process Change:
Focusing on Strategic Marketing Capabilities

비앤엠북스

Table of Contents 목 차

감사의 글

Acknowledgment

본 서의 배경

본 서의 첫 번째 저자는 소비자행동, 그 중에서도 가격과 브랜드에 대한 소비자 인식과 평가, 그리고 그 평가와 관련된 정보처리과정에 관심을 갖고 주로 소비자 인식의 場(cognitive representation)과 관련된 이론을 배경으로 연구를 진행하여 왔다. 한국에 와서 연구와 강의활동을 진행하면서 미국 마케팅 학계에서 등장한 기업의 시장정보처리과정(organization's market information processing) 관련 연구를 접하며 연구의 관심 폭이 확장되기 시작하였다. CRM의 등장과 함께 한국 금융기관들이 CRM을 추진하는 과정에서 자문활동에 참여하면서 CRM 분야에 대한 관심이 자연적으로 높아지게 되었다.

피상적으로 보면 상이한 분야에 대한 관심으로 보일 수 있을 것이다. 그런데 인식의 場 이론은 기업의 시장정보처리과정의 근간 이론과 공유된다. 또한 CRM 분야도 기업이 수용하여 활용하는 관점에서 보면 기업의 시장정보처리과정 분야의 관심사와 자연스럽게 연결된다. 事前的인 frame을 갖지는 못하였지만 각 분야의 연구와 이론들을 상당한 기간 동안 고찰하여 왔다. 2006년 미국에서 연구교수 기간을 보내며 CRM과 고객관계자산 분야의 통합적 고찰 연구를 시도하게 되었다. 연구를 진행하면 할수록 고객관계자산 분야는 마케팅전략과 시장기반학습 분야와 무엇인가 연결의 끈

이 있음을 감지하게 되었다.

2007년 귀국하여 대학교 스승인 세 번째 저자를 찾아가 고객관계자산관리와 마케팅전략간의 관계 설정에 대하여 많은 토론을 진행하며 연구를 진행하게 되었다. 그러던 중 대학 후배이자 세 번째 저자의 제자이기도 한 두 번째 저자가 미국의 교수 생활을 마치고 한국에서의 교수 생활을 위하여 귀국하게 되었다. 두 번째 저자의 연구 분야는 마케팅전략, 시장기반학습, 그리고 CRM 등이었다. 이러한 만남과 공동 연구의 진행 과정은 이렇게 표현될 수 있다 : "everything seems to fit in all together so nicely afterward, although it was not intended at the outset."

본 서의 개요 및 주요 타겟

본 서는 고객관계자산관리를 마케팅전략 관점에서 조망한 학술연구저서이다. 특히 이 이슈를 깊게 고찰하면서 시장기반 관점에서 마케팅능력과 시장기반학습이 고객관계자산관리의 능력과 마케팅 프로세스를 개념화 하는데 이론적 기반이 됨을 제시하였다. 나아가 기업의 마케팅능력은 기업의 중요한 무형자원을 형성하는 데에 중요한 역할을 하는 것을 감안하여 고객관계자산뿐만 아니라 기업의 중요한 다른 무형자원인 브랜드자산에 관해서도 고찰하였다. 고객관계자산관리와 브랜드자산관리의 명확한 관계 설정은 향후 연구 방향으로 미뤘다. 그럼에도 불구하고, 본 연구저서는 저자들의 연구관심분야를 통합적으로 고찰한 목적 이외 대학원 수준의 마케팅전략세미나 교재로서 효과적으로 활용될 수 있도록 설계되었다. 내용과 함께 특히 참고문헌을 잘 고려하여 세미나를 설계하면 대학원 학생들의 연구능력을 증진시키는 데에 도움을 줄 수 있을 것이다. 또한 이 분야들의 테마로 연구를 진행하고 계시는 교수님들 혹은 학위논문을 진행하고자 하는 대학원생들에게 본 서가 조금이나마 도움이 되길 바란다. 부가적으로 학문적 글쓰기 형식 때문에 본 서를 읽고 이해하는 것이 쉽지는 않겠지만, 지속적인 경쟁우위를 갖추고자 하는 열망을 가지고 노력하고 계신, 또는 브랜드 자산과 고객관계자산이 중요하다고 생각하고 계시는 기업의 최고경영층, 마케팅 임원과 관리자께도 본 서가 통찰력을 줄 수 있기를 희망한다.

감 사

첫 번째 저자는 제일 먼저 두 번째 저자와 세 번째 저자에 대하여 마음 깊은 곳에서 그 고마움을 표현할 수 밖에 없다. 구체적으로 마케팅전략, 시장기반 관점에서의 마케팅능력, 시장기반학습 분야에서 많은 가르침을 주신 점과 어려운 작업에 흔쾌히 동참하여 주신 점에 다시 한 번 깊은 감사를 드린다. 나아가 더 큰 감사와 흥분을 느끼는 것은 이 작업을 계기로 지속적인 공동 연구가 진행될 것으로 보이기 때문이다. 또한 첫 번째 저자는 경희대학교 박찬욱 교수께 감사 드린다. 2005년 박 교수님이 출간한 서적인 '한국적 CRM 실천방안' 이 본 연구저서 작업을 시작하는데 촉매가 되었기 때문이다. 그 서적이 한국의 실무 사례와 경험을 중시한 실무적 현장 연구라 하면, 본 서는 그 동안 등장한 많은 중요한 실증적 · 개념적 연구들을 통합적으로 고찰한 이론연구서라 할 수 있다. 즉, 이론이 뒷받침되지 않는 실무는 그 적용과 발전에 한계가 있다는 것이 본 서 저자들의 관점이라 할 수 있다.

본 서의 저자들 모두 본 작업이 진행되는 데에 물심 양면으로 지원을 해 주신 MetaB 경영연구원의 강혜령 대표와 연구원 식구들께 감사 드린다. 또 이 작업 때문에 공동으로 진행하는 연구에 지장을 받으셨지만 흔쾌히 스케줄 양보를 허락해 주시며 격려를 아끼지 않으신 서강대학교 김주영 교수님께도 감사 드린다. 나아가 우리 저자들의 academic passion을 확인시켜 주며 지도 받느라 수고가 많은 고려대학교, 서울시립대학교, 이화여자대학교 대학원의 지도 학생들의 지지에 감사를 보내며 본 서를 출판하느라 노력해 주신 비앤엠북스의 정광식 사장님과 정경식 부장님의 노고에 감사 드린다. 끝으로 본 서를 집필하는데 몰두하여 시간을 할애해 주지 못한 저자들을 너그러이 이해해 주며 지지해 준 저자들의 가족들에게 최고의 고마움을 전한다.

2007년 12월

저자 일동

Presented to
Joonhun, Joonseok, Sungeun
Jaeho, Jaejun, Eun Jeong,
Heaseung, Heajung, Yuna, and Kyungahe.

• 본 연구는 서울시립대학교 해외연구교수(2005~2006년) 학술지원을 받아 이루어졌음.

들어가며

Prologue

기업은 소비자와 항상 교환을 하고 있다. 기업은 소비자들에게 제품과 서비스 등을 통해 가치를 제공하고 소비자들은 이에 대한 대가로 돈을 지불한다. 이러한 교환 관계를 통해 기업은 생존과 성장이라는 목표를 달성하고자 하고, 소비자들은 필요와 욕구를 충족시키고자 한다. 교환의 결과를 측정하기 위해 기업에 대해서는 수익과 주가(상장기업의 경우)를 사용하여 평가하며, 소비자들에 대해서는 만족을 평가한다.

그림 0.1 기업과 소비자의 교환관계

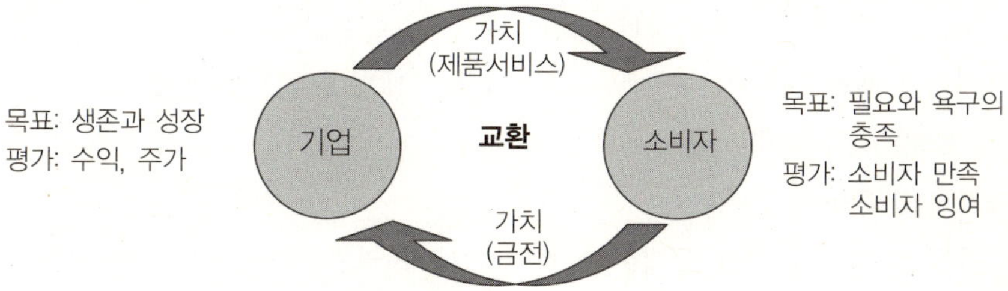

자료원 : 채서일(2006), *마케팅*, 제4판, 비앤엠북스.

과거 마케팅의 주 역할은 소비자 만족을 통한 기업수익의 극대화였다. 즉, 소비자들의 필요와 욕구를 충족시킬만한 제품이나 서비스를 제공함으로써 소비자들의 만족(또는 소비자 잉여)을 향상시키는 선순환 구조를 통해 기업은 더 많은 수익을 얻게 되어, 기업과 고객 모두 이익과 만족을 향상시키는 파레토 균형(Pareto Optimum)을 가능하게 하는 것이다. 이를 통해 기업은 수익의 극대화(profit maximization)를 추구한다. 또한 비용을 절감하고 투자를 줄이고, 기업의 다운사이징을 통해 단기적인 수익을 극대화하고자 한다(Doyle 2000).

이후 기업의 지속성(going concern)을 위해서는 장기적인 성과를 더 중시하는 주주 가치의 극대화(shareholder value maximization)라는 개념이 새로이 등장하게 된다. 기업은 투자자인 주주의 이익을 위해 단기적인 성과만을 추구하는 것이 아니라 장기적인 성과를 추구해야 한다는 것이다. 이를 위해 새로운 시장의 기회를 파악하고 이를 위해 마케팅전략을 수립하고 실행하는 등, 장기적인 관점에서 주주의 이익을 극대화 할 수 있는 활동을 해야 한다는 것이다. 즉, 주주에 대한 배당(dividend) 또는 주가(share price)의 상승을 통하여 주주에게 투자에 대한 수익을 제공하는 개념이다. 수익의 극대화와 주주 가치의 극대화는 종종 동일한 개념으로 사용되는 경향이 있으나, 전자는 단기적 성과를 중시하는 반면, 후자는 장기적 성과를 중시하는 다른 개념이다. 또한 수익의 극대화는 단기적인 성과를 직접적으로 보여주지 못하는 마케팅에 대한 투자를 줄이자고 주장하는 반면, 주주 이익의 극대화 개념은 다양한 시장기회를 마케팅전략을 통해 잡고 장기적인 성과를 추구하자는 개념으로 기업에서 마케팅의 역할을 더욱 중요시 여기게 한다(Doyle 2000).

하지만 기업의 역할에 대한 사회의 기대가 커지면서 고려 대상이 이해관계자들로 확대되게 된다. 기업의 고려 대상을 주주에서 고객, 종업원, 거래처, 그리고 지역사회까지 확장시킨 것이다. 기업이 소비자들에게 더 나은 가치를 제공하게 되면, 기업은 더 많은 수익을 얻게 된다. 이를 통해 주주들의 가치는 증대되고, 사회 구성원들을 대상으로 하는 고용 창출과 경제적 자립 등을 통해 사회의 부는 전체적으로 증가하게 된다. 또한 사회

구성원인 소비자들에게 더 나은 가치를 제공함으로써 삶의 질 향상에도 기여하게 된다. 소비자의 필요와 욕구를 충족시킬 수 있는 가치를 찾고 이를 제공하므로 이해관계자들의 가치를 증대시키고, 전체 사회의 발전에 기여하는 전반적인 기업활동에서 소비자들을 비롯한 전체 이해관계자들과 직접적인 의사소통을 하는 마케팅의 역할은 더욱 중요해 진다(Day and Montgomery 1999).

기업의 수익은 수입과 비용으로 이루어진다. 기업은 수익을 많이 얻기 위해 수입을 증가시키고, 비용을 줄이고자 노력한다. 얼마나 많은 수익을 남겼는지가 곧 좋은 기업과 나쁜 기업을 구분하는 기준이 되는 것이다.

[Profit = Revenue − Cost]

현재 대부분의 기업가치 평가는 투자 대비 수익(ROI)이나 주가 등과 같이 얼마나 많은 수익을 남겼는지를 기준으로 삼는다. 기업이 얼마의 이윤을 남겼고, 얼마의 비용을 절감했는지, 회계와 같은 재무적인 분석을 통해 기업의 수익성을 평가하고 이를 기준으로 기업들을 평가하고 있는 것이다. 이러한 회계 · 재무적 성과만을 기준으로 한 평가는 과거의 기업이 얼마나 가치 창출 활동을 잘 했는지를 보여줄 뿐 그 기업이 앞으로 얼마나 효율적이고 효과적으로 가치를 창출할 수 있을지는 보여주지 못한다(Kaplan and Norton 1992). 즉 기업의 미래가치를 반영하지 못하고 있는 것이다. 기업의 미래가치를 평가하기 위해서는 얼마나 많은 수익을 남기고 있는지도 중요하지만 변화하는 시장 환경과 위험에 대비하기 위해 얼마나 다양한 수익원을 통해 미래의 위험에 대비하는지도 분석해야 한다.

현재 마케팅활동에 대한 평가 역시 기업 수익에 얼마나 많은 기여를 했는지 평가하고자 한다. 하지만 이를 위해 고객만족과 같은 추상적인 개념을 사용하고 있을 뿐, 실질적인 이윤 창출이나 비용 감소와 같은 수익창출 활동과의 직접적인 연관성을 보여주지는 못하고 있다(Srivastava,

Shervani, and Fahey 1999). 이로 인해 기업들은 마케팅에 대한 투자를 망설이게 되고, 이는 결국 마케팅자원의 축소로 이어지게 되는 것이다. 이는 기업활동에 있어서 마케팅의 역할 축소를 의미한다(Kumar 2004).

마케팅활동에 대해서 역시 수익의 양적인 측면이 아니라 미래가치 창출에 중요한 영향을 미치는 질적인 측면을 평가해야 한다. 즉, 미래 환경 변화와 위험에 대비하여 얼마나 다양한 수익의 원천을 만들었는지를 평가해야 하는 것이다(Rust et al. 2004). 기업의 미래가치는 브랜드자산이나 고객과의 관계, 특허, 그리고 지식과 같은 무형자산을 통해 형성되며, 이러한 무형자산은 주로 마케팅 활동들을 통해서 축적된다(Doyle 2000; Kaplan and Norton 1992). 현재의 회계중심의 재무적 성과를 기준으로 한 기업가치 평가방법들은 이러한 무형적 자산을 제대로 반영하지 못하고 있다. 이는 무형자산이 중요하지 않아서가 아니라 어떻게 객관적으로 정확하게 측정을 해야 하는지 알지 못해 제대로 반영하지 못하고 있는 것이다(Lehmann and Reibstein 2006).

다양한 무형자산들 가운데 브랜드자산과 고객관리는 기업의 마케팅능력에 의해 결정되는 것이며, 마케팅능력의 기반인 지식은 기업의 시장기반학습 과정을 통해 형성되는 것이다(Hunt and Morgan 1996). 즉 기업의 무형적 자산 가치를 높이기 위해서는 마케팅능력과 시장기반학습능력의 향상이 필요한 것이다. 마케팅 담당자들은 무형적 자산을 통한 지속적인 기업의 미래가치 향상을 위해 노력해야 하며 미국 MSI (Marketing Science Institute)의 research priority에서도 마케팅 성과평가와 이러한 무형자산의 중요성은 지속적으로 반영되고 있다(MSI Research Priorities Report 2000 ~ 2008).

본 서에서는 기업에 있어서 마케팅의 역할에 대해 설명한 후, 무형적 자산 형성에 있어 중요한 요소인 기업의 마케팅능력과 시장기반학습과정이 무엇을 의미하는지 그리고 능력과 학습이 기업성과에 어떻게 영향을 미치는지 살펴본다. 그 후 무형적 자산 중 마케팅 활동을 통해 주로 형성되는 브랜드자산과 고객자산을 관리하는 능력은 무엇인지 그리고 그 능력을 구현하기 위해 필요한 마케팅 프로세스는 어떠한지를 살펴보며, 이들이 어떻게 성과로 이어지는지를 보여줌으로써 기업들의 과거나 현재가치가 아니라 미래가치를 증대시킬 수 있는 방법을 보여주고자 한다.

참고문헌

채서일(2006), *마케팅*, 제4판, 비앤엠북스.

Day, George S. and David B. Montgomery (1999), "Special Issue: Fundamental Issues and Directions for Marketing," *Journal of Marketing*, 63(4), 3–13.

Doyle, Peter (2000), *Value–Based Marketing*, Wiley.

Hunt, Shelby D. and Robert M. Morgan (1996), "The Resource–Advantage Theory of Competition: Dynamics, Path Dependencies, and Evolutionary Dimensions," *Journal of Marketing*, 60(October), 107–114

Kaplen, Robert S. and David P. Norton (1992), "The Balanced Scorecard Measures that Drive Performance," *Harvard Business Review*, 70(January–February), 71–78.

Kumar, Nirmalya (2004), *Marketing As Strategy: Understanding the CEO's Agenda for Driving Growth and Innovation*, Harvard Business School Press.

Lehmann, Donald and David J. Reibstein (2006), *Marketing Metrics and Financial Performance*, MSI.

MSI Research Priorities Reports (2000 ~ 2008), Cambridge, MA: Marketing Science Institute.

Rust, Roland T., Tim Ambler, Gregory S. Carpenter, V. Kumar, and Rajendra K. Srivastava (2004), " Measuring Marketing Productivity: Current Knowledge and Future Directions," *Journal of Marketing*, 68(Oct.), 76–89.

Srivastava, Rajendra, Tasadduq A. Shervani and Liam Fahey (1999), "Marketing, Business Processes and Shareholder Value: An Organizationally Embedded View of Marketing Activities and the

Discipline of Marketing," *Journal of Marketing*, 63(Special Issue), 168–179.

미리 보는 요약

Executive Summary

"기업의 마케팅활동이 과연 자산을 창출하는가"라는 질문이 주어지면 이에 대한 답은 사람의 관점에 따라서 다양하게 나타날 것이다. 기업성과를 객관적으로 명확하게 정리 · 보고하는 회계의 관점에서 보면, 마케팅이 창출하는 자산가치는 개념적으로 존재할 수 있고 측정할 수 있다고 하더라도 객관성 · 명확성의 기준으로 볼 때 그 가치는 기업의 대차대조표에 수록될 수 없다는 것이 답이다[1]. 그럼에도 불구하고 현대마케팅의 큰 관심과 주장은 마케팅이 기업의 중요한 무형자산(브랜드자산, 고객기반, 유통과의 관계기반 등)을 창출하며 이러한 자산은 기업가치의 많은 부분을 차지한다는 것이다(Srivastava, Shervani, and Fahey 1998).

이렇듯 최근 전략적 마케팅을 연구하는 학자들은 현대 비즈니스에서 마케팅전략의 역할이 한 제품이나 브랜드 수준에서의 STP 전략과 마케팅믹스 프로그램의 실행 또는 기업의 한 기능(예 : 영업)을 담당하는 것을 넘어서서 보다 전략적인 공헌을 하여야 할 필요성을 강조해오고 있다(예 : Day 2000, 2003; Srivastava et al. 1998). 이러한 흐름에 따라 전략적 마케팅의 주요 연구는 기업성과와 마케팅의 연계, 자원준거 관점과 시장기반 관점에서의 마케팅, 전략적 브랜드관리, 전략적 고객관계관리 분야에서 진행

1) 1980년대 영국의 CAA (Chartered Account Association)에서는 브랜드의 가치를 기업대차대조표에 수록할 수 있게 하였다가 M&A 과정에서 엄청난 혼란을 겪은 후 이를 다시 금지시킨 바 있다(Keller 2003).

되어 오고 있다(MSI Research Priorities Report 2000~2008).

본 서는 특히 최근 그 중요성이 강조되고 있는 고객자산관리와 마케팅 프로세스의 변화를 살펴보는 것이 주요 목적이다. 이러한 목적을 제대로 달성하기 위해선 자원준거 관점과 시장기반 관점에서의 마케팅에 대한 이해, 전략적 마케팅과 기업성과와의 관계, 전략적 브랜드관리에 대한 이해가 선행되는 것이 필요하다. 본 서 각 장에서 살펴본 내용들을 간략하게 미리 제시하면 다음과 같다.

제1장 마케팅과 전략적 마케팅

마케팅, 마케팅관리 프로세스, 전략적 마케팅, 전략적 마케팅 프로세스 개념을 정리함으로써 추후 논의되는 개념들의 기초를 마련하였다. 먼저 미국과 한국마케팅학회의 정의에 근거하여 마케팅의 정의를 고객에게 전달할 가치를 발견하여 창조하고 전달하는 프로세스, 그리고 이에 의하여 고객으로부터 가치를 수확하는 전사적 비즈니스 프로세스 활동 및 기능의 집합체로 제시하였고 이러한 프로세스를 관리하는 것을 마케팅관리 프로세스로 정의하였다.

한편 마케팅관리 프로세스는 상대적으로 마케팅의 실행 측면을 강조하고 있는 점, 그리고 기업의 비즈니스가 다수의 제품 및 시장 또는 비즈니스 자체가 다수로 확장되며 성장하는 상황을 감안하여 전략의 개념과 수준에 기반한 전략적 마케팅의 개념과 프로세스를 제시하였다. 이에 따라 전략적 마케팅을 복수 이상의 사업부 · 제품 · 시장 상황에서 경쟁우위를 창출하고 지속시키기 위하여 고객에게 전달할 가치를 발견 · 창조 · 전달하고 이에 의하여 고객으로부터 가치를 수확하는 전사적 비즈니스 프로세스 활동 및 기능의 집합체를 의미하는 것으로 정의하였고, 전략적 마케팅 프로세스의 각 단계별 내용을 살펴보았다.

전략적 마케팅 프로세스의 단계별 내용에선 특히 거시적 환경요인(예 : 경제 환경, 정치 및 법적 환경 ; 인구통계 환경과 문화적 환경 ; 기술환경 ; 자연환경 등)이 고객, 경쟁, 시장 환경에 향후 어떠한 영향을 미칠지를 분석하여야 하는 부분과 이를 위한 시나리오 분석이 강조되었다. 또 전략적 마케팅 프로세스가 다루어야 하는 포괄적이고 거시적인 내부역량 분석의 내용을 간략히 살펴보았다.

이러한 포괄적 · 거시적 환경분석의 결과는 기업의 지속적 경쟁우위에 관한 현재와 미래의 시장 포지션, 이러한 포지션 우위를 획득하고 유지하기 위한 원천을 가지고 있는지 아니면 개발하여야 하는지, 그리고 이러한 우위 포지션과 원천이 반영된 비즈니스의 비전 및 목적의 설정과 공유로 이어져야 함을 강조하였다. 동시에 전략대안의 발견과 선정, 이러한 전략의 실행 이슈들, 그리고 성과 부분에선 전통적인 수익관리(매출과 이익)뿐만 아니라 전략적 마케팅이 창출하는 시장기반자산, 시장기반자산과 시장성과 및 재무성과와의 연계를 명확히 하여 마케팅활동이 보다 전략적으로 이루어져야 함을 강조하였다.

제2장 전략적 마케팅능력과 기업성과

본 장에서는 지속적 경쟁우위, 시장기반자산을 중심으로 한 마케팅자원, 전략적 마케팅능력과 시장기반학습에 관하여 살펴보았다. 즉, 지속적 경쟁우위를 결과개념으로 설정하고 이 우위의 획득을 위한 중요한 선행요인으로서 전략적 마케팅능력과 시장기반자산을 검토하였으며, 전략적 마케팅능력의 중요한 기반인 시장기반학습을 고찰하였다. 그런 후, 전략적 마케팅능력과 시장기반자산은 기업의 시장성과 및 재무성과와 어떻게 연계될 수 있는가를 살펴보았다.

자원준거 관점과 시장기반 관점에서 마케팅을 살펴본 결과 기업의 지속적인 경쟁우위 획득을 위해선 그 기업의 마케팅능력과 자원이 중요함을 알 수 있었다. 기업의 전략적 마케팅능력은 집적된 지식과 그 활용스킬, 그리고 기업의 자원들을 통합하여 시장관련 요구(needs)를 파악하고, 중점 사업을 통해 제품에 가치를 부여하고 경쟁적 수요를 충족하기 위해 반복적으로 개발되는 조정 및 통합능력을 의미하며, 이러한 전략적 마케팅능력은 마케팅 전문활동능력과 구조적 마케팅능력으로 구성된다. 이러한 능력은 그 기업의 시장에 대한 학습과정의 효과성과 효율성에 의해 좌우된다.

이러한 마케팅능력을 경쟁우위 획득전략(효율성, 품질, 혁신, 고객반응성 등)의 선택과 함께 기업의 활용 가능한 자원과 통합하여 비즈니스를 실행하는 과정을 고객대면 비즈니스 프로세스(SCM, NPD, CRM)라 할 수 있다. 이 프로세스가 그 기업의 시장기반 학습과정에 기반하여 전략적으로 잘 실행되면 기업은 브랜드자산 또는 고객과의 관계 등 시장기반자산을 개발(build)하게 된다. 비즈니스가 계속 되면서 기업은 이러한 과정을 되풀이하게 되는데 이 때 이미 창출된 시장기반자산은 비즈니스 프로세스 활동의 성과를 매우 효과적 · 효율적으로 만들어준다(leverage).

마케팅은 자신의 활동(마케팅능력과 시장기반자산의 활용)이 이러한 전통적인 성과관리 이슈인 얼마의 이윤을 남겼고, 얼마의 비용을 절감했는지에 관한 기업수익에 대한 공헌도(build and leverage effect)를 명확히 하여 마케팅활동의 설명력(accountability)을 보다 증진시켜야 하는 과제를 안고 있다.

나아가 마케팅은 마케팅활동과 시장기반자산이 생산한 시장성과(market performance)가 재무성과(financial performance)에 미치는 영향 경로를 파악할 수 있는(즉, 기업의 성장과 위험관리에 대한 마케팅의 영향을 파악할 수 있는) 새로운 성과관리수단을 개발하여야 하는 과제도 안고 있다. 다시 말하면 마케팅은 자신이 창출하는 기업의 미래가치 공헌도를 설명할 수 없으면 그 기업의 마케팅활동은 약화될 것이고 이에 따라 그 기업의 미래는 매우 불확실하게 될 것이다.

따라서 마케팅학자는 전략적 마케팅이 기업성과에 미치는 구체적 영향을 연구하는 데에 보다 많은 노력을 기울여야 할 것이다. 특히 기업의 마케팅 담당자와 함께 기업의 전략적 마케팅능력, 경쟁우위 획득전략, 그리고 고객대면 비즈니스 프로세스가 시장기반자산 창출에 미치는 영향과 이러한 요인들이 기업의 시장성과 및 재무성과에 미치는 영향에 대해 많은 연구 발견을 하여야 할 것이며 이에 근거한 구체적인 활용방법론을 만들어야 할 것이다.

마지막으로 기업의 전략적 마케팅능력, 경쟁우위 획득전략, 고객대면 비즈니스 프로세스의 품질과 수준은 그 기업의 시장지향적 문화와 시장기반 학습에 달려있음을 명심하여 어떻게 시장지향적인 조직 · 시장을 학습하는 조직을 구축할 수 있을 것인가에 관해 많은 고심과 노력을 기울여야 할 것이다.

제3장 브랜드자산관리와 마케팅프로세스

본 장에서는 먼저 브랜드자산의 개념과 브랜드투자와 성과간의 관계에 관한 모델을 간략히 고찰하였다. 〈그림 2.2〉의 마케팅활동의 가치창출 프로세스(마케팅활동이 브랜드자산기반을 창출하고, 이 기반이 브랜드자산의 시장성과와 브랜드자산의 재무성과(브랜드자산의 화폐가치)에 연계됨)에 근거하여 브랜드자산기반, 브랜드자산의 시장성과, 브랜드자산가치라는 명확한 용어들을 사용하는 것이 그냥 브랜드자산이라는 한 용어를 사용하는 것보다 바람직함을 제시하였다. 또한 브랜드 가치사슬 모델(〈그림 3.1〉 참조)을 살펴 봄으로써 브랜드 구축을 위한 마케팅 믹스 등에 대한 투자(investment in brand-building activities)를 통해 브랜드자산기반(또는 CBBE)이 개발되고, 개발된 기반(CBBE)이 가격프리미엄, 가격탄력성, 수익 등 브랜드 시장성과로 연결되고, 이러한 브랜드의 시장성과가 주당수익률, 주식시장 가치와 같은 기업 재무성과로 연계되어야 함을 알아보았다.

나아가 MSI (Marketing Science Institute)의 연구주제들의 흐름을 고찰한 결과, 브랜드자산의 최근 관리적 연구주제는 제품수명주기에 따른 브랜드자산관리, 기업문화와 브랜딩의 관계, 브랜드 포트폴리오의 효과적 관리 등 보다 전략적으로 변해가고 있음을 알 수 있었다(〈표 3.1〉과 〈표 3.2〉 참조).

이에 따라 우리는 성공적인 브랜드자산관리를 위한 전략적 마케팅능력(브랜드자산 관리능력)은 어떻게 개념화될 수 있는지에 관하여 논의하였다. 2장에서 살펴 본 자원준거 및 시장기반 관점에서 개념화된 마케팅능력과 마케팅능력의 선행요인인 여러 지향성들과 시장기반학습 등을 근거로 하여 브랜드자산 관리능력과 그 선행개념들을 제안하였다(〈그림 3.3〉 참조). 브랜드자산 관리능력(capabilities for brand equity management)은 집적된 지식과 그 활용스킬, 그리고 기업의 자원들을 통합하여 시장관련 요구를 파악하고, 중점 브랜드 사업에 가치를 부여하고 경쟁적 수요을 충족하기 위해 반복적으로 개발되는 조정 및 통합능력으로 정의되었다. 그리고 이러한 브랜드자산 관리능력은 2장의 구성개념과 일관되게 브랜드마케팅 전문활동능력 (specialized brand marketing capabilities)과 구조적 브랜드마케팅능력(architectural brand marketing capabilities)으로 구성되는 개념화를 제시하였다. 이 개념화에 따르면 브랜드마케팅 전문활동능력은 활용가능한 자원(예 : 마켓 정보)을 가치 있는 결과(quality of marketing outcomes)로 전환하기 위한 브랜드의 구체적인 마케팅 믹스 등과 관련된 활동을 실행하는 능력으로, 그리고 구조적 브랜드마케팅능력은 투입되는 자원과 전문적인 능력을 개발하고 조정하기 위해 사용되는 전략적 브랜드마케팅의 수립 및 실행과 관련된 능력으로 정의되었다.

그리고 기업의 브랜드자산 관리능력을 증진시키기 위한 중요한 선행요인들로 브랜드자산관리 지향성(brand equity management orientation), 브랜드자산관리를 위한 정보처리 및 학습능력(information processing and learning for brand equity management), 그리고 비즈니스 프로세스의 통합과 조정(integration and alignment of organizational processes)을 제안하였다(〈그림 3.3〉참조). 브랜드자산관리 지향성이란 브랜드자산관리 원칙(브랜드 가치사슬에 기반하여 브랜드 투자를 통하여 브랜드자산기반을 창출하고 이 기반이 브랜드의 시장성과와 재무성과에 연계될 수 있도록 브랜드자산을 관리하는 원칙)의 실행을 가능하게 하는 조직의 가치, 신념과 전략적 행동규범을 의미한다. 또한 브랜드자산관리를 위하여 조직의 시장기반학습이 얼마나 잘 되고 있는가가 그 기업의 브랜드자산관리를 위한 정보처리 및 학습역량을 나타낸다. 그리고 브랜드자산관리 원칙의 실행을 가능하게 하는 조직 시스템(설계와 구조), 통제(평가 및 보상) 시스템과 비즈니스 프로세스의 전사적 창출과 조율을 의미하는 비즈니스 프로세스의 통합과 조정에 대해 살펴보았다. 나아가 이러한 선행요인들의 효과적인 상호작용(지식획득, 지식활용, 조직적 조정)이 기업성과에 영향을 미침도 고려하였다.

그 이후 이러한 브랜드자산 관리능력이 구현될 수 있는 바람직한 마케팅 프로세스에 대하여 고찰하였다. 먼저 시장의 니즈를 파악해서(환경분석) 브랜드 포지션(또는 identity)을 결정하고(STP) 이를 달성하기 위한 마케팅 믹스 등의 활동을 실행에 옮기고 그 성과를 평가하여 차기의 마케팅 프로세스를 지속적으로 개선하는 과정인 브랜드자산관리 전문활동 프로세스에 관하여 살펴 보았다(〈그림 3.4〉 참조). 그리고 브랜드-제품 매트릭스, 브랜드 계층구조(전사-사업부-제품/시장 수준), 복수 브랜드들에 대한 요소 전략, 브랜드 포트폴리오의 조정 등 브랜드 포트폴리오 전략 이슈들, 신제품과 브랜드확장 전략에 관한 이슈들, 시간의 흐름에 따른 브랜드자산관리 이슈들, 복수 시장들에 관한 글로벌 브랜드 전략을 어떻게 수립하여 전개할 것인가를 담당하는 구조적 브랜드자산관리 프로세스에 관하여 논의하였다(〈그림 3.4〉 참조).

끝으로 브랜드관련 선행연구들을 브랜드자산관리 프로세스 별로 고찰하여 브랜드자산관리관련 연구들의 미래 방향을 도출하였다(〈표 3.3〉 참조). 이에 따르면 향후 연구들은 브랜드 가치사슬에 근거하여 특히 구조적 브랜드자산관리 프로세스가 어떻게 브랜드 성과에 영향을 미치는지, 기업의 브랜드자산 관리능력이 성과에 미치는 영향은 어떠하며 장기적인 관점에서 어떠한 능력 부분이 더 중요한지, 또한 브랜드자산 관리능력을 키우기 위해 어떠한 선행요인들을 중요시 여겨야 하는 지 등에 관한 부분들을 발견하여야 함을 제시하였다. 즉, 향후 연구들은 브랜드자산관리가 기업에서 보다 전략적인 위치를 차지할 수 있도록 도움을 주어야 할 것이다.

제 4 장 고객자산관리와 마케팅프로세스

본 장에서는 먼저 고객자산의 정의와 고객자산에 대한 관심 증대 배경 그리고 고객관계관리에 대하여 살펴본 후, 고객에 대한 투자와 성과를 연계시키는 개념적 틀에 관하여 고찰하였다. 기업의 고객자산(customer equity)은 그 기업 고객들의 생애가치를 현재가치화 한 총합(the total of the discounted customer lifetime values)으로 정의되며, 고객자산을 측정하기 위해서는 고객이 한 기업과의 관계를 유지하는 총 기간인 고객수명주기(customer life cycle) 동안 그 기업의 제품이나 서비스를 구입함으로써 가져다 주는 수익을 예측하여야 한다. 이에 따라 전체고객 수준에서는 고객자산이라는 용어가, 개별고객 수준에서는 고객생애가치(customer lifetime value)라는 용어가 사용되고 있다.

고객자산에 대한 관심은 일찍이 마케팅이 강조해 온 가치의 동시 창조 개념들(마케팅 개념, 교환 개념, 관계마케팅 개념), 시장기반 학습, 고객관리와 고객 포트폴리오 등의 개념들이 IT 기술과 CRM 솔루션의 발전과 결합되어 고객에 대한 개별적 접근(addressability)을 가능하게 만들면서 증대되어 왔다.

90년대 중반 이후 발전되어 온 고객관계관리(CRM)는 세 수준에서 정의될 수 있다. 첫 번째 수준은 고객지원 및 서비스 시스템(CSS)이나 영업사원 자동화 시스템(SFA) 같은 특정 단위별 기술 솔루션 프로젝트를, 두 번째 수준은 고객대면활동을 통합적으로 만들기 위한 기술 솔루션 프로젝트의 실행을 의미한다. 전략적 수준에서의 CRM은 기술과 시스템 측면을 넘어서서 고객중심 경영을 실행하는 비즈니스 프로세스와 주주가치의 중요성을 강조한다. 이러한 정의의 수준에서 한국 CRM의 과거는 기업의 이해 · 흡수 역량이 높지 않은 상황에서 많은 기능을 가지고 있는 CRM 시스템 패키지가 한꺼번에 기술 중심적으로 구축된 것으로 평가되었다. 향후 규범적으로 바람직한 CRM의 정의는 전략적 수준의 정의이며, 기업은 이러한 전략적 CRM을 어떠한 단계로 추진할 수 있는지에 대하여 많은 관심과 노력을 기울여야 할 것이다.

고객에 대한 투자와 성과를 연계시키는 개념적 틀에 관하여 고찰한 결과, CRM 시스템 투자에 의해 개별고객 수준의 데이터가 확보 가능한 상황을 전제로 하여 제시된 frame들과 상세한 개별고객 데이터를 확보할 수 없어도 고객자산관리를 위한 마케팅을 전개할 수 있는 일반적(generic) 접근 방법이 있었다. 특히 일반적인 접근방법인 Rust 등(2000; 2004)의 frame과 Gupta 등(2004; Gupta and Lehmann 2005)의 frame을 통합하면 마케팅활동-고객자산기반-고객자산-기업재무성과의 전체 모델을 구성하여 유용하게 사용할 수 있을 것이다(〈그림 4.2〉 참조). 또한 기업의 이해 · 흡수 역량에 따라 CRM 또는 고객자산관리 활동이 STP 등 수많은 전통적인 마케팅활동과 어떻게 통합되어 실행되는지가 중요할 것이다. 즉,

기업이 고객을 이해 · 학습하고 이 학습을 실행으로 전환하여 고객관계를 관리하는 능력이 중요한 것이다. 그래서 기업의 고객자산 관리능력은 어떻게 개념화될 수 있는지를 고찰하고 이러한 능력이 구현되는 마케팅 프로세스에 대하여 살펴보았다.

고객자산 관리능력(capabilities for customer equity management)은 집적된 지식과 그 활용스킬, 그리고 기업의 자원들을 통합하여 고객관련 요구를 파악하고, 중점 고객의 가치를 증진시키기 위해 기업활동을 반복적으로 조정하고 통합하는 능력으로 정의하였으며, 이 능력은 2장의 구성개념과 일관되게 고객마케팅 전문활동능력 (specialized customer marketing capabilities)과 구조적 고객마케팅능력(architectural customer marketing capabilities)으로 구성되었다.

고객마케팅 전문활동능력은 활용가능한 자원(예 : 고객 정보)을 가치 있는 결과(quality of marketing outcomes)로 전환하기 위하여 고객에 대한 구체적인 마케팅 믹스 프로그램 등과 관련된 활동을 실행하는 능력으로 정의된다. 예를 들어 고객을 획득하거나 또는 유지 · 개발하기 위한 목적하에 상품 offering (제품, 가격, 판촉 등) 프로그램과 고객접촉 또는 채널믹스 마케팅 프로그램을 실행하는 활동의 품질을 의미한다. 한편 구조적 고객마케팅능력은 투입되는 자원과 전문적인 능력을 개발하고 조정하기 위해 사용되는 전략적 고객마케팅의 수립 및 실행과 관련된 능력을 의미한다.

그리고 2장에서 살펴 본 자원준거 및 시장기반 관점에서 개념화된 마케팅능력과 마케팅능력의 선행요인인 여러 지향성들과 시장기반학습을 개념적 근거로 하고, 고객자산의 기존 연구들을 참조하여 고객자산 관리능력과 그 선행개념들을 〈그림 4.3〉처럼 제시하였다.

고객자산 관리능력의 선행 개념들로는 고객관계관리 지향성(customer relationship orientation), 정보처리 및 학습역량(information processing and learning for customer equity management), 그리고 비즈니스 프로세스의 통합과 조정(integration and alignment of organizational processes)이 제안되었다. 고객자산 관리능력의 증진을 위해선 각 선행 개념과 선행 개념들간의 상호작용이 모두 중요함을 살펴 보았다. 마지막으로 이러한 선행 개념들이 상호작용하여 기업의 고객자산 관리능력이 구현되는 마케팅 프로세스에 대하여 고찰하였다.

고객마케팅 전문활동능력이 구현되는 마케팅 프로세스는 시장의 니즈(환경분석), 그리고 특히 고객에 대한 가치 분석을 통하여 고객을 획득, 유지, 개발하기 위한 목적을 설정하고 해당 고객 또는 고객세분군별로 이 목적을 달성하기 위한 마케팅 믹스 프로그램 활동을 실행에 옮기고 그 성과를 평가하여 차기의 마케팅 프로세스를 지속적으로 개선하는 과정이다(〈그림 4.4〉 참조). 즉 이러한 프로세스 활동의 효과성 · 효율성이 그 조직의 고객마케팅 전문활동능력의 수준을 나타내는 것이다. 특히 고객가치 분석에 의한 고객전략 수립 단계(〈그림 4.4〉의 step 3-1)가 고객자산관리 · 고객관계관리의 핵심 프로세스라 할 수 있으며, 이 핵심 프로세스인 회사와 고객 가치의 동시 창조(dual creation of firm and customer value)에 대하여 설명하였다. 즉, 고객에 대한 마케팅 프로그램을 수립하기 전에 고객이 기업에 공헌하는 가치(value of the customers)로 고객을 세분화 하고, 이러한 가치세분군별로 고객에게 어떠한 가치를 제공(value to the customer)하여야 하는지를 분석하여야 한다(〈그림 4.5〉 참조).

이와 같은 가치의 동시 창조 분석을 통한 고객전략의 수립, 고객마케팅 프로그램의 실행, 성과평가와 지속적인 개선이 고객마케팅 전문활동의 주요 프로세스인데, 이러한 일련의 프로세스를 수행하는 능력은 쉽게 획득되는 것이 아니라 수많은 실험적 실행(experimental testing)을 통하여 학습되며 이러한 관점에 대한 설명으로 Peppers와 Rogers (2004)의 고객관계관리 실행 틀인 IDIC (Identify, Differentiate, Interact, and Customize) frame에 대하여 살펴보았다(〈그림 4.6〉과 〈Capital One 사례〉 참조). 고객마케팅 전문활동 마케팅 프로세스의 실행 경험이 축적되어 기업의 이해 · 흡수역량이 증진되면 기업은 고객자산 관리능력을 보다 전략적인 의사결정 차원으로 발전시킬 수 있는데 이에 해당하는 프로세스가 전략적 · 구조적 고객자산관리 마케팅 프로세스이다.

고객에 대한 마케팅투자수익률의 측정 · 활용 모델의 구축(〈그림 4.7〉과 〈그림 4.8〉 참조), 고객 포트폴리오 전략 및 관리 이슈들, 시간의 흐름에 따른 고객관계관리 이슈들, 고객의 이해를 통한 신제품 개발 및 관리 이슈와 공급사슬관리 이슈들에 관한 의사결정을 수행하는 프로세스가 구조적 고객마케팅 프로세스이다(〈그림 4.4〉 참조). 이 프로세스를 잘 수행하여 고객마케팅 전문활동 프로세스의 실행과 함께 기업성과를 증진시키는 기업의 능력이 구조적 고객마케팅능력이다. 이 능력의 증진을 위해선 전략적 고객자산관리 이슈들에 대한 조직의 정보처리 및 학습역량, 그리고 기업의 고객관계관리 지향성이 반영되어 전략적 이슈들의 수행에 도움이 되는 실행체제(비즈니스 프로세스와 시스템)가 구비되는 것이 중요하다.

전통적인 마케팅 프로세스와 고객자산관리 마케팅 프로세스를 비교할 때 가장 크게 변화되는 부분은 가치 창조(value creation) 단계이다. 즉, 고객자산관리 마케팅 프로세스의 가치 창조 단계에서는 가치의 동시 창조 원칙을 명확하게 고려하여 고객전략을 수립하여야 하는 점을 강조하였다. 즉 고객에 대한 가치(value to the customer) 창조는 고객의 가치(value of the customer: firm value) 창조를 극대화하는 방향으로 이루어져야 함을 제시하였다. 이러한 주장은 기존 연구들의 주장과도 매우 일관된 것이다(Boulding et al. 2005; Payne and Fow 2005; Rogers 2005; Vargo and Lusch 2004). 특히 고객의 공헌가치(value of the customer)에 대한 측정과 활용, 이에 의한 고객마케팅전략 수립 프로세스의 변화, 그리고 개별화 마케팅과 맞춤화 마케팅이라는 전략 실행 프로세스의 변화를 고객자산관리 관점이 가져 온 마케팅 프로세스의 변화로 결론

지을 수 있다. 마지막으로 향후 고객자산관리 · 고객관계관리 분야에서는 고객자산 관리능력의 선행 개념과 결과와의 관계에 대한 실증 연구(본 장에서 제안한 개념들과 그 관계에 대한 실증적 연구), 브랜드자산과 고객자산 간의 관계에 관한 개념화와 실증 연구 등 많은 연구가 필요함을 제시하였다.

참고문헌

Boulding, William, Richard Staelin, Michael Ehret, and Wesley J. Johnston (2005), "A Customer Relationship Management Roadmap: What Is Known, Potential Pitfalls, and Where to Go," *Journal of Marketing*, 69(Oct.), 155–166.

Day, George S. (2000), "Managing Market Relationships," *Journal of the Academy of Marketing Science*, 28 (1), 24–30.

Day, George S. (2003), "Creating a Superior Customer–Relating Capability," *Marketing Science Institute Working Paper*, Report No. 03–001, Cambridge, MA: Marketing Science Institute.

Gupta, Sunil and Donald R. Lehmann (2005), *Managing Customers As Investments*, Wharton School Publishing.

Gupta, Sunil, Donald R. Lehmann, and Jennifer Ames Stuart (2004), "Valuing Customers," *Journal of Marketing Research*, 41(Feb.), 7–19.

Keller, Kevin Lane (2003), *Strategic Brand Management: Building, Measuring, and Managing Brand Equity*, 2nd ed., Upper Saddle River, NJ: Prentice Hall.

MSI Research Priorities Reports (2000 ~ 2008), Cambridge, MA: Marketing Science Institute.

Payne, Adrian and Pennie Frow (2005), "A Strategic Framework for Customer Relationship Management," *Journal of Marketing*, 69(Oct.), 167–176.

Peppers, Don and Martha Rogers (2004), *Managing Customer Relationships: A Strategic Framework*, Wiley.

Rogers, Martha (2005), "Customer Strategy: Observations from the Trenches," *Journal of Marketing*, 69(Oct.), 262–263.

Rust, Roland T., Valarie A. Zeithaml, and Katherine N. Lemon (2000), *Driving Customer Equity: How Customer Lifetime Value Is Reshaping Corporate Strategy*, Free Press.

Rust, Roland T., Katherine N. Lemon, and Valarie A. Zeithaml (2004), "Return on Marketing: Using Customer Equity to Focus Marketing Strategy," *Journal of Marketing*, 68(Jan.), 109–128.

Srivastava, Rajendra, Tasadduq A. Shervani, and Liam Fahey (1998), "Market-Based Assets and Shareholder Value: A Framework for Analysis," *Journal of Marketing*, 62(Jan.), 2–18.

Vargo, Stephen L. and Robert R. Lusch (2004), "Evolving to a New Dominant Logic for Marketing," *Journal of Marketing*, 68(Jan.), 1–17.

제1장

마케팅과 전략적 마케팅

(Marketing and Strategic Marketing)

1. 마케팅과 마케팅관리프로세스

2. 전략적마케팅과 전략적마케팅프로세스

3. 요 약

제1장
마케팅과 전략적 마케팅
Marketing and Strategic Marketing

최근 전략적 마케팅의 주요 연구는 기업성과와 마케팅의 연계, 자원준거 관점과 시장기반 관점에서의 마케팅, 전략적 브랜드관리, 전략적 고객관계 관리 분야에서 진행되어 오고 있다(MSI Research Priorities Report 2000~2008). 본 연구서의 주 목적은 최근 그 중요성이 계속 증대되고 있는 고객자산관리와 마케팅프로세스의 변화를 살펴보는 것이다. 이러한 목적을 제대로 달성하기 위해선 시장기반 관점과 자원준거 관점에서의 마케팅에 대한 이해, 전략적 브랜드관리에 대한 이해가 선행되는 것이 필요하다. 구체적으로 이러한 주제들을 살펴보기 전 본 장에서는 마케팅과 마케팅관리 프로세스의 정의를 살펴본다. 이에 근거하여 마케팅전략과 전략적 마케팅은 무엇을 의미하는지 그리고 전략적 마케팅 프로세스는 어떻게 구성되는지를 논의하겠다.

1. 마케팅과 마케팅관리프로세스

본 절에서는 마케팅의 여러 정의들을 검토하고 이러한 정의들로부터 마케팅관리의 개념적 틀(frame)을 정의하고 이 틀에 대한 설명과 이를 달성하기 위해 필요한 프로세스들을 도출한다.

1.1 마케팅(Marketing)

마케팅은 학자들에 따라 조금씩 다르게 정의되고 있다. 이에 본 서에서는 가장 공신력을 갖춘 한국마케팅학회와 미국마케팅학회의 정의를 이용하기로 한다.

한국마케팅학회는 최근 마케팅의 정의제정위원회(2002)의 구성과 활동을 통하여 마케팅을 "…조직이나 개인이 자신의 목적을 달성시키는 교환을 창출하고 유지할 수 있도록 시장을 정의하고 관리하는 과정이다(Marketing is the process of defining and managing markets to create and retain exchanges by which organizations or individuals achieve their goals) – 마케팅연구 제17권, 제2호, pp. 5-6" 라고 정의하였고, 미국마케팅학회(American Marketing Association)는 2004년 마케팅을 "… is an organizational function and a set of processes for creating, communicating, and delivering value to customers and for managing customer relationships in ways that benefit the organization and its stakeholders (AMA, 2004; Kotler and Keller 2006)"라고 정의하였다.

양 학회의 정의는 큰 틀에서는 공통적이고 미국마케팅학회가 마케팅 활동의 프로세스 측면과 관련 집단 측면에서 보다 구체적이다. 이 두 학회의 정의의 공통점으로는 첫째, 두 학회 모두 고객과의 가치 교환을 담당하는 기업의 비즈니스 프로세스(customer-facing business processes)를 명시하고 있다. 미국학회는 가치의 창조, 커뮤니케이션, 전달 프로세스와 고객과의 관계를 관리하는 프로세스를 명시하고 있고, 한국학회는 교환을 창조하고 유지하기 위한 목적하에 시장을 정의하고 관리하는 프로세스를 제시하고 있다. 즉, 마케팅을 광고, 영업 또는 유통관리 등을 담당하는 기능으로 간주하였던 과거의 정의에서부터 현재 마케팅의 정의는 고객, 파트너 등 기업의 주요 외부 관계자를 대면하여 기업의 성과를 얻게 하는 비즈니스의 본질을 구성하는 개념으로 마케팅의 전사적인 비즈니스 프로세스를 강조하고 있다(Drucker 2006; Levitt 2006; 채서일 2006).

둘째, 두 학회의 정의 모두 가치(value)의 개념이 강조되고 있다. 미국학회는 가치의 개념이 고객에게 제공하는 가치와 그 대가로 기업과 이해관계자가 얻는 가치(또는 benefit)로 명확(explicit)하게 표현되어 있고, 한국학회의 정의는 가치라는 개념을 교환의 개념을 사용하여 조직과 고객의 가치가 교환됨을 암묵적(implicit)으로 제시하고 있다.

이러한 정의들은 조직의 목적을 달성하는 방안으로 고객창출이라는 개념에서부터 관계관리와 유지라는 고객충성도에 의한 성과관리의 개념을 내포하고 있다 할 수 있다. 요약하면 마케팅의 현대적 정의는 고객에게 전달할 가치를 발견하여 창조하고 전달하는 프로세스, 그리고 이에 의하여 고객으로부터 가치를 수확하는 전사적 비즈니스 프로세스 활동 및 기능의 집합체라 할 수 있다[1).

1.2 마케팅관리프로세스(Marketing Management Process)

마케팅이 소비자를 위한 가치를 창조(value creation)하여 소비자로부터 가치를 수확(value appropriation)하는 비즈니스 프로세스와 기능의 집합체라 보면 이 프로세스를 관리하는 과정을 마케팅관리 프로세스로 정의할 수 있다. 마케팅관리 프로세스를 간략히 표현하면 〈그림 1.1〉과 같다(Armstrong and Kotler 2007). 이 프로세스는 전통적인 마케팅관리의 관점에서 이루어진 것으로 마켓과 소비자의 이해에서 출발하여 경쟁자에 비해 우월한 전략을 수립하고 이를 수행하여 기업의 이익을 창출하는 과정을 설명하고 있다.

---

1) 본서의 가치창조(value creation) 프로세스는 거시적으로 사용할 때도 있고 미시적으로 가치의 발견(value identification), 가치의 창조(value creation), 그리고 그 가치를 전달(value delivery)하는 프로세스로 세분하여 볼 수도 있음(채서일 2007b).

그림 1.1 간략한 마케팅관리프로세스 모델

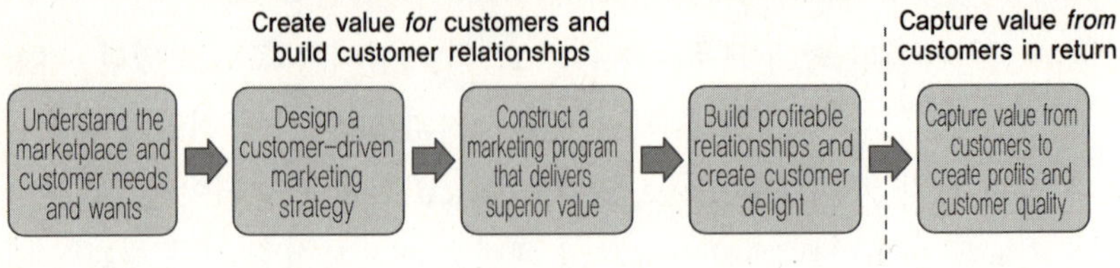

자료원 : Armstrong, G. and P. Kotler (2007), *Marketing: An Introduction*, 8th international ed., Pearson Education, p.6.

그러나 마케팅의 개념을 한국과 미국의 마케팅학회가 정의한 바와 같이 가치를 중심으로 정립하는 것이 바람직하다면 마케팅관리의 프로세스가 〈그림 1.2〉에서와 같이 가치발견, 가치창조, 가치전달 및 가치수확의 상세한 프로세스로 정립하여 마케팅관리 활동을 살펴보는 것이 마케팅관리의 프로세스를 이해하는 데 더 바람직하다(채서일 2006).

그림 1.2 마케팅관리프로세스 모델

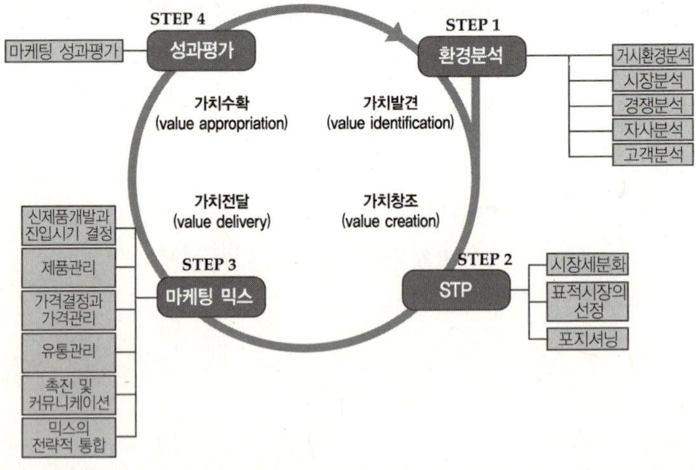

자료원 : 채서일(2006), *마케팅*, 제4판, 비앤엠북스, p.2.

이러한 프로세스를 좀 더 상세히 설명하면, 가치발견 프로세스에서는 거시환경, 시장환경, 경쟁환경, 고객환경의 외부환경분석과 자사의 역량분석을 통해 고객에게 제공할 수 있는 경쟁자 대비 우월한 가치를 발견하는 것이 주 목적이다. 이러한 가치발견 프로세스에 근거하여 가치창조 프로세스에서는 STP 전략을 수립하게 된다. 그리고 가치전달 프로세스에서는 STP 전략의 수행을 위해 마케팅믹스 프로그램(신제품개발 및 제품관리, 가격결정과 관리, 유통관리, 촉진 및 커뮤니케이션 관리)을 개발하고 실행한다. 그리고 그 결과 고객으로부터 가치를 수확하는 비즈니스 성과 평가의 단계가 이어진다.

이러한 마케팅관리 프로세스를 마케팅전략의 관점에서 보면 전략의 수립과 실행 중 상대적으로 실행(execution)의 측면을 강조하고 있다. 우리가 마케팅관리의 프로세스를 설명할 때에는 한 제품[2)]의 제품관리자의 입장에서 설명하게 된다. 마케팅전략의 관점에서 보면 다수의 제품 또는 사업군이 존재하며 상이한 여러 시장에서의 상황 속에서 전략을 수립하게 된다(채서일 2007a). 즉, 실행의 관점에서는 한 제품의 단위에서 설명이 가능하나 전략적 관점에서는 전략수립 시 마케팅자원의 배분과 같은 문제가 발생하며, 이 때 어떻게 마케팅전략을 정의하는 것이 기업과 소비자의 상호간의 가치를 증진시키려는 입장에서 바람직한가에 대한 논의를 필요로 한다. 다음 절에서 이에 대해 상세히 살펴보기로 한다.

2. 전략적마케팅과 전략적마케팅프로세스

기업의 비즈니스가 다수의 제품 및 시장 또는 비즈니스 자체가 다수로 확장되며 성장하는 상황에서, 마케팅관리 프로세스의 실행 측면을 강조하

2) 이 책에서 사용되는 제품은 서비스를 포함함.

는 STP와 마케팅믹스 전략만으로 마케팅전략을 수립 · 실행하는 것은 매우 어려운 일이다. 본 절에서는 전략의 개념과 전략의 수준을 살펴본 후, 전략적 마케팅의 개념과 프로세스를 알아본다.

2.1 전략적마케팅(Strategic Marketing)

먼저 전략(Strategy)의 개념을 간략히 살펴본 후, 기업 비즈니스 수준에 따른 전략 개념을 제시하기로 한다.

전략의 개념(The Concept of Strategy)

기업의 성과는 산업(시장)수익성에 영향을 미치는 구조적인 산업요인(잠재적 진입자의 위협, 구매자의 교섭력, 공급자의 교섭력, 현재 산업내의 경쟁강도, 대체품의 위협), 국가적 상황요인(예 : 일본의 자동차 산업과 전자제품 산업, 미국과 스위스의 제약산업 등)과 기업특유요인(firm-specific factors)에 의하여 결정된다. 이에 따라 경영전략 연구들은 이러한 다양한 요인들의 역할을 조사하여 왔다. 그 중에서 주로 성과에 영향을 미치는 기업특유요인 그 중에서도 전략의 기획 역할을 집중적으로 살펴 본 합리적 · 경제학적 기획학파(the rational planning school)가 전략연구를 주도하여 왔다고 할 수 있다(Grant 1995, Porter 1991)[3]. 이 중 대표적인 주장을 간략히 살펴보기로 한다.

전략이란 일반적으로 목표달성을 위한 종합적인 활동계획으로 정의되어 왔다(Hill and Jones 1995). 즉, 전략이란 외부환경의 기회와 위협요인에 대하여 기업이 보유하고 있는 자원과 능력으로 가장 적절하게 대응하는 방

3) Minzberg (1985)에 따르면 전략은 합리적 계획에 의해 수립 · 실행될 수도 있고, 예측하지 못하였던 환경변화에 대응하여 수립 · 실행(emergent/unplanned strategy)될 수 있음에 따라 전략은 “의사결정 또는 활동 흐름의 패턴(a pattern in a stream of decisions or actions)”으로 정의됨.

법(strategic fit)을 결정하는 것이다. 대표적으로 Porter (1980, 1985, 1991)는 전략을 외부환경요인에 대하여 자사의 자원과 능력을 가장 적절하게 대응시켜 경쟁우위(competitive advantage)를 구축하는 계획이며 이를 구체적으로 실행에 옮기는 – 즉, 구체적인 경쟁방식을 선택하는 – 의사결정으로 정의하였다.

이에 반하여 Hamel과 Prahalad (1989)는 전략적 적합성(strategic fit)에 기반한 전략의 선택은 기업이 현재 보유하고 있는 자원과 능력에 초점을 맞춤에 따라 위험회피적인 경향으로 흐르기 쉽다고 경고하며, 많은 미국 기업들(예 : Xerox, GM)이 전략적 적합성에 주의를 기울인 결과 일본의 경쟁자인 Canon이나 Richoh, 그리고 Toyota나 Honda의 위협을 무시한 예를 들었다. 반면, 내부역량 분석 시 상대적으로 미래의 새로운 자원과 능력 개발을 고려하여 전략을 세우고 중장기적으로 추진한 일본회사들과 한국의 대기업들은 현재 시점에선 힘들지 모르지만 야심에 찬 미션과 목적 – 즉, 전략적 의도(strategic intent) –을 가지고 전략을 수립하고 실행에 옮겨 성장한 것으로 해석할 수 있다. 다시 말하면 전략의 선택에 있어 전략적 적합성과 전략적 의도를 어떻게 조화롭게 반영하는가는 현재와 미래의 경쟁우위와 비즈니스 성과에 큰 영향을 미치는 중요한 요인이다.

나아가 Porter (1996)는 경쟁우위를 창출하기 위한 전략의 수립단계를 〈그림 1.3〉과 같이 제시하였다. 첫 번째 단계에서 자사의 자산과 역량(competence)을 고려하여 자사 제품에 적합한 경쟁적 가치제안의 형태를 결정하며, 그 다음 단계에서는 해당 제품군에서 이 가치를 구체적으로 실현시키기 위한 핵심성공요인(KSF: Key Success Factors)을 도출하며, 마지막으로 이를 실행할 구체적인 전략과 활동들을 설계하는 것이 경쟁우위를 창출하기 위한 전략의 수립 단계이다. 경쟁적 가치제안의 형태는 경쟁우위를 구축하기 위한 본원적인 전략대안에서 선택될 수 있으며, 본원적(많은 산업에서 일반적으로 적용될 수 있는) 전략대안으로 Porter (1985)는 원가우위, 차별화 및 집중화 대안을 제시한 바 있다.

즉, 우수한 경영전략이란 기업이 성취해야 할 비전과 목표, 기업의 사업영역(where to compete), 그리고 사업영업에서의 경쟁방식(how to compete) - 본원적 전략대안 등 - 을 구체적으로 제시함을 의미한다. 이러한 전략 내용은 기업 사업영역의 범위(scope)에 따라 달라질 수 있다. 다음에서 이를 논의하기로 한다.

전략의 수준(The Level of Strategies)

사업영역이 복수인 경우 기업은 기업 전체 수준에서의 전략(corporate-level strategy), 각 사업부 수준에서의 전략(business unit-level strategy), 단위제품이나 브랜드 수준에서의 전략(product or brand-level strategy) 그리고 기능적 수준에서의 전략(functional strategy: 생산, 마케팅, 인사, R&D 등) 수립과 실행이 필요하다(Hill and Jones 1995). 전통적으로 마케팅전략은 경쟁우위의 원천인 전략대안[4](원가우위, 차별화, 집중화 또는 운영의 효율성, 우월한 품질, 우월한 혁신, 우월한 고객반응성) 역량을 구축하기 위한 기능적 수준에서의 전략을 의미하거나 또는 한 사업부내의 제품이나 브랜드에 대해 시장세분화, 표적시장의 선정과 포지셔닝을 결정하는 STP 전략과 이를 실행하기 위한 마케팅믹스 프로그램을 의미하여 왔다.

그러나 마케팅은 아주 명확하거나 강하게 주장하지는 않았지만 기업 수준의 전략과 사업부 수준의 전략 이슈들을 꾸준하게 다루어 왔다. 전략적 마켓 플래닝(strategic market planning) 또는 전략적 마켓 관리(strategic market management)의 명칭 아래 이러한 이슈들을 다루어 왔다(Aaker 2007; Kotler and Keller 2007). 이와 일관되게 본서도 기업 수준과 사업부 수준의 전략 내용 중 마케팅의 공헌도가 높은 내용을 전략

4) 전략대안은 Porter (1985)의 본원적 전략대안(원가우위, 차별화, 집중화), Treacy와 Wiersema (1995)의 전략대안(운영의 탁월성, 제품리더십, 고객친밀성), 그리고 Kim과 Mauborgne (1997, 1999)의 블루오션 전략(원가우위와 차별화전략의 동시추구) 등이 있음.

적 마케팅(strategic marketing)의 영역임을 주장한다. 즉 전략적 마케팅이란 복수 이상의 사업부 · 제품 · 시장 상황에서 경쟁우위를 창출하고 지속시키기 위하여 고객에게 전달할 가치를 발견 · 창조 · 전달하고 이에 의하여 고객으로부터 가치를 수확하는 전사적 비즈니스 프로세스 활동 및 기능의 집합체를 의미한다.

그림 1.3 경쟁우위 창출을 위한 전략수립단계

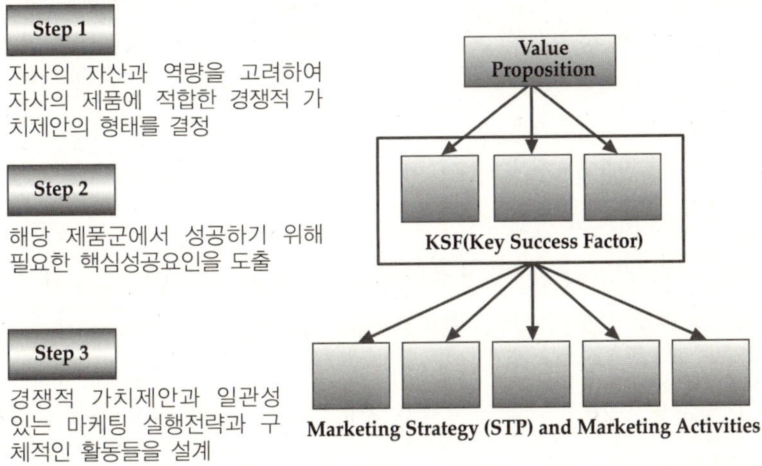

자료원 : Porter (1996), "What is Strategy?", *Harvard Business Review*, 74(November–December), pp. 61–78의 내용을 토대로 작성함.

2.2 전략적마케팅프로세스(Strategic Marketing Process)[5]

고객에게 제공하는 가치(value to customer)와 고객이 공헌하는 가치(value of customer)라는 관점(Gupta and Lehmann 2005)에서 보면

5) 전략적 마케팅 프로세스의 내용은 Aaker (2007), Kotler and Keller (2007), 채서일(2006)의 내용을 바탕으로 저자들의 토론을 거쳐 정리된 내용임.

전략적 마케팅 프로세스도 가치의 발견, 창조, 전달 및 수확 과정으로 진행된다는 측면에선 마케팅관리 프로세스와 동일하다. 그러나 각 프로세스에서 검토되는 내용들에 차이가 있다. 그러면 〈그림 1.4〉에 나타낸 전략적 마케팅 프로세스의 단계를 살펴보기로 한다.

첫째, 기업은 전체 수준 또는 사업부 수준에서 환경분석을 잘 하여야 한다. 고객분석을 통하여 사업(들)의 세분 · 표적고객군, 고객동기와 욕구, 그리고 잠재적 기회욕구(unmet needs)를 파악하여야 한다. 경쟁환경 분석에서는 현재뿐 아니라 잠재적 경쟁자까지 포함한 경쟁자의 발견과 정의가 이루어져야 하며, 경쟁자의 강점과 약점이 파악되어야 한다. 또한 경쟁에 대한 정보가 어떻게 수집되고 있으며 수집되어야 하는지가 파악 · 정의되어야 한다. 시장분석에서는 시장의 규모, 성장 및 리스크, 수익성, 원가구조, 유통시스템, 시장트렌드, 주요성공요인(KSF) 및 경쟁수단에 대한 분석과 검토가 이루어져야 한다.

나아가 보다 거시적 환경요인들(이자율, 환율 등의 경제 환경 ; 규제, 정책, 정치적 안정성 등의 정치 및 법적 환경 ; 인구통계 환경과 생활양식 등의 문화적 환경 ; 기술환경 ; 자연환경 등)이 고객, 경쟁, 시장 환경에 향후 어떠한 영향을 미칠지를 분석하여야 한다. 특히 이 부분이 마케팅관리에 비하여 전략적 마케팅 프로세스가 강조하는 부분이다. 각 요인의 영향력 강도와 불확실성 정도를 평가하여 주요 영향요인(drivers)을 발견하고 그 영향력을 예측하는 시나리오 분석은 기업의 전략수립에 있어 그 중요성이 매우 증대되고 있다(Aaker 2007; 채서일 2007b).

이러한 외부환경과 거시적 환경요인의 영향력 분석과 함께 기업은 내부역량분석을 잘 진행하여야 한다. 내부역량분석의 목적은 기업의 자원과 능력을 잘 파악하여 외부환경의 기회와 위협요인에 대하여 어떻게 대응하여야 하는지에 관한 전략을 수립할 수 있도록 하는 것이다. 그 내용으로는 주주가치분석(shareholder value analysis), 매출과 수익성 분석, 매출과 수익성 외의 시장성과(예 : 가격 및 점유율 프리미엄, 시장침투속도), 재무성과(예 : 현금흐름의 수준, 증가율), 경쟁방식(예 : 본원적 전략대안)에 대한 검토, 비즈니스 포트폴리오 평가, 전략대안에 대한 리뷰 및 방향 등이 검토되어야 한다(Aaker 2007; Srivasta et al. 1998). 전략적 마케팅 프로세스가 다루는 이러한 내부역량분석의 내용은 마케팅관리 프로세스가 다루는 자사분석내용에 비해 훨씬 포괄적이고 거시적이어야 한다.

환경분석의 결과는 기업의 지속적 경쟁우위(sustainable competitive advantage)에 관한 현재와 미래의 시장 포지션, 이러한 포지션 우위를 획득하고 유지하기 위한 원천을 가지고 있는지 아니면 개발하여야 하는지, 그리고 이러한 우위 포지션과 원천이 반영된 비즈니스의 비전 · 목적의 설정과 공유로 이어져야 한다[6].

제대로 된 환경분석의 결과가 지속적 경쟁우위를 줄 수 있는 비전과 목적 그리고 이의 실행으로 이어져 성공한 비즈니스 사례는 다수의 제품 제공자로부터 고객에 대한 솔루션 제공자(solution provider)로 전환한 IBM (Kumar and Reinartz 2006), 낮은 가격보다는 혁신적인 시스템을 도입한 Broadsky의 Perfect Courier, 낚시와 등산이라는 outdoor 활동 타겟에 집중한 Boyle의 Columbia Sportswear 등을 들 수 있다 (채서일 2007b).

이러한 비전과 목적의 설정 및 공유와 동시에 검토되어야 하는 부분이 전략대안의 발견과 선정이다. 내부역량 분석에서 이루어진 비즈니스 포트폴리오 분석(예 : BCG 매트릭스, GE 매트릭스)과 함께 제품 또는 사업수명주기(Product/Business Life Cycle), 시장의 경쟁포지션(예 : 품질 우위, 원가 우위 등), 본원적 전략유형, 그리고 혁신전략유형(Moore 2004: 기술혁신, 제품혁신, 프로세스혁신, 마케팅혁신, 비즈니스모델혁신) 등의 개념이 전략대안을 도출하고 평가하는 기준이 된다.

성장을 위한 새로운 전략대안으로는 Ansoff의 전통적인 제품 · 시장 그리드인 시장침투, 신제품개발, 시장확장, 다각화 대안(〈그림 1.5〉 참조)은

6) 지속적 경쟁우위와 원천에 관해서는 2장에서 더욱 상세히 논의됨.

그림 1.4 전략적 마케팅 프로세스*

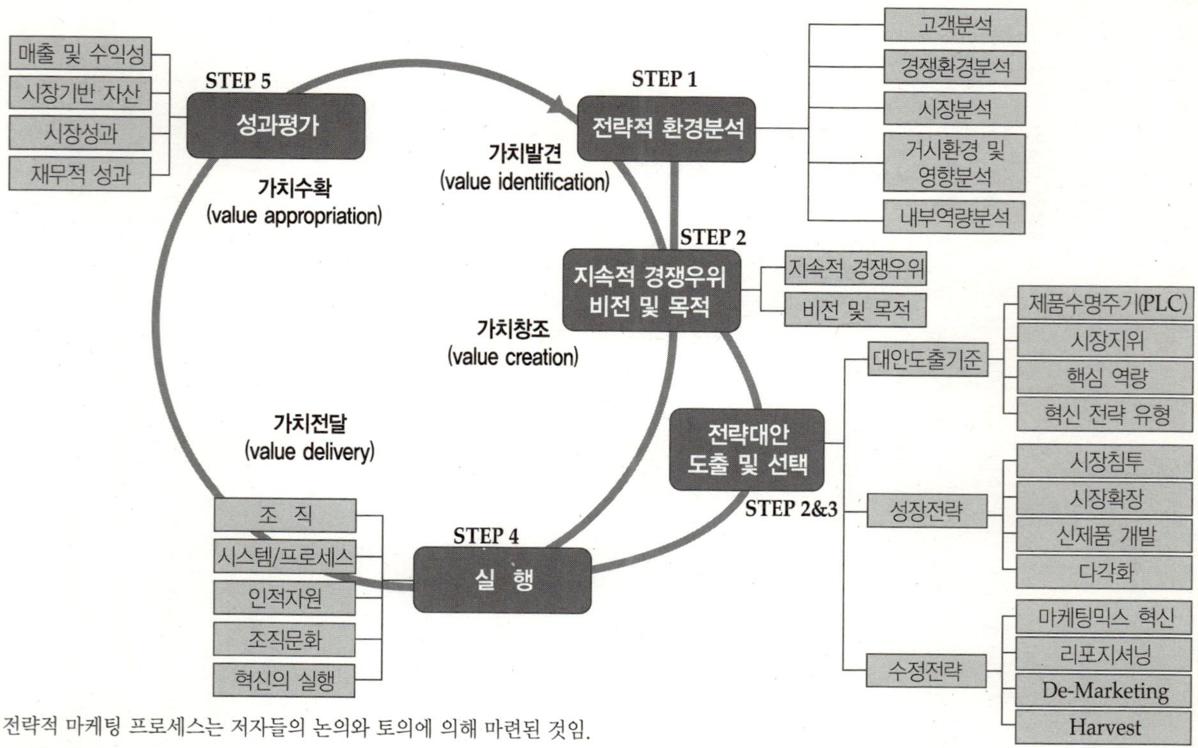

* 본 전략적 마케팅 프로세스는 저자들의 논의와 토의에 의해 마련된 것임.

아직도 매우 유효한 생각의 틀을 제공한다(Antoniou and Sullivan 2006). 한편 기존전략의 기조를 유지하되, 수정을 요하는 전략의 대안으로는 마케팅믹스의 혁신, 리포지셔닝, de-marketing, 또는 harvest 대안을 고려할 필요가 있다(채서일 2006).

그림 1.5 Ansoff의 Product-Market Grid

OFFERINGS \ MARKETS	Existing	New
Existing	시장침투 (MARKET PENETRATION)	시장확장 (MARKET EXPANSION)
New	신제품개발 (NEW OFFERING DEVELOPMENT)	다각화 (DIVERSIFICATION)

자료원 : Antoniou and Sillivan ed. (2006), *The H. Igor Ansoff Anthology*, Booksurge Publising.

이렇게 전략의 비전과 목적 그리고 전략 대안이 선정되는 것은 고객에게 제공할 가치의 창조를 의미한다(〈그림 1.4〉 對 〈그림 1.2와 1.3〉 비교 참조). 이는 곧 기업이 '누구(어떠한 고객)에게 무엇을 제공하는가'를 결정한 것이다. 최고의 맛과 신선도라는 품질을 제공하는 Samuel Adams 브랜드의 Boston Beer Company, 부자들의 동네인 베비리힐스에서 저렴한 잡화를 제공하는 Dave Gold의 99 cent 상점 등이 고객에 대한 명확한 가치제안을 보여주는 사례이다(채서일 2007b).

전략 및 가치제안이 아무리 좋아도 이를 효과적 · 효율적으로 실행하지 못하면(가치를 제대로 전달하지 못하면) 그 기업은 그 성과를 수확하기 어렵다. 전략의 실행은 전사적인 이슈이며, 이를 위해선 조직, 평가 및 성과 시스템, 실행 업무 프로세스, 인적 자원, 조직 문화 등이 전략 실행과 유기적으로 잘 연계되어 있어야 한다. 이를 가장 잘 나타내고 있는 실무적 틀 중 하나인 맥킨지의 7S 모델을 〈그림 1.6〉에 소개하였다(Heygate 1993). 이 모델에 따르면 기업의 성과는 기업이 어떠한 전략을 어떻게(조직, 통제(평가 및 보상 등)시스템과 비즈니스 프로세스) 실행하는가에 달려있다는 것이다. 또한 전략 - 조직/시스템/프로세스 - 성과의 연계를 지탱하는 기업 내부 요인으로 공유된 문화와 가치, 개인 및 조직의 능력, 조직내 의사소통 스타일의 중요성이 강조되었다. 즉, 전략적 마케팅 프로세스의 실행 부분에선 선정된 전략의 실행을 위해선 조직, 통제 시스템 및 비즈니스 프로세스, 인적 자원, 조직의 문화와 지향성 등이 중요함을 강조하는 것이다.

그림 1.6 The McKinsey's 7S Framework

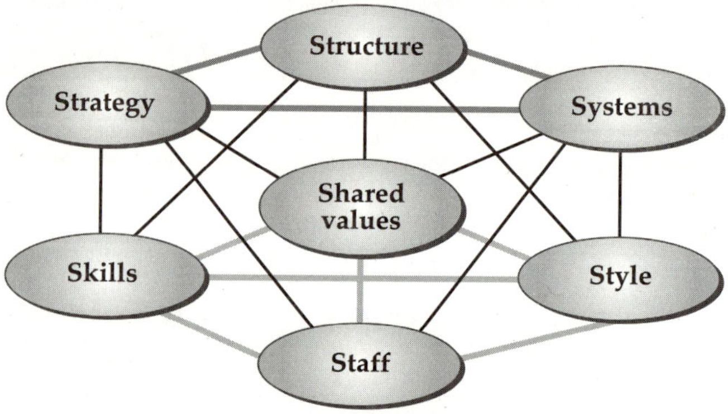

자료원 : Heygate, Richard (1993), "Immoderate Redesign," *The McKinsey Quarterly*, Vol.2(February), 1993.

이러한 실행 결과 고객으로부터 가치를 수확하는 성과평가 부분에서 전략적 마케팅은 전통적인 수익관리(매출과 이익)뿐만 아니라 마케팅이 창출하는 시장기반자산, 시장기반자산과 시장성과 및 재무성과와의 연계를 명확히 하여 마케팅활동이 보다 전략적으로 이루어져야 함을 강조하고 있다.

3. 요 약

최근 마케팅전략을 연구하는 학자들은 현대 비즈니스에서 마케팅전략의 역할이 한 제품이나 브랜드 수준에서의 STP 전략과 마케팅믹스 프로그램의 실행 또는 기업의 한 기능(예 : 영업)을 담당하는 것을 넘어서서 보다 전략적인 공헌을 하여야 할 필요성을 강조해오고 있다(예 : Day 2000, 2003; Srivastava et al. 1998). 이러한 흐름에 따라 전략적 마케팅의 주요 연구는 기업성과와 마케팅의 연계, 자원준거 관점과 시장기반 관점에서의 마케팅, 전략적 브랜드관리, 전략적 고객관계관리 분야에서 진행되어 오고 있다(MSI Research Priorities Report 2000~2008). 본 서는 특히 최근 그 중요성이 강조되고 있는 고객자산관리와 마케팅프로세스의 변화를 살펴보는 것이 목적이다. 이러한 목적을 제대로 달성하기 위해선 자원준거 관점과 시장기반 관점에서의 마케팅에 대한 이해, 전략적 브랜드관리에 대한 이해가 선행되는 것이 필요하다.

구체적으로 이러한 주제들을 살펴보기 전 본 서는 첫 번째 장을 통해 마케팅, 마케팅관리 프로세스, 전략적 마케팅, 전략적 마케팅 프로세스 개념을 정리함으로써 추후 논의되는 개념들의 기초를 마련하고자 하였다.

본서는 미국과 한국마케팅학회의 정의에 근거하여 마케팅의 현대적 정의를 고객에게 전달할 가치를 발견하여 창조하고 전달하는 프로세스, 그리고 이에 의하여 고객으로부터 가치를 수확하는 전사적 비즈니스 프로세스 활동 및 기능의 집합체로 제시하였고 이러한 프로세스를 관리하는 것을 마케팅관리 프로세스로 정의하였다.

한편 마케팅관리 프로세스는 상대적으로 마케팅의 실행 측면을 강조하고 있는 점, 그리고 기업의 비즈니스가 다수의 제품 및 시장 또는 비즈니스 자체가 다수로 확장되며 성장하는 상황을 감안하여 전략의 개념과 수준에 기반한 전략적 마케팅의 개념과 프로세스를 제시하였다. 이에 따르면, 전략적 마케팅이란 복수 이상의 사업부 · 제품 · 시장 상황에서 경쟁우위를 창출하고 지속시키기 위하여 고객에게 전달할 가치를 발견 · 창조 · 전달하고 이에 의하여 고객으로부터 가치를 수확하는 전사적 비즈니스 프로세스 활동 및 기능의 집합체를 의미하는 것으로 정의하였고, 전략적 마케팅 프로세스의 단계별 내용을 살펴보았다.

전략적 마케팅 프로세스의 단계별 내용에선 특히 거시적 환경요인(예 : 경제 환경, 정치 및 법적 환경 ; 인구통계 환경과 문화적 환경 ; 기술환경 ; 자연환경 등)이 고객, 경쟁, 시장 환경에 향후 어떠한 영향을 미칠지를 분석하여야 부분과 이를 위한 시나리오 분석이 강조되었다. 또 전략적 마케팅 프로세스가 다루어야 하는 포괄적이고 거시적인 내부역량분석의 내용을 간략히 살펴보았다.

이러한 포괄적 · 거시적 환경분석의 결과는 기업의 지속적 경쟁우위에 관한 현재와 미래의 시장 포지션, 이러한 포지션 우위를 획득하고 유지하기 위한 원천을 가지고 있는지 아니면 개발하여야 하는지, 그리고 이러한 우위 포지션과 원천이 반영된 비즈니스의 비전 및 목적의 설정과 공유로 이어져야 함을 강조하였다. 동시에 전략대안의 발견과 선정, 이러한 전략의 실행 이슈들, 그리고 성과 부분에선 전통적인 수익관리(매출과 이익)뿐만 아니라 전략적 마케팅이 창출하는 시장기반자산, 시장기반자산과 시장성과 및 재무성과와의 연계를 명확히 하여 마케팅활동이 보다 전략적으로 이루어져야 함을 강조하였다.

다음 장에서는 전략적 마케팅의 최근 관점 중 가장 중요하다고 할 수 있는 자원준거 관점과 시장기반·관점에서 마케팅은 어떻게 개념화될 수 있는가, 이렇게 개념화된 마케팅의 관점에서 기업성과에 대한 마케팅의 공헌도 증진은 어떻게 이해될 수 있는가를 살펴봄으로써 기업성과에 대한 마케팅의 공헌에 관한 개념적 틀을 공유하고자 한다.

참고문헌

마케팅정의 제정위원회(2002), "한국마케팅학회의 마케팅 정의," *마케팅연구*, 제17권제2호, 5-6.

채서일(2006), *마케팅*, 제4판, 비앤앰북스.

채서일(2007a), "경영학의 미래," *한국경영학회 50주년 기념발표회* : 한국 경영학의 흐름과 전망, 3월.

채서일(2007b), "Innovation in Business," *Working Paper*.

Aaker, David (2007), *Strategic Market Management*, 8th (Paperback) ed., Wiley.

Antoniou, Peter H. and Patrick E. Sullivan ed. (2006), *The H. Igor Ansoff Anthology*, Booksurge Publishing.

Armstrong, Gary and Philip Kotler (2007), *Marketing: An Introduction*, 8th international ed., Pearson Education.

Day, George S. (2000), "Capabilities for Forging Customer Relationships," *Marketing Science Institute Working Paper*, Report No. 00-118, Cambridge, MA: Marketing Science Institute.

Day, George S. (2003), "Creating a Superior Customer-Relating Capability," *Marketing Science Institute Working Paper*, Report No. 03-001, Cambridge, MA: Marketing Science Institute.

Drucker, Peter F. (2006), *The Essential Drucker: The Best of Sixty Years of Peter Drucker's Essential Writings on Management*, Paperback ed., Collins.

Grant, Robert M. (1995), *Contemporary Strategy Analysis*, Cambridge, MA: Blackwell Publishers.

Gupta, Sunil and Donald Lehmann (2005), *Managing Customers as Investments: The Strategic Value of Customers in the Long Run*,

Wharton School Publishing.

Hamel, Gary and C. K. Prahalad (1989), "Strategic Intent," *Harvard Business Review*, 67(May–June), 63–76.

Heygate, Richard (1993), "Immoderate Redesign," *The McKinsey Quarterly*, 2(February), 1993.

Hill, Charles W. L. and Gareth R. Jones (1995), *Strategic Management*, 3rd ed., Houghton Mifflin.

Keller, Kevin Lane (2003), *Strategic Brand Management: Building, Measuring, and Managing Brand Equity*, 2nd ed., Upper Saddle River, NJ: Prentice Hall.

Kim, W. Chan and Renée Mauborgne (1997), "Value Innovation: The Strategic Logic of High Growth," *Harvard Business Review*, 75(Jan–Feb), 103–112.

Kim, W. Chan and Renée Mauborgne (1999), "Strategy, Value Innovation, and the Knowledge Economy," *Sloan Management Review*, Spring, 41–53.

Kotler, Philip and Kevin L. Keller (2006), *Marketing Management*, 12th ed., Prentice Hall.

Kumar, V. and Werner J. Reinartz (2006) *Customer Relationship Management: A Databased Approach*, Wiley.

Levitt, Ted. (2006), *Ted Levitt on Marketing*, Harvard Business School Press.

MSI Research Priorities Reports (2000 ~ 2008), Cambridge, MA: Marketing Science Institute.

Moore, Geoffrey A. (2004), "Darwin and the Demon: Innovating Within Established Enterprises," *Harvard Business Review*, 82(July–August), 1–6.

Porter, Michael E. (1980), *Competitive Strategy*, New York, N.Y.: Free–Press.

Porter, Michael E. (1985), *Competitive Advantage*, New York, N.Y.: Free–

Press.

Porter, Michael E. (1991), "Towards a Dynamic Theory of Strategy," *Strategic Management Journal*, 12 (Winter), 95–118.

Porter, Michael E. (1996), "What Is Strategy?" *Harvard Business Review*, 74(November–December), 61–78.

Rust, Roland, Valarie A. Zeithaml, and Katherine N. Lemon (2001), *Driving Customer Equity: How Customer Lifetime Value Is Reshaping Corporate Strategy*, Free Press.

Srivastava, Rajendra, Tasadduq A. Shervani, and Liam Fahey (1998), "Market–Based Assets and Shareholder Value: A Framework for Analysis," *Journal of Marketing*, 62(January), 2–18.

Treacy, Michael and Fred Wiersema (1995), *The Discipline of Market Leaders*, Harper Collins, London.

제2장

전략적 마케팅능력과 기업성과

(Strategic Marketing Capabilities and Firm Performance)

1. 마케팅자원과 전략적마케팅능력

2. 전략적마케팅능력과 기업성과

3. 요 약

제2장 전략적 마케팅능력과 기업성과

Strategic Marketing Capabilities and Firm Performance

1장에서 마케팅, 마케팅관리 프로세스, 전략적 마케팅, 전략적 마케팅 프로세스 개념을 살펴보았다. 본 장에서는 전략적 마케팅의 최근 관점 중 가장 중요하다고 할 수 있는 자원준거 관점과 시장기반 관점에서 마케팅은 어떻게 개념화되고 있는가를 상세히 살펴본다. 즉 마케팅 자원인 시장기반 자산을 간단히 정의한 후, 이러한 자산을 창출할 수 있는 전략적 마케팅능력에 대하여 자세히 고찰한다. 그런 후, 전략적 마케팅능력과 시장기반자산은 기업성과와 어떻게 연계될 수 있는가를 살펴봄으로써 기업성과에 대한 마케팅의 공헌에 관한 개념적 틀을 같이 공유하고자 한다.

1. 마케팅자원과 전략적마케팅능력

마케팅 자원과 전략적 마케팅능력은 모두 기업이 시장에서 경쟁자와 비교하여 지속적으로 우위를 획득하고 유지하기 위한 원천(sources)으로 개념화된다. 이에 따라 본 절에서는 먼저 지속적 경쟁우위라는 개념을 알아본 후, 마케팅 자원과 전략적 마케팅능력에 관하여 고찰하겠다.

1.1 지속적 경쟁우위(Sustainable Competitive Advantage)

경쟁우위(원가우위와 차별화우위)의 획득과 유지는 전략경영(strategic management)분야의 핵심 개념이다. 그럼에도 불구하고 마케팅학자인 Wroe Alderson(1957)은 일찍이 기업이 높은 이익을 창출하기 위해선 경쟁우위를 확보하여야 하며, 이를 위해서 소비자의 시각에서 자사가 경쟁사보다 특별하게 보이는 독특한 특성을 가질 수 있도록 노력해야 함을 강조하였다.

기업이 창조하는 가치는 소비자의 지불의향가격에 의해 측정될 수 있는데, 이 가격이 기업의 가치창조활동의 원가보다 높으면 그만큼 가치가 창출되는 것이다. 기업의 주요 가치창출활동은 구매, 제조, 마케팅이고 이를 지원하는 활동으로 기업의 인프라(조직구조와 리더십), 인적자원, R&D, 자재관리(materials management) 등이 있다. Porter (1985)는 이렇게 가치를 창조하는 사슬의 분석(value chain analysis)을 통해 기업이 경쟁우위 포지션을 확보하는데 필요한 본원적인 경쟁전략(원가우위, 차별화, 집중화)을 수행함으로써 그 우위를 획득할 수 있음을 제시하였다.

한편 벤치마킹, 기술개발 격차의 감소 등에 따라 확보된 경쟁우위를 계속 유지하는 것이 어렵게 되는 현상들이 등장함에 따라 경쟁우위의 지속성(sustainability)에 대한 학자들의 관심이 증대되기 시작하였다. 이에 대하여 Porter (1985)는 다른 경쟁기업의 침투에 대하여 효과적으로 방어하는 전략의 관점에서 지속성을 논의하였고, Prahalad와 Hamel (1990)은 학습을 통하여 새로운 경쟁우위를 확보할 수 있는 기업의 핵심역량(core competence)개념을 제시하며 경쟁사보다 시간적으로 앞서서 핵심역량을 구축하고 활용하여야 하는 점을 강조하였다.

또한 자원준거 관점(resource-based view)의 전략연구들을 통합적으로 정리한 Barney (1991)는 다른 기업들이 모방하기 어려운 전략을 수립하고 실행할 수 있는 기업의 능력 자체가 지속적으로 경쟁우위를 유지하기 위한 중요한 자원이라는 개념을 명확하게 전달하였다. 이와 일관되게 전략적 마케팅의 연구들도 지속적 경쟁우위의 원천으로 기업의 마케팅 자원(marketing resources)이 중요함을 강조하여 왔다. 다음에서 이러한 지속적 경쟁우위의 원천에 대하여 살펴보기로 한다.

1.2 지속적 경쟁우위의 원천(Sources of S.C.A.)

경쟁우위를 확보하고 지속적으로 유지하기 위해서 기업은 경쟁과 비교하여 차별적인 핵심역량(distinctive competence) - 우월한 효율성, 우월한 품질, 우월한 혁신, 우월한 고객반응성을 창출하는 역량 중에서 선택 - 을 가지고 있어야 한다(Hills and Jones 1995; Prahalad and Hamel 1990). 이러한 차별적 역량은 기업의 자원(resources)과 능력(capabilities)에 의하여 구축된다. 그러면 먼저 자원준거 관점에서 진행된 지속적 경쟁우위의 원천에 관한 전략경영분야의 연구를 살펴본 후, 마케팅분야에서 진행된 시장준거 관점에서의 연구를 고찰하기로 한다.

자원준거관점의 우위 원천(Resource-Based View of S.C.A. Sources)[1)]

지속적 경쟁우위의 원천은 기업의 자원과 능력이다(Amit and Schoemaker 1993; Barney 1991; Mahoney and Pandian 1992; Peteraf 1993). 자원(resources)은 기업이 보유하고 있는 재무적, 물리적, 인적, 기술적, 조직 자원을 의미한다. 이 자원은 크게 유형(예 : 토지, 건물, 공장, 장비 등)과 무형(브랜드자산, 고객자산, 특허, 마케팅 노하우, 기술

1) 연구자들은 자원준거관점이론이라는 이론의 명칭에서는 자원(resources)이란 용어를 능력(capabilities)까지 포함하여 광의적으로 사용하는 경우가 많음. 그러나 구체적인 개념화(conceptualization)에서는 자원과 능력을 구분하여 사용하고 있음. 이에 따른 혼란이 큰 바, 본 서는 구체적인 개념화 수준에서 사용되는 정의에 입각해 자원과 능력은 별도의 개념으로 간주함.

노하우 등)으로 구분되며, 차별적 역량을 구축하기 위해서 기업은 독특하고 가치가 있는(unique and valuable) 자원을 보유하고 있어야 한다. 예를 들어 반도체 분야에서 삼성전자의 핵심역량의 원천은 메모리 반도체 기술공정의 기술 노하우라는 독특한 무형자원에 기인한다 할 수 있다. 이러한 무형자원이 삼성반도체 제품에 대한 강력한 시장수요로 연계되므로 이 자원의 가치는 매우 높다고 할 수 있다.

기업의 능력(capabilities)은 기업이 보유하고 있는 자원을 통합 · 조정하여(coordinating) 생산적으로 사용하는 기업의 스킬을 의미한다. 이러한 스킬은 조직의 일상적 프로세스(routines)에 체화되어 존재한다. 즉, 조직이 목표를 성취하기 위하여 의사결정을 하는 방식 그리고 이러한 내부 비즈니스 프로세스를 관리하는 스킬이 바로 기업의 능력이며, 이 능력은 조직구조(organizational structure: 의사결정이 어떻게 어디에서 이루어지는지를 구체화함)와 통제시스템(control system: 조직이 보상하는 행동들(성과평가와 보상), 조직의 문화적 규범과 가치)에 의하여 구현된다.

즉, 자원준거 관점의 전략경영연구들은 기업의 가치를 높일 수 있는 자원, 희귀한 자원, 경쟁자가 모방하기 어려운 자원, 다른 수단에 의해 대체하기 어려운 자원, 기업의 전략적 자산, 그리고 이러한 자원을 창출할 수 있는 능력을 지속적 경쟁우위의 중요한 원천으로 개념화하였다. 나아가 이러한 자원은 매우 다양하게 존재하므로 기업특유의 자원과 능력을 개발하는 것이 중요함을 강조하고 있다(Amit and Schoemaker 1993; Barney 1991; Mahoney and Pandian 1992; Peteraf 1993).

마케팅은 수입(revenue)을 증진시키기 위하여 시장(market: 소비자와 경쟁)에 기반한 활동을 주도하는 기업의 유일한 영역과 기능이라는 고유 역할을 가지고 있다. 이를 감안할 때 전략적 마케팅연구들은 자원준거 관점의 전략경영연구들을 시장기반의 관점에서 조망하며 발전시켜 왔다. 다음에서는 이러한 시장기반 관점의 전략적 마케팅연구들을 살펴보겠다.

시장기반관점의 우위 원천(Market-Based View of S.C.A. Sources)

전략적 마케팅 영역에서 지속적 경쟁우위의 원천과 경쟁우위, 그리고 그 결과의 관계를 먼저 제시한 연구는 Day와 Wensley (1988)라 할 수 있다. 이들은 경쟁우위 포지션을 시장의 관점에서 우월한 고객지각가치(가격 대비 품질) 포지션과 상대적으로 낮은 가격 포지션으로 설정하였다. 이러한 경쟁우위 포지션은 높은 고객만족, 고객충성도, 시장점유율 및 이익으로 연결됨을 제시하였다. 나아가 이러한 경쟁우위의 원천으로 기업은 뛰어난 자원(resources)과 스킬(skills)을 개발하여 활용하여야 함을 강조하였다.

Aaker (1989)도 지속적 경쟁우위의 원천으로 시장기반의 자산과 스킬이 중요함을 강조하였다. 이러한 초기의 연구들은 Dickson (1992)의 경쟁적 이성론, Day의 시장기반 학습과 조직 등에 관련한 연구들(Day 1994a,b, 2000), Hunt와 Morgan (1995)의 경쟁비교우위이론, Srivastava 등의 시장기반자산, 마케팅 비즈니스 프로세스, 자원준거 관점에서의 마케팅(Srivastava et al. 1998, 1999; Srivasta, Fahey, and Christensen 2001)에 관한 연구들로 그 흐름을 이어오고 있다.

좀 더 구체적으로 살펴보면, 시장기반 관점에서 전략적 마케팅 연구들의 방향과 흐름은 크게 두 가지로 구분할 수 있다. 먼저 첫 번째 방향과 흐름은 마케팅이 창출하는 기업의 무형자원에 관한 연구들이 폭발적으로 증가한 점에서 찾아볼 수 있다. 브랜드자산(brand equity), 기업과 고객과의 관계 가치에 관한 관계마케팅(relationship marketing), 그리고 최근엔 고객자산(customer equity)에 관한 연구들이 그러한 흐름을 형성하고 있다. Srivastava 등(1998)은 이러한 연구흐름을 통합적으로 정리하여 시장기반자산(market-based asset)이라는 개념을 제시하였다. 시장기반자산은 마케팅이 창출하는 무형자산을 의미하며 마케팅활동의 장기적 효과라 할 수 있다. 이러한 시장기반자산은 기업의 시장성과와 재무성과에 긍정적인 영향을 미침에 따라 전략적 마케팅에 있어 이러한 시장기반자산을 창출하는 조직의 마케팅능력을 증진시키는 일은 매우 중요하다 할 수 있다.

한편 시장기반 관점에서 전략적 마케팅연구들의 두 번째 방향과 흐름은 마케팅능력(marketing capabilities)에 관한 것으로 정리할 수 있다. 지속적 경쟁우위의 원천인 스킬(Aaker 1989; Day and Wensley 1988)에 대한 관심은 전략적 마케팅 분야에서 시장지향성, 시장에 관한 학습, 마케팅능력 등에 관한 많은 연구들로 이어져 오고 있다. 다음에서 우리는 시장기반자산에 관하여 간략히 살펴보고, 전략적 마케팅능력에 관하여 자세히 고찰하겠다[2].

1.3 마케팅자원으로서의 시장기반자산(Market-Based Assets as Important Marketing Resources)

마케팅에 드는 돈을 발생주의 회계원칙 상 비용으로 처리할 수 밖에 없지만, 장기적인 관점에서 마케팅에 투하되는 돈 중 일부는 투자로 간주하자는 것이 전략적 마케팅의 주장이다. 즉, 마케팅이 소비자의 호의, 브랜드자산 등과 같은 무형자산을 구축하는 역할을 마케팅이 한다는 주장이다. 실제로 크래프트(Kraft)를 사들이면서 필립모리스가 지불한 가치, 똑같은 미국의 공장에서 생산돼 나온 자동차에 미쓰비시의 이름과 크라이슬러의 이름이 붙었을 때의 가격 차이, 또한 똑같은 영국의 공장에서 생산돼 나온 TV에 히타치의 이름과 GE의 이름이 붙었을 때의 가격 차이를 생각하면 전략적 마케팅에 투하되는 돈은 투자로 볼 필요성이 높다(이성호 2002). 이러한 무형가치에 대하여 객관적이고 유용한 측정치를 만들어 활용할 수 있도록 하는 것이 전략적 마케팅의 과제일 것이다.

위의 예에서 살펴봤듯이, 마케팅 연구들은 제품의 가치에 Coke, Kodak,

---

2) 시장기반자산인 브랜드자산과 고객자산의 관리에 대해선 3장과 4장에서 자세한 고찰과 논의가 이루어짐에 따라 본 장에서는 간략히 살펴보기로 함.

Nike 등과 같은 브랜드네임이 가져다 주는 추가적인 가치를 브랜드 자산(brand equity)으로 정의하였다(예 : Farquhar, Han, and Ijiri 1991; Kamakura and Russell 1993; Park and Srinivasan 1994; Rangaswamy, Burke, and Oliva 1993; Yoo, Donthu, and Lee 2000). 물론 브랜드자산을 측정하는 구체적인 방법들은 다양하게 등장하여 왔으며(Keller 2003), 이제는 브랜드자산의 측정뿐만 아니라 어떠한 마케팅활동이 브랜드자산을 증진 · 감소시키는가(예 : Yoo et al. 2000), 또는 브랜드 자산가치와 기업가치와의 관련성은 얼마나 강한가 등 많은 연구들이 진행되어 왔다(예 : Simon and Sullivan 1993).

즉, 80년대 후반부터 미국의 실무계와 학계는 마케팅 활동이 창출하는 기업의 중요한 무형자산인 브랜드의 가치에 대하여 지대한 관심을 보여왔으며, 이러한 관심은 기업의 마케팅활동을 보다 장기적이고 일관된 방향으로 전환시켜 왔다고 평가할 수 있다. 이러한 관심의 흐름은 국내에도 영향을 미쳐 90년대 중 · 후반부터 지금까지 실무계와 마케팅 학계에서 브랜드자산에 대한 연구와 논의가 활발하게 이루어져 오고 있다.

한편 최근 IT의 발전과 함께 마케팅 및 MIS 분야에서 고객관계관리(CRM: Customer Relationship Management)라는 개념이 급속도로 확산되면서 또 다른 마케팅의 키워드로 자리잡고 있다(Barnes 2001 참조). CRM에 대한 정의는 논의하는 회사나 사람의 수만큼 다양하지만 마케팅의 관점에서 살펴보면 '기업이 수익을 극대화하기 위하여 수익공헌도가 높은 전략적 고객에게 중요한 가치가 무엇인지를 이해하는 과정이며, 이러한 정보를 이용하여 고객이 진정으로 원하는 편익을 제공하고, 그 결과로 고객이 기업과의 거래를 유지하고 증가시키게 하는 마케팅' 이라 할 수 있다(이성호 2002의 정의 수정). 이러한 CRM의 확산과 때를 같이 하여 고객자산(customer equity)이라는 개념이 등장하고 있다(예 : Blattberg, Getz, and Thomas 2001; Rust, Zeithaml, and Lemon 2001 등). 고객자산은 기업과 고객과의 관계가치(the value of the company' s customer relationships)를 반영하며, 고객으로부터 벌어들일 수 있는 생애수익가치(lifetime value)의 총합으로 정의되고 있다. 이 개념은 Blattberg와 Deighton (1996)에 의하여 처음 명명되어 소개되었으며, 이에 관한 많은 연구들이 최근 진행되어 오고 있다.[3)]

결국 전략적 마케팅의 성과라 할 수 있는 브랜드자산과 고객자산은 기업의 중요한 무형자원이다. 마케팅이 창출하는 무형자원을 Srivastava 등(Srivasta et al 1998)은 시장기반자산(market-based assets)이라 정의하였다(또한 Amir and Lev 1996; Kim, Mahajan, and Srivastava 1995 참조). 즉, 시장기반자산은 기업이 고객, 유통 파트너, 기타 전략적 파트너와 맺게 되는 관계의 가치로 구성될 수 있다.[4)] 기업과 고객간의 관계가치는 고객이 느끼는 브랜드 가치와 고객의 충성도 가치를 의미한다. 같은 기능이라도 파나소닉보다는 삼성전자의 TV를 사고 싶은 브랜드가치, 이왕이면 특정 은행이나 백화점과 계속 거래를 유지해가는 충성도 가치가 높으면 그 기업의 가치는 높을 것이다.

이러한 시장기반자산을 높일 수 있는 방법은 바로 마케팅지식의 조직적 습득과 활용 - 즉, 전략적 마케팅능력의 증진 - 이라 할 수 있다[5)]. 다음에서 전략적 마케팅능력을 매우 자세히 살펴보기로 한다.

---

3) 물론 이전에도 이러한 개념은 존재하였지만 Blatterg와 Deighton (1996)이 공식적으로 고객자산(customer equity)이라는 용어를 처음 사용하였음.

4) Srivastava et al. (1998)은 관계가치를 'relational asset' 이라 명명하였음.

5) Srivastava et al. (1998)은 시장기반자산을 두 종류로 개념화 하였는데, 그 중 하나가 관계자산(relational asset)이고 다른 하나는 지적자산(intellectual asset)임. 마케팅지식의 조직적 습득과 활용은 지적자산을 의미하는 것인데, 저자들은 Srivastava et al. (1998)과는 다르게 시장기반자산은 관계자산을 의미하는 것으로, 지적자산은 전략적 마케팅의 연구흐름에 따라 전략적 마케팅능력(strategic marketing capability)으로 개념화하는 것이 바람직하다고 생각함.

1.4 전략적마케팅능력(Strategic Marketing Capabilities)

전략적 마케팅능력(strategic marketing capability)을 이해하기 위해서는 우선 기업능력(organizational capability)의 기반을 이해하는 것이 필요하다. 기업능력의 기반을 이루는 것은 전술한 것처럼 유형보다는 기업의 무형자원에 더 가치를 두고 있다. 즉 기업능력은 기업의 무형자원을 바탕으로 하여 어떻게 유형자원을 활용할 것인가에 관한 것이다. 그렇다면 마케팅능력 또한 기업의 마케팅 담당자들이 기업의 마케팅 문제를 해결하기 위해 무형자원(intangible resources)인 지식(knowledge)과 활용스킬을 반복적으로 사용할 때 개발되는 것이다. 예를 들어 소비자 불평행위를 어떻게 처리하는가에 관한 문제를 해결하기 위해, 기업은 경험 있는 담당자를 통해 그 문제를 규명하고 해결하는 방법 등과 같은 지식을 습득하게 된다. 이러한 불평처리 과정을 학습하고, 반복하면서 담당자는 여러 가지 보다 복잡한 상황들에 직면하게 되고, 이를 보완 · 수정하는 조정 (시스템적 혹은 인적 조정) 과정을 거쳐서 보다 나은 불평처리 능력을 가지게 되는 것이다. 이처럼 마케팅 문제들을 해결하는 과정은 여러 가지 무형자원과 유형자원을 통합하는 과정인 것이다.

마케팅능력은 그 자체가 기업의 경쟁우위를 창출하는 자원으로서 의미를 가지는 것이 아니라, 자원의 투입과정에서 가치를 부가하는 조정 · 통합을 거치면서 비로소 기업의 경쟁우위 자원으로서 의미를 가질 수 있다(Day 1994a; Grant 1991, 1996). 앞서 제시한 불평처리과정의 예처럼 이러한 통합노력의 반복으로부터 인적자원간 혹은 인적자원과 다른 자원간의 복잡한 조정 상황이 발생한다(Grant 1991, 1996). 이러한 조정은 기업의 상황과 문제가 변화함에 따라 역동적이고 변화하는 모습을 보이기는 하지만, 어느 순간에 일정한 유형을 나타내게 된다(Grant 1991).

즉, 기업능력은 이러한 과정의 반복과 조정에 의한 학습에 의해서 개발된다고 할 수 있다(Grant 1991; Prahalad and Hamel 1990; Sinkula

1994; Tuominen et al. 1997). 인력과 자원을 통합하여 조정하는 과정을 반복함으로써 기업은 능력의 기반이 되는 프로세스를 개발할 수 있다. 마케팅의 상황에서도 구성원들이 반복적으로 지식과 활용스킬을 마케팅 문제 해결에 적용하고 조정함으로써, 보다 깊은 마케팅능력의 기반과 프로세스가 개발되는 것이다. 이러한 능력의 개발과정에서 조직 전반에 걸쳐 구성원들이 보다 깊고 포괄적인 지식을 마케팅 문제 해결에 적용 할 때, 기업의 마케팅능력이 강화되는 것이다(Slater and Narver 1995; Tuominen et al. 1997). 다시 말하면, 기업의 제품에 가치를 부여하기 위해서 구성원의 각 기능수준의 능력이 여러 차원에서 통합이 되고, 경쟁적 우위를 전달하기 위해 다양한 제품시장에 이러한 능력이 적용될 때, 마케팅의 핵심능력이 개발되는 것이다(Grant 1996).

따라서 전략적 마케팅능력은 집적된 지식과 그 활용스킬, 그리고 기업의 자원들을 통합하여 시장관련 요구(needs)를 파악하고, 중점 사업을 통해 제품에 가치를 부여하고 경쟁적 수요를 충족하기 위해 반복적으로 개발되는 조정 및 통합능력이라고 정의할 수 있다(Day 1994b; Tuominen et al. 1997). 그리고 기업은 기업마다 기업 고유의 특성(문화적, 시장적, 제품적 특성 등)을 가지고 있기 때문에 기업 구성원들은 기업특유의 지식과 활용스킬을 가용한 자원들과 통합하고 조정하는 과정을 통해 기업특유의 마케팅능력을 개발해야 할 것이다(Tuominen et al. 1997). 예를 들어, 상대적으로 빠르게 변화하는 시장과 기술집약적인 산업에 있는 자동차회사의 마케팅능력과 생활필수품(예 : 비누)과 같이 변화가 더디고, 덜 기술집약적인 산업에 속해 있는 기업의 마케팅능력은 달라야 할 것이다. 또한 같은 산업 내에서도 유사한 시장 욕구에 초점을 맞춘 경쟁 기업들은 유사한 유형의 능력을 개발할 것으로 기대할 수 있지만, 기업의 고유 특성(예 : 다른 경쟁우위나 경쟁전략의 추구)으로 인해 완전히 같은 종류의 마케팅능력을 가지기는 어렵다.

나아가 제품에 가치를 부여하고, 조정하고 통합하는 마케팅능력이 지속적 경쟁우위요인으로 전환되기 위해서는 다음과 같은 조건들이 충족되어야 한다. 첫째, 마케팅능력이 경쟁사에 의해 쉽게 모방되지 못하여야 한다. 즉, 기업특유의 지식과 활용스킬을 바탕으로 하기 때문에 쉽게 모방될 수는 없겠지만 경쟁사의 경쟁지식(competitive intelligence) 역량을 고려해 경쟁사가 모방할 수 없도록 마케팅능력을 만들어야 한다. 둘째, 특정 마케팅능력이 기업의 다른 능력에 의해 대체되지 못하여야 한다. 마케팅능력은 시장기반자원에 의거하여 활용되고, 통합되기 때문에 기업의 다른 능력과 차별화가 되어야 한다는 것이다. 이러한 조건들이 충족이 될 때 마케팅능력이 지속적 경쟁우위의 기반을 형성하게 된다(Grant 1991, 1996; Moller and Anttila 1987; Tuominen et al. 1997).

마케팅 전문활동능력과 구조적 마케팅능력(Specialized and Architectural Marketing Capabilities)

Menon 등(1999)과 Lee 등(2006)은 마케팅전략의 수립과 실행을 통합한 개념인 마케팅전략과정(Marketing Strategy Making: 마케팅 계획의 수립과 실행에 관련된 활동, 과정, 관례들로 구성된 복잡한 집합활동)에 관하여 연구하였다. 이들의 연구는 기업성과에 미치는 MSM의 영향력을 발견하였다. 마케팅능력은 이러한 MSM을 의미하는 것으로 생각할 수 있다. 그러나 MSM은 기업의 마케팅전략 수립과 실행 능력을 너무 한꺼번에 상정하여 기업의 마케팅능력 증진 방향에 관하여 구체적인 시사점을 주기가 조금은 어려운 개념으로 평가할 수 있다.

이에 비하여 Vorhies와 Morgan (2003)은 마케팅 프로그램의 품질과 수행 능력을 중심으로 기존연구들의 고찰을 통해 마케팅능력에 대한 보다 통합적이며 실증적인 정의와 측정 방법을 제시하였다. 이들의 정의에 따르면, 마케팅능력은 다양한 마케팅 프로그램을 만들어내고, 시장의 변화에 따라 이들 마케팅 프로그램을 빠르게 변화시킬 수 있고, 또한 마케팅 프로그램을 적시에 실행해 나가는 능력이다. 구체적으로 마케팅능력은 다음 두

가지로 구분된다 : 마케팅 전문활동능력(specialized marketing capabilities)과 구조적 마케팅능력(architectural marketing capabilities). 건축가가 집을 만드는 것에 비유하면, 마케팅 전문활동능력은 아주 세부적인 장식을 하는 능력을 의미하고, 구조적 마케팅능력은 건축의 뼈대를 만드는 능력을 의미한다. 마케팅 전문활동능력은 활용가능한 자원(예 : 마켓 정보)을 가치 있는 결과 (quality of marketing outcomes)로 전환하기 위한 구체적인 마케팅 믹스 관련의 활동 능력으로 정의된다. 예를 들어 시장의 니즈를 파악해서 제품을 만들고, 고객이 원하는 가격을 선정하고, 이를 적절한 유통과정을 통해 분배하고, 효과적인 광고를 개발하여 고객과 의사소통을 하는 전형적인 마케팅 믹스 활동을 의미한다. 구조적 마케팅능력은 투입되는 자원과 전문적인 능력을 개발하고 조정하기 위해 사용되는 전략적 마케팅의 수립 및 실행과 관련된 능력을 의미한다(Day 1996). 즉 마케팅 전문활동능력을 실현하기 위해 시장조사를 통해 구체적인 목표를 설립하고, 목표시장을 선정하는 등의 전략적인 계획 수립 및 실행지휘 능력을 의미한다. 이들 두 형태의 마케팅 능력을 개념화하고, 각 능력의 중요한 부분과 효과적인 부분을 찾아내는 일은 매우 중요하다. 왜냐하면 경쟁에 별로 중요하지 않은 능력은 경쟁우위의 기반이 될 수가 없고, 능력이 경쟁에서 어떠한 효과를 발휘할 수 없다면 이 또한 경쟁우위의 기반이 될 수 없기 때문이다(Day 1994b). 즉, 각 마케팅능력은 경쟁자들의 능력과 비교한 상대적인 것으로 개념화되어야 할 것이다(Grant 1991).

1.5 전략적마케팅능력의 선행요인(Determinants of Strategic Marketing Capabilities)

전략적 마케팅능력이 기업특유의 지속적 경쟁우위의 원천이 되기 위해서는 그 능력이 계속 개발되고 강화되어야 한다. 이에 따라 우리는 마케팅능력을 강화시켜주는 원천이 되는 것이 무엇인가에 대해서 알아보고자 한다.

현대적 마케팅 사고의 기반이 되는 규범적인 철학으로서의 마케팅개념(marketing concept)은 성공을 위해서 기업은 고객의 요구와 욕구를 찾아내고, 이를 경쟁자보다 더 잘 만족시켜야 함을 제시하고 있다(Kotler 1997). 이러한 마케팅개념의 기반이 되는 것이 전략적 마케팅능력이고, 이 능력의 선행요인은 마케팅의 지향성들(orientations: market orientation and learning orientation)과 이를 성취하기 위한 마케팅 학습과정(시장정보처리과정과 시장기반학습과정)이라 할 수 있다.

시장지향성(Market Orientation)

90년대 초반 이후부터 시장의 경쟁이 심화되고 점점 더 마케팅에 대한 중요성이 부각되면서 기업에 있어 새로운 마케팅의 역할에 대한 논의가 활발하게 진행되기 시작하였다. 이에 부응하여 여러 마케팅 학자들이 기업에게 마케팅관점(marketing perspective)을 강화·반영할 수 있는 개념에 대한 연구를 시작하면서 시장지향성(market orientation)이라는 개념을 창출하였다. 기업의 시장지향성은 기업의 활동들이 얼마나 마케팅개념과 일치하는가에 관한 정도를 반영하는 개념이라 할 수 있다(예 : Kohli and Jaworski 1990). 이후, 여러 학자들이 서로 다른 관점으로 시장지향성이라는 개념을 설명하였다.

Narver와 Slater (1990)는 시장지향성을 기업문화적 관점에서 정의를 내리며 이를 설명하고 있다. 이들의 정의에 따르면, 기업의 시장지향적 조직문화는 구매자의 요구를 충족시키기 위해 경쟁자보다 우월한 가치를 창출하고 이를 통해 구성원들의 행위와 사고에 영향을 미쳐 보다 나은 기업성과를 이끌어내는 과정이다. 이들은 시장지향성을 다음 세 가지 차원으로 개념화하고 있다 : 고객지향성(customer orientation) ; 경쟁자지향성(competitor orientation) ; 기능간 협조(interfunctional coordination). 첫째, 고객지향성(customer orientation)은 목표고객에게 경쟁자보다 우월한 가치를 제공하기 위해 정기적이고 지속적인 시장조사를 통해 목표고객을 이해하고 그들의 요구를 충족시키는 것을 의미한다. 고객지향성을 추구하는 기업은 시간의 경과와 시장변동에 따라 달라질 수 있는 목표고객들에 대한 현재 및 미래의 가치사슬(value chain)을 이해하는 것이 필요하다(예 : 전인수 · 한재용 1994). 둘째, 경쟁자지향성(competitor orientation)은 기업이 현재 및 잠재적 경쟁자의 강점과 약점을 파악하고 경쟁자의 능력과 전략에 대해 이해하는 정도를 의미한다. 지속적인 시장조사를 통해 경쟁자가 소구하고 있는 목표고객의 현재 및 미래욕구를 만족시킬 수 있는 경쟁자의 총체적인 능력을 파악하여 대응하는 것이 중요하다. 마지막으로 기능간 협조(interfunctional coordination)는 기업의 인적 · 물적 자원의 기능간 조정을 통해 목표고객을 만족시킬 수 있는 가치를 증대시키는 활동을 의미한다. 기업내의 諸기능부서의 활동이 고객의 가치를 창조할 수 있도록 하는 것이 기능간 협조의 역할이다(예 : 김용준 · 김진수 1998).

한편 Kohli와 Jaworski (1990)는 시장지향성을 행동론적 관점에서 정의하고 있다. 이들에 의하면 시장지향성은 소비자의 현재와 미래 욕구 등에 관련된 시장지식의 탐색 및 조직전반에 걸친 공유, 그리고 시장지식에 대한 조직전반에 걸친 반응행동이라 정의하였다. 즉, 시장에서 소비자의 현재 또는 새로운 요구를 찾아내고 이를 충족시키기 위해 기업활동 전반에 걸쳐서 시장정보를 공유하고 새로운 프로그램을 실행하는 일련의 행동과정으로 시장지향성 개념을 제시하고 있다.

오늘날의 시장상황은 기업간 경쟁이 매우 역동적이고, 급속히 가속화되고 있다. 이러한 시장경쟁상황은 기업활동의 모든 분야에서 매우 중요한 고려요인이 되고 있다. 따라서 기업들은 마케팅을 위한 여러 의사결정과정이나 마케팅의 세부영역들에서 기업간의 전략적 행동을 감안하고 있다. 다시 말해 시장의 안정성은 종종 신제품, 신기술, 새로운 진입자, 산업 내 기업들의 전략적 주도권, 그리고 계속적으로 진화하고 변화되는 시장의 경계(boundary) 등에 의해서 끊임없이 위협을 받고 있다(D' Aveni, 1995). 이렇게 불확실성이 높아지는 시장에서 80년대 이후 시장에서의 수요와 공급은 점점 더 복잡화되고 또한 공급자와 구매자들의 반응도 매우 다양하게 나타나기 시작했다. 이러한 공급자와 구매자의 다양한 반응 변화에서 발생하는 시장기회를 보다 빨리 포착하고 실행하는 기업들이 보다 나은 성과를 창출하고 있다. 기업이 이러한 기회에서 이득을 취하기 위해 새로운 시장의 등장을 인지하고 시장수요의 변화에 적극적으로 반응하기 위해서는 더욱 시장지향적이 될 필요성이 높다 할 수 있다. 경쟁적인 시장에서 기업은 소비자의 욕구를 충족시키는 것뿐만 아니라 다른 경쟁자보다 빨리 움직여야 할 것이다(Dickson 1992).

이러한 경쟁상황을 감안할 때 시장지향성은 여러 관점에서 설명될 수 있다. 우선 시장지향성은 기업이 시장의 수요와 공급을 충족시키고자 하는 일련의 유형적 행위이며 과정이다. 즉, 시장수요를 예측하고, 이에 따른 공급을 원활하게 하기 위한 여러 가지 활동들을 시장지향성이라고 보는 관점이 있었던 것이다. 한편, 기업이 시장수요와 공급을 따라 잡을 수 있게 하고, 이러한 변화에 적절하게 반응하도록 하는 점에서 시장지향성은 기업문화라고도 할 수 있다.

서로 다르지만 이러한 관점들은 시장지향성이 효과적으로 경쟁에 대응하고 혁신을 추구하는데 있어 필수적인 요인이라는 공통적인 시사점을 제시하고 있다. 효과적으로 경쟁에 대응하기 위해서는 적절한 정보의 창출(generation)과 확산(dissemination)을 필요로 하고, 우월한 혁신을 하기 위해서는 소비자에 대해 상당한 수준의 지식과 이해를 필요로 한다. 이러한 소비자에 관한 지식과 이해를 추구하는 것은 기업내의 시장지향적인 문화로부터 나올 수 있는 것이다.

시장지향성의 추가적인 시사점은 시장지향성은 지속적 경쟁우위에 대한 추구와 이해에 기반하여 형성되고 증진된다는 점이다. 즉 시장지향성은 기업이 끊임없이 지속적 경쟁우위를 가지기 위한 역동적 바탕을 제공하는 것이며, 마케팅능력 개발과 증진의 기반이라 할 수 있다. 하지만 기업이 영업지향적 또는 기업의 내부지향적 전략에 초점을 맞출 때 시장지향성은 종종 무시되기도 한다. 다시 말하면, 기업이 제품 중심과 근시적인 관점에서 시장을 바라보고 이 관점에서의 활동들에 집중하게 되면 지속적인 경쟁우위와 경쟁자와 비교하여 우월한 성과를 구축하기 위해 사용되는 시장지향성은 기업 내에서 소멸하게 되는 것이다.

학습지향성(Learning Orientation)

학습지향성 또한 시장지향성과 더불어 기업의 마케팅능력과 성과에 매우 유의하게 영향을 미치는 요인들 중 하나이다(Baker and Sinkula 1999). 학습지향성은 과거보다 나은 지식과 이해를 통해 기업의 전략적 행위를 개선하는 과정이라 정의될 수 있다(Fiol and Lyles 1985). 오늘날 처럼 경쟁이 치열해지는 상황에서 또한 지식정보화가 가속화되고 그에 따른 정보의 홍수 속에서 살아남기 위해서 학습지향성은 기업능력의 매우 중요한 구성요인이라 할 수 있다. 학습지향적 능력은 Barney (1991)의 지속적 경쟁우위요인이 되기 위한 기준들을 모두 잘 충족시키고 있다. 우선 학습지향성은 고객에게 더 나은 가치를 제공해 주기 위한 기반이 되는 것으로 인식할 수 있다. 즉, 고객들의 여러 가지 요구를 기업 내에서 잘 받아들이고 개선해 나가는 과정에 있어 학습지향성은 매우 중요한 토대를 제공한다 하겠다. 둘째, 학습지향성은 개발하기 매우 복잡하며 따라서 경쟁사가 모방하기가 매우 어렵다. 이에 따라 학습지향성은 기업의 지속적 경쟁우위의 원천이 될 수 있으며, 이를 통해 마케팅능력 등을 강화할 수 있는 중요한 기본이 되는 것이다. 마지막으로 학습지향성은 역동적인 경쟁환경에서 생존하기에 매우 적절한 기반을 제공한다(Slater and Narver 1995). 경쟁에서 살아남기 위해 기업은 외부의 정보를 항상 수집하고 인지하고 있어야 한다. 이러한 의미에서 기업의 학습지향성은 외부환경에 대한 기업 내부 학습의 필요성을 부각시키고 있다.

시장지향성과 학습지향성은 다음 세 가지 측면에서 매우 밀접하다(Bell, Whitwell and Lukas 2002). 첫째, 두 지향성 모두 조직문화와 규범을 이해하는 것과 관계가 있다. 즉, 두 지향성 모두 조직문화에 영향을 받고 미치기도 하며, 조직의 규범과도 상호작용을 한다. 둘째, 두 지향성 모두 개인과 조직간의 관계성 및 상호의존성과 관련이 있다. 즉, 시장지향 · 학습지향적이기 위해서는 조직의 지속적인 지원이 있어야 하며, 또한 조직의 시장 및 학습지향성은 개인의 시장지향 · 학습의욕과도 상호의존적이라 할 수 있다. 마지막으로 두 지향성 모두 유형과 무형자원의 통합적 사용에 관계되어 있다. 즉, 학습을 위해서는 기업의 문화, 경영층의 의지, 기업능력 등의 무형적 자원이 기반이 되고, 이를 시스템과 같은 유형적 자원으로 뒷받침하여야 된다는 것이다.

효과적인 학습지향성은 다음 세 가지의 가치로 특징지어질 수 있다. 첫째, 학습에 대한 몰입(commitment to learning)의 정도가 학습지향성의 가치를 결정한다. 학습에 대한 조직적 참여와 몰입은 고객에 대한 학습이 기업의 주요 가치라는 전제를 공유하는 믿음에서 출발한다. 즉, 조직적 참여와 몰입을 높이기 위해서는 전사적 차원에서 학습은 꼭 필요하다라는 조직문화가 반드시 필요하다(Galer and van der Heijden 1992). 고객에 대하여 학습하는 것은 조직의 개선과 경쟁우위 창출 그리고 궁극적인 기업의 생존을 위해서 필수적인 원칙인 것이다(Senge 1990).

또한 학습원칙은 조직학습을 실행하기 위한 기본적인 아이디어와 통찰력을 제시한다. 효과적인 학습지향성을 가지기 위해 기업은 기본적인 학습지침을 바탕으로 지속적 학습기회를 창출하고, 끊임없이 사고하는 능력을 개발하여야 한다(Tobin 1993; Watkins and Marsick 1993). Tobin (1993)은 학습지향적인 조직을 만들기 위한 다섯 가지 학습 지침을 제시하였다: ① 조직 내의 모든 구성원이 학습자가 되어야 한다 ; ② 조직 내 구성원은 서로에게서 배워야 한다 ; ③ 학습은 변화를 가능하게 하여야 한다 ; ④ 학습은 지속적이어야 한다 ; ⑤ 학습은 이용이 아니라 투자이다. 이러한 다섯 가지 원칙이 규칙적으로 실행될 때, 고객을 학습하는 것에 대한 몰입과 참여가 조직의 가치를 증대시키는데 일조할 것이다. 반대로 조직이 이들 다섯 가지 원칙을 잘 수행하지 못할 때에는 학습이 잘 일어나지 못하게 될 것이다.

효과적인 학습지향성의 두 번째 가치는 공유된 비전(shared vision)이다. 조직학습을 연구하는 대부분의 학자들은 조직 내의 공유된 비전이 학습지향성의 결정적 요인이라는 것에 동의하고 있다(예 : Day 1991 ; Nonaka 1994; Senge 1990; Slater and Narver 1995). 효과적인 마케팅학습을 위해서는 조직 내의 모든 구성원들이 고객의 가치와 관심이 최우선이라는 것을 공유하여야 한다. 즉, 이러한 공유 가치는 분명하고, 응집성이 있고, 포괄적인 비전이어야 한다(Day 1994). 이러한 비전이 공유되기 위해서 고객에 대한 기업의 확고한 이해가 토대가 되어야 하며, 기업의 경쟁적 우위를 달성하기 위한 노력과 조직 내의 원활한 의사소통이 이루어져야 한다(Slater and Narver 1995).

Senge (1990)는 공유된 비전을 공유된 목표와 미션으로 묘사하였으며, Nonaka (1994)도 지식창조 기업에 대해 논의하면서 조직을 통합하는데 있어 공유된 비전의 중요성을 강조하였다. 또 Tobin (1993)과 Slater와 Narver (1995)는 리더십의 중요성을 강조하고, 리더십을 통해 전사적으로 분명하고 일관성 있는 비전을 공유하는 것이 조직의 학습지향성에 중추적임을 제시하였다. 공유된 비전은 조직구성원들의 단순한 비전 수락이 아니라 목표를 달성하기 위한 참여와 몰입에 의해 발생하는 것이다. 공유된 비전을 가지고 있는 조직의 사람들은 학습하라고 이야기를 들어서 학습하는 것이 아니라, 학습하고 싶기 때문에 학습을 하는 것이다(Senge 1990; Tobin 1993; Watkins and Marsick 1993). 즉, 진정한 의미의 학습지향성은 조직이나 타인에 의한 수동적 학습이 아니라 조직문화에서 비롯된 능동적인 학습을 의미한다.

마지막으로 학습지향성의 중요한 가치는 개방적 사고(open-mindedness)에 기반을 두고 있다. 일반적으로 조직은 학습과정을 수행하면서 이를 더 잘하기 위한 효율적인 통제 기법 혹은 관리 시스템을 발전시킨다. 이 과정에서의 패러독스는 조직이 학습을 더 잘하기 위해 만든 통제 기법과 관리 시스템들이 새로운 조건과 제한요소들을 만들어 내고, 결국은 이들 조건과 제한 요소들이 기업이 학습하는 것을 방해하는 현상을 의미한다(Argyris and Schon 1978).

개방적 사고는 이러한 통제 및 관리 시스템이 만들어지는 것을 방지하여 조직 내 학습이 원활하게 하는 것을 돕는다. 이를 위해서는 다음과 같은 원칙이 지켜져야 한다. ① 조직에게는 새로운 방식으로 고객의 소리(voice of customers)를 들을 수 있는 능력이 필요하다(Barbara and Zaltman 1991). 이 능력은 끊임 없이 변화하는 고객의 욕구에 지속적으로 반응함으로써 개발 가능하다. ② 기업은 집합적 근시안(collectivistic myopia)에서 벗어날 수 있는 능력을 개발하여야 한다. 근시는 조직 내 하부 그룹들이 너무 하부그룹의 목표와 가치에만 치중하고, 이러한 것들이 조직 전체의 목표와 가치에서 벗어날 때 발생한다(Day 1991; Tobin 1993). ③ 조직은 망각 (unlearning)에 대한 능력을 개발하여야 한다. 망각은 현재 존재하는 정보를 무시하고 새로운 정보를 만들어내는 능력을 의미한다. 이는 정보에 대한 새로운 해석을 가능하게 하고, 새로운 정보에 기초하여 구체적인 행위를 수정하는 것을 의미한다(Hedberg 1981). 개방적 사고는 조직구성원들이 항상 고객을 생각하고, 과거의 정보를 망각하려는 노력 및 思考 모형(mental model)을 기본적으로 가지고 있어야 가능하다(Argyris and Schon 1978; Nonaka 1994; Senge 1990).

시장정보처리능력(Market Information Processing Capability)

시장정보처리능력은 전술한 시장지향성과 학습지향성을 구체적으로 수행하기 위한 조직의 정보처리 관련 활동능력을 의미한다. 여러 학자들이 구체적인 정보를 처리하는 과정과 이를 구성하는 요소들 그리고 정보처리과정의 결과변수들에 대하여 연구하였다. 이들 연구들은 Moorman (1995)의 조직의 정보처리과정(조직학습과정과 유사한)에 그 기반을 두고 있다.

예를 들어 Rindfleisch와 Moorman (2001)은 신제품개발 성과에 정보의 양이 미치는 영향에 관하여 연구하였다. 이들은 정보의 활용성 개념을 신제품 성공의 여러 차원들을 설명하기 위해 사용하였다. 또 다른 연구에서 Moorman과 Miner (1998)는 신제품개발 성과에서의 조직기억(organizational memory)의 역할에 관해 논의하고 실증적인 연구를 하였다.

Moorman (1995)에 따르면 조직의 시장정보처리능력은 다음 네 단계의 조직 정보처리과정을 통해 획득되는 것으로 개념화되었다. 첫째, 정보획득(information acquisition)과정은 1차 혹은 2차 자료를 조직의 이해관계자들(시장조사회사 직원, 영업사원 등)로부터 획득하는 과정을 의미한다. 정보획득과정은 정보의 원천과 어느 정도의 정보가 존재하는가에 대해 파악하고 있어야 하며, 항상 외부의 정보에 주의를 기울이고 인식을 하는 과정을 의미한다. 즉, 이 과정은 외부환경에 관한 정보를 기업 내부로 끌어들이는 과정이다.

둘째, 정보유통(information transmission)과정은 정보가 조직 내의 정보와 관련이 있는 혹은 정보를 필요로 하는 사용자들에게 어느 정도로 확산되는 가에 관한 것이다(Kohli and Jaworski 1990). 셋째, 개념적 활용화(conceptual utilization)과정은 전략관련 활동에서 정보의 간접적 사용과 관련되어 있다. 즉, 조직은 수집된 혹은 학습된 정보를 경영층의 의사결정과정을 도와주는 수단으로 활용하는 것에 가치를 두고 있다. Dickson (1994)도 시장정보처리과정을 시장정보를 지식으로 변환하고, 시장환경에 대한 의사결정자의 의식모형을 변화시키고 이를 통해 의사결정자의 이해가 증진되어가는 과정으로 묘사하고 있다. 마지막으로 수단적 활용화(instrumental utilization)과정은 조직이 직접적으로 시장정보를 마케팅 전략관련 활동에 영향을 미치기 위해 사용하고 적용하는 정도를 의미한다.

그러나 시장정보처리과정의 문제점은 시장에 관한 전체적인 학습과정에 관한 개념을 다 포괄하지 못한 점, 즉, 무엇보다도 중요한 조직기억

(organizational memory)이라는 부분을 간과한 점이라 할 수 있다.

시장기반학습(Market-Based Learning Processes)

지난 수 십 년간 조직학습(organizational learning)에 대한 연구가 많이 되어 왔는데, 이는 조직학습이 기업의 경쟁력과 직접적인 상관이 있다는 것을 반영하는 것이다(예 : Argyris and Schon 1978; Cangelosi and Dill 1965; Fiol and Lyles 1985; Hedberg 1981; Huber 1991; Simon 1957).

이러한 관심은 최근 마케팅 분야로 넘어와 많은 학자들로부터 마케팅에서의 학습에 대한 관심을 불러 일으켰으며, 이러한 관심은 시장중심 혹은 시장기반(market-based context) 학습으로 좀 더 구체화되며 계속적인 조명을 받고 있다(예 : Day 1994; Moorman 1995; Sinkula 1994; Sinkula, Baker, and Noordewier 1997; Slater and Narver 1995).

마케팅 학자들은 학습과정이 경쟁우위의 새로운 이론들을 발전시키는데 있어 매우 중요한 역할을 담당할 것이라고 주장해 왔다(예 : Day 2002; Dickson 1996; Hunt and Morgan 1996). 이에 따라 많은 마케팅 학자들은 어떻게 학습과정이 마케팅 조직 내에서 효과적으로 수행되는지 또 어떤 요인들이 학습과정의 결과에 영향을 미치는가를 설명하는 모형을 개발하기 위해 노력해 왔다(예 : Baker and Sinkula 1999; Rindfleisch and Moorman 2001; Sinkula 1994).

전반적으로 보면 세 가지 학파들에 의해서 시장지향적인 학습에 관한 논의가 있어 왔다. 첫 번째는 Hult (1998) 등이 주도한 흐름으로 이들은 학습의 조직문화적인 측면을 마케팅학습으로 정의하고 마케팅학습의 지향성(시장지향성, 학습지향성 등)을 이용하여 시장지향적 학습과정을 설명하였다. 두 번째는 Sinkular (1994) 등이 주도하여 온 시장주도적(market-driven) 학습과정이 있다. Sinkular와 그의 동료들은 시장지향성을 확대하여 조직학습의 활동으로 정의를 하고 시장주도적 학습과정을 설명하려하였다(Baker and Sinkula 1999; Sinkula 1994). 마지막으로 바로 전술한 Moorman 등은 시장정보처리과정을 중심으로 시장주도적 학습과정을 설명하였다(Moorman 1995; Moorman and Miner 1998). 특히 Moorman은 조직기억에 대한 중요성을 강조하였고, 이 과정이 시장주도적 학습과정의 핵심이라고 역설하였다. 하지만 그녀 등의 연구들을 보면 아직 조직기억에 대한 개념적 정의와 측정 등이 완전하지 못하는 등 특히 측정 상의 문제는 해결되지 못한 것으로 평가할 수 있다(Moorman and Miner 1998).

한편 Day (1994a, 2002)도 보다 많은 마케팅 학자들이 마케팅 학습과정에 대한 연구에 초점을 맞추어야 한다고 주장하며, 이를 위해 마케팅 학습과정의 개념과 측정 도구의 개발이 필요함을 강조하였다. 하지만 아직까지 소수의 연구들만이 부분적인 마케팅 학습과정과 환경적인 요인들 그리고 기업 성과 변수들의 관계에 대한 논의를 하고 있다(Noble, Sinha, and Kumar 2002).

Bell 등(Bell, Whitwell, and Lukas 2002)은 기존에 연구된 조직학습에 관한 연구들의 고찰을 통해 다음 네 유형의 학습 학파들을 도출하였으며 보다 체계적인 시장중심학습에 관한 개념과 연구방향을 제시하였다. 〈표 2.1〉은 도출된 학파들의 관점을 요약하고 있다. 이들 중 마케팅의 시장기반 학습과정에 매우 중요한 관점을 제공하는 학파는 경제학파와 과정학파라 할 수 있다. 왜냐하면 마케팅의 시장기반 학습과정은 지속적으로 일어나며 조직구성원의 학습과정을 통해 일어나기 때문이다. 또한 외부 환경과의 사회적 상호작용과 마케팅부서의 인지적 · 행위적 학습능력이 연관되는 것을 감안하면 이 두 학파의 관점이 마케팅의 시장기반 학습과정의 유효한 이론적 배경을 제공해줄 수 있을 것이다.

경제학파와 과정학파의 관점에 의해 우리는 시장기반학습의 단계별 과정을 도출할 수 있으며 또한 이러한 학습에 의하여 각 하부과정의 마케팅 활동이 얼마나 효과적 · 효율적으로 일어나는지 알 수 있다고 제안한다. 우

표 2.1 조직학습에 관한 네 가지 유형의 학파

학습 학파	경제학파	단계별 학파	관리적 학파	과정학파
학습에 대한 관점	학습은 지속적인 생산과 함께 일어난다.	학습은 단계별로 진행되고, 각 단계는 순차적으로 필요한 기반을 다음 단계에 제공하면서 개발된다.	최적수준의 학습이 존재한다. 학습의 결과에 대한 규정이 존재한다.	학습은 개인의 인지적 또는 행위적 능력과 사회적인 상호작용에 의해 만들어진다.

자료원 : Bell, Simon J., Gregory J. Whitwell, and Bryan A. Lukas (2002), "Schools of Thought in Organizational Learning," *Journal of the Academy of Marketing Science*, 30(1), 70–86.

리가 제안하는 시장기반 학습과정은 전통적인 조직정보처리 과정과 학습의 세부과정의 효과성과 효율성을 강조하는 개념을 통합한 것이다. 이러한 관점에서 우리가 제안하는 시장기반 학습과정은 서로 다른 인지적 수준과 다양한 하부구조를 가진 다차원적 개념이라 할 수 있다(Moorman, 1995). 즉, 과정 학파와 경제학파의 학습과정에 근거하여 시장기반 학습과정은 다양한 하부구조를 가지고 있음과 동시에 전체적 시장정보처리과정을 통해 효율성과 효과성을 추구하는 정보처리과정이라고 정의할 수 있다. 전체적 학습과정은 정보의 선택과정, 지식의 생성과정, 의사소통을 통한 공유과정, 정보의 저장과정 등으로 구분할 수 있다. 각 과정에 대한 구체적인 설명과 우리의 제안은 다음과 같다.

첫째, 정보의 선택과정은 정보를 획득하고, 유용한 지식을 만들기 위해 필요한 정보를 선택하는 과정이다. 오늘날 같이 과다하다 할 수 있는 정보환경에서는 정보수집과정에서 정보를 찾는 활동보다 올바른 정보를 선택하는 활동이 더 중요할 것이다. 이 과정에 대해서는 정보의 양과 정보의 선택 소요시간 등을 통해 그 효율성을 측정 할 수 있을 것이다.

둘째, 지식의 생성과정은 전통적 학습과정에서 다루어진 것처럼 정보를

해석하는 과정과 분석하는 과정을 포함한다. 정보를 제대로 해석하기 위해서는 지식을 생성하는 마케팅 부서 구성원들의 정보 분석 및 해석 능력이 중요한 역할을 차지할 것이다. 이 과정의 효과성은 구성원들의 지각된 지식 수준과 분석된 지식의 양에 의해서 측정할 수 있을 것이다.

셋째, 정보의 공유과정은 의사소통과정이라 할 수 있다. 즉, 생성된 지식을 기업 내 각 부서의 의사결정을 지원하기 위해 지식이 필요한 모든 관련 부서와의 의사소통을 통해 공유하는 과정이라 정의할 수 있다. 이 과정의 효율성과 효과성은 정보가 의사소통되는 속도와 공유되는 범위를 통해 측정할 수 있을 것이다.

마지막으로 지식의 저장과정은 지식이 기업내의 시스템에 저장되고, 이를 미래의 의사결정 시 다시 접근 · 인출하여 사용할 수 있는 기반을 구축하는 과정을 의미한다. 이 과정은 지식에 대한 접근 가능성과 유용한 지식의 존재 정도로 그 효과성과 효율성을 측정할 수 있을 것이다.

지금까지 논의한 시장기반 학습과정은 기업의 전략적 마케팅능력 향상을 위해서 필수가 되어야 하는 중요한 과정이라고 할 수 있다. 즉, 마케팅활동이 시장의 요구를 발견해서 이를 충족시키기 위한 적절한 제품을 창조하고 이를 목표고객에게 전달하여 그 대가로 가치를 수확하는 것이라 하면, 이를 잘 할 수 있는 능력이 전략적 마케팅능력(strategic marketing capability)이라 할 수 있고, 이 능력을 효과적 · 효율적으로 뒷받침하는 과정이 시장기반학습과정(market-based learning process)이라고 할 수 있다.

2. 전략적마케팅능력과 기업성과

1절에서 지속적 경쟁우위, 시장기반자산을 중심으로 한 마케팅자원, 전략적 마케팅능력과 시장기반학습에 관하여 살펴보았다. 즉, 지속적 경쟁우위를 결과개념으로 설정하고 이 우위의 획득을 위한 중요한 선행요인으로서 전략적 마케팅능력과 시장기반자산을 검토하였으며, 전략적 마케팅능력의 중요한 기반인 시장기반학습을 고찰하였다. 이 개념들 간의 관계는 <그림 2.1>과 같이 도식화될 수 있다. 본 절에서는 전략적 마케팅능력이 어떻게 성과와 연결되는지에 대하여 살펴보려 한다.

그림 2.1 전략적마케팅능력과 기업성과간의 관계 frame

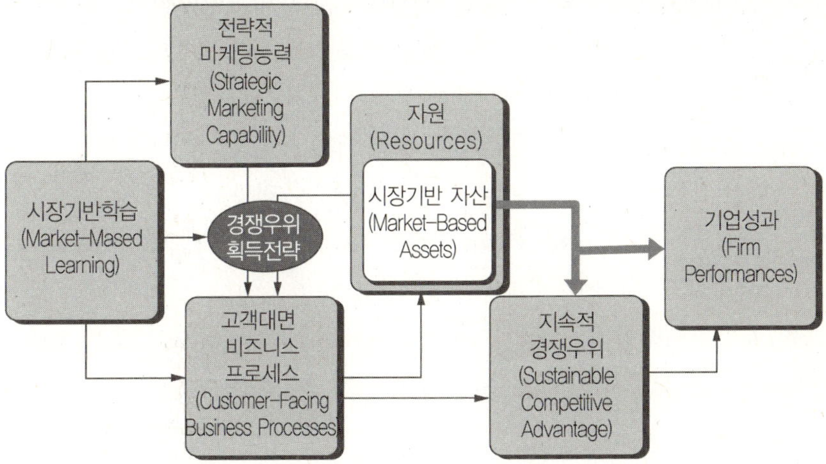

2.1 전략적마케팅능력의 결과(Consequences of Strategic Marketing Capabilities)

전략적 마케팅능력과 기업성과의 관계를 보다 잘 이해하기 위해서는 기업이 보유하고 있는 능력이 기업의 성과에 어떻게 영향을 미치는지를 이해할 필요가 있다. 자원준거 관점(resource-based theory)과 경쟁비교우위 이론(comparative advantage theory)를 통합한 시사점에 따르면 기업은 자원과 능력을 통합하여 경쟁사와 차별적인 성과를 발생시킨다(Dutta, Narasimhan, and Rajiv 1999; Hunt and Morgan 1995; Srivastava et al 2001). 〈그림 2.1〉에서도 마케팅능력이 자원과 통합되어 지속적 경쟁우위와 성과로 연계됨을 표현하고 있다.

즉, 한 기업이 다른 기업에 비해 뛰어난 마케팅능력을 보유하고 있다는 것은 그 기업에게 차별적인 기업성과를 가져다 줄 수 있는 핵심요인으로 작용한다는 것이다. Dutta 등(Dutta et al 1999)은 마케팅능력이 기업성과에 긍정적인 영향을 미침을 입증했을 뿐만 아니라 나아가 기업의 R&D 능력, 오퍼레이션능력(operation capability)과 마케팅능력 중 마케팅능력이 기업성과에 가장 강력한 영향을 미침을 실증적으로 입증하였다. 고객중심의 전략과 높은 시장지향성을 가지고 있는 시장주도적인(market-driven) 기업은 그렇지 못한 기업들 또는 내부지향적인 기업들보다 더 좋은 성과를 창출한다는 것은 널리 지지되어 온 전략적 마케팅 개념이다(Bharadwaj and Varadarajan 1993; Day 1994b, 1997; Hunt and Morgan 1995).

즉, 시장주도적인 기업은 시장지식과 활용스킬을 바탕으로 하는 전략적 마케팅능력을 개발하고, 이를 기업의 자원과 통합하고 조정하는 과정을 가지고 있다. 그리고 이러한 과정은 경쟁사가 모방하기 어려울 것이다(Barney 1991; Hunt and Morgan 1995). 다시 말하여, 마케팅능력은 시장주도적인 기업으로 하여금 지속적인 경쟁우위를 달성할 수 있게 해주고, 궁극적으로 우월한 재무성과를 달성하게 하는 역할을 하는 것이다(Day 1994a; Day and Wensley 1988; Hunt and Morgan 1995). 다음에서는 기업의 전략적 마케팅능력이 경쟁우위 획득전략의 방향 아래 기업의 자원과 통합 · 조정되는 과정을 거쳐 그 결과 나타나는 고객대면 비즈니스 프로세스에 대하여 간략히 살펴보겠다.

경쟁우위 획득전략과 고객대면 비즈니스 프로세스(Strategies for Attaining Competitive Advantage and Customer-Facing Business Processes)

〈그림 2.1〉에 표현했듯이 전략적 마케팅능력은 가용한 기업의 자원과 결

합되어 경쟁우위로 연계된다. 그런데 능력과 자원의 결합은 경쟁우위 획득을 위한 전략적 방향 하에 이루어져야 한다. 이러한 전략방향이 바로 경쟁우위 획득전략이며, 능력 및 자원과 전략이 통합되어 구체적인 실행시스템으로 나타나는 것이 비즈니스 프로세스라 할 수 있다. 여기서 비즈니스 프로세스는 1장에서 논의하였던 비즈니스의 실행시스템 – 조직구조의 R&R (role and responsibilities)에 따른 work routines, 평가 및 보상 등을 다루는 통제시스템 – 을 의미한다.

그러면 지속적인 경쟁우위를 획득하기 위한 전략대안은 어떠한 것들이 있을까? 1장에서 살펴보았듯이 대표적인 전략대안으로는 Porter (1985)의 본원적 전략대안(원가우위, 차별화, 집중화), Treacy와 Wiersema (1995)의 전략대안(운영의 탁월성, 제품리더십, 고객친밀성), 그리고 Kim과 Mauborgne (1997, 1999)의 블루오션 전략(원가우위와 차별화전략의 동시추구) 등이 있다. 결국 정리하면 전략대안의 축은 경쟁과 비교하여 우월한 효율성(efficiency)추구전략, 우월한 품질(quality)추구전략, 우월한 고객반응(customer responsiveness)추구전략, 그리고 우월한 혁신(innovation)추구전략이라 할 수 있다(Hill and Jones 1995).

나아가 이러한 전략대안의 선택에 관하여 살펴보면, Treacy and Wiersema (1995)는 기업은 소유하고 있는 자원과 능력의 제한으로 이들 전략대안 중 하나를 선택하게 되고 고객도 기업이 이 대안들 전부를 잘 수행하기를 기대하지는 않는다고 하였다. 이에 비해 Kim과 Mauborgne (1997, 1999)은 고객에게 혁신적인 가치를 제공하기 위해선 원가우위와 차별화 전략을 동시에 추구해야 함을 강조하고 있다. 이러한 주장들은 주로 사례 분석에 근거한 규범적 주장들이라 일반화하기가 힘들다 할 수 있다. 이 이슈에 대한 이론적 주장은 Hunt와 Morgan (1995)의 경쟁비교우위이론(theory of comparative advantage)에서 찾아볼 수 있다. 즉, 이들의 이론에 따르면 전략대안의 선택은 주요 경쟁자들과 비교하여 우위를 찾을 수 있는 방향으로 이루어지는 것이 바람직하다 할 수 있다. 또한 주요 경쟁자들과 비교하여 우위를 찾을 수 있는 방향을 효과적으로 결정하는 것은 시장기반학습의 정도에 달려 있을 것이다(〈그림 2.1〉 참조).

그렇다면 경쟁우위 획득전략의 방향 아래 기업은 이를 실행하기 위하여 보유하고 있는 마케팅자원과 마케팅능력을 통합 · 조정하며 비즈니스 프로세스를 디자인하여 실행에 옮기게 된다. 최근의 전략적 마케팅연구들은 기업의 주요 비즈니스 프로세스로 전술한 경쟁우위 획득전략 대안이 반영된 고객대면 비즈니스 프로세스를 연구 · 제안하고 있다. 이에 대한 대표적인 Srivastava 등(Ramaswami, Bhargava, Srivastava 2004; Srivastava et al. 1999)의 연구들은 기업의 주요 비즈니스 프로세스로 SCM (supply chain management) 프로세스, (N)PDM ((new) product development management) 프로세스 그리고 CRM (customer relationship management) 프로세스를 제시하고 있다.

SCM 프로세스는 고객에게 가치를 효율적으로 전달하는 프로세스 관리이며 주로 공급사슬망관리 프로세스를 의미한다(Ramaswami et al. 2004; Srivastava et al. 1999). 이 프로세스에 대하여 Treacy와 Wiersema (1995)는 운영의 탁월성(operational excellence)을 추구하는 프로세스로, Mizik과 Jacobson (2003)은 배송을 관리하는 프로세스로, Slater (1997)는 경쟁적인 가격과 편리성을 제공할 수 있는 기업내부 프로세스로 그 중요성을 강조하고 있다.

(N)PDM 프로세스는 고객에게 디자인, 기능, 기술 등이 가장 뛰어난 제품, 즉, 제품가치를 효과적으로 창조 · 전달하는 프로세스이며 주로 신제품개발관리 프로세스를 의미한다(Ramaswami et al. 2004; Srivastava et al. 1999)[6]. 이 프로세스에 대하여 Treacy와 Wiersema (1995)는 제품리더십(product leadership)을 추구하는 프로세스로, Mizik과 Jacobson

6) 여기에서 보듯이 전략적 마케팅연구는 CRM을 브랜드와 고객관리를 다 포함하는 거시적인 의미로 사용하였음. 본 저서는 이 두 비즈니스 프로세스는 차이가 있음에 따라 구분적 관리가 필요하다는 것을 3, 4장에서 제안하는 것임.

(2003)은 혁신 및 제조를 관리하는 프로세스로, Slater (1997)는 지속적으로 혁신제품을 개발하고 관리하는 프로세스로 그 중요성을 강조하고 있다.

CRM 프로세스는 판매, 배송, 서비스 과정 등에서 고객과의 관계를 개발하고 유지하는 프로세스이며 주로 브랜드와 고객을 관리하는 비즈니스 프로세스를 의미한다(Ramaswami et al. 2004; Srivastava et al. 1999). 이 프로세스에 대하여 Treacy와 Wiersema (1995)는 고객친밀성(customer intimacy)을 추구하는 프로세스로, Mizik과 Jacobson (2003)은 브랜드와 고객을 관리하는 프로세스로, Slater (1997)는 브랜드로 감성가치를 제공하고, 고객욕구에 대한 맞춤을 제공하는 것을 관리하는 프로세스로 그 중요성을 강조하고 있다.

전략적마케팅능력과 기업성과간의 관계frame과 주장 (Our Propositions regarding the Relationships between Strategic Marketing Capabilities and Firm Performance)

〈그림 2.1〉에서 제시한 전략적 마케팅능력과 기업성과간의 관계 frame에 따라 우리가 거시적으로 제안하는 주장들은 다음과 같다 :

주장(proposition) 1 : 기업의 지속적 경쟁우위는 그 기업의 고객대면 비즈니스 프로세스의 효과성과 효율성에 달려 있다.

주장(proposition) 2 : 기업의 마케팅자원(시장기반자산)은 그 기업의 고객대면 비즈니스 프로세스의 효과성과 효율성에 달려 있다.

주장(proposition) 3 : 기업의 고객대면 비즈니스 프로세스의 효과성과 효율성은 그 기업의 시장기반학습, 전략적 마케팅능력, 마케팅자원(시장기반자산)의 수준들과 경쟁우위획득 전략의 품질(적합성)에 달려 있다.

주장(proposition) 4 : 경쟁우위획득전략과 마케팅능력/자원의 적합성은 그 기업의 시장기반학습의 수준에 달려 있다.

주장(proposition) 5 : 기업의 전략적 마케팅능력은 그 기업의 시장기반 학습의 수준에 달려 있다.

주장 2와 주장 3을 살펴보면 기업의 고객대면 비즈니스 프로세스의 효과성과 효율성 그리고 기업의 마케팅자원(특히 시장기반자산)간의 관계가 서로 영향을 주고 받는 것으로 되어 있다. 이는 기업이 비즈니스를 추진하는 시간의 경과(time trajectory)를 감안하면 이해될 수 있다. 비즈니스의 초기에는 아직 시장기반자산이 형성되어 있지 않음에 따라 주장 2와 같이 비즈니스 프로세스가 시장기반자산을 형성함을 의미한다. 시간이 흘러 그 기업의 시장기반자산이 형성된 후에는 주장 3과 같이 자산이 그 기업 비즈니스 프로세스의 효과성과 효율성에 영향을 미치게 된다.

지금까지 우리는 전략적 마케팅능력이 기업의 성과에 미치는 경로에 대하여 살펴보았다. 그런데 〈그림 2.1〉을 보면 창출된 시장기반자산이 기업성과에 영향을 미치는 부분이 표시되어 있는데 이 부분에 대한 논의는 구체적으로 하지 않았다. 이 경로들은 최근의 연구들이 많은 관심을 보이며 진행하고 있는 부분이다. 다음에서 이 연구들의 주장을 공유하기로 한다.

2.2 시장기반자산, 시장성과와 기업재무성과(The Relationships among Market-Based Assets, Market Performance, and Firm's Financial Performance)

전략적 마케팅능력이 경쟁우위 획득전략 방향 하에 기업이 보유하고 있는 자원과 통합 · 조정되며 마케팅 비즈니스 프로세스로 실행되면 시장기반자산이 창출된다. 이렇게 창출된 시장기반자산은 기업성과에 효과적 · 효율적 영향을 미치게 된다(〈그림 2.1〉 참조). Srivastava 등(Srivastava et al. 1998)은 기존연구를 통합적으로 정리하며 이 과정에 대한 상세한 제

그림 2.2 시장기반자산, 시장성과, 재무성과간의 관계 frame

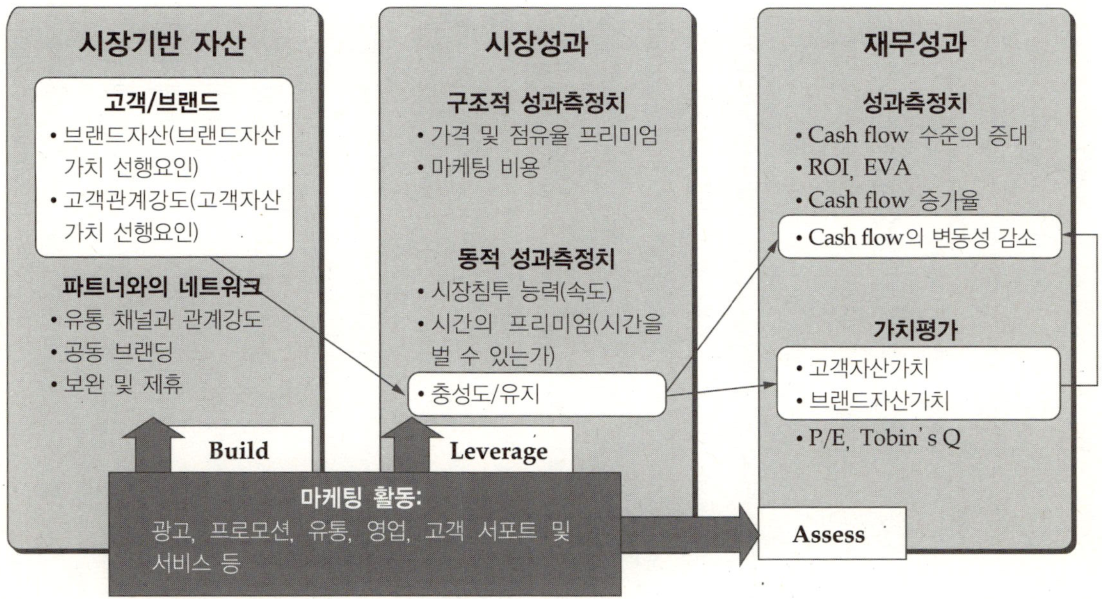

자료원 : Srivastava, Shervani, and Fahey (1998), "Market–Based Assets and Shareholder Value: A Framework for Analysis," *Journal of Marketing*, 62(Jan), 2–18.

안들을 하고 있다(또한 Rust et al. 2004 참조). 그 제안들은 〈그림 2.2〉처럼 표현될 수 있다.

그들에 따르면 量的 · 質的 마케팅활동[7]은 브랜드 강도, 고객관계의 강도, 파트너와의 네트워크 같은 시장기반자산을 개발(build)하게 된다[8](또한 〈그림 2.1〉과 주장 2 참조). 그리고 이렇게 개발된 시장기반자산은 추후 마케팅활동이 시장성과(market performance: 매출, 점유율, 수익 등)에 미치는 영향을 효과적 · 효율적으로 만든다(leverage)는 것이다. 그러한 효과는 구조적 또는 동적으로 측정될 수 있으며, 측정치의 예들은 〈그림 2.2〉에 나타나 있다. 예를 들어, 강한 브랜드는 수입 프리미엄(revenue premium)으로 연결될 수 있다(Ailawadi, Lehmann, and Neslin 2003). 〈그림 2.3〉을 보면 강한 브랜드의 수입 프리미엄은 비슷한 정도의 점유율(또는 매출) 수준이라면 경쟁보다 더 높은 가격을 받아 이윤을 증진시킬 수 있는 가격 프리미엄(price premium)으로 나타나거나 또는 비슷한 수준의 가격이라면 경쟁보다 더 높은 점유율/매출을 창출하는 점유율 프리미엄(share premium)으로 나타날 수 있다. 즉, 1절에서 논의하였듯이, 일단 시장기반자산이 개발되고 나면 그 후에는 기업성과에 대한 마케팅 비즈니스 프로세스의 효과를 더욱 증폭시키는 역할을 하는 것이다(또한 〈그림 2.1〉과 주장 3 참조).

나아가 이들의 연구는 마케팅활동이 개발하는 시장기반자산 효과, 마케팅활동이 시장기반자산을 활용하여(leverage) 기업의 시장성과를 생산하는 효과뿐만 아니라, 이렇게 생산된 시장성과가 기업의 최종성과 측정치인 재무성과(financial performance)에 연결되는 효과(마케팅활동의 기업가

7) 우리 frame에서 사용된 개념에 따르면 고객대면 비즈니스 프로세스를 통해 일어나는 활동임.

8) Srivastava 등(Srivastava et al. 1998)은 브랜드자산이나 고객자산의 화폐적 가치는 브랜드자산가치, 고객자산가치로 표현하여 기업재무성과의 측정치로 제시하고 있으며, 시장기반자산은 이 가치에 대한 동인(driver)개념으로 표현하고 있음. 이에 따르면, 시장기반자산(market-based asset)보다는 시장자산기반(market-asset base)이란 표현이 더 정확할 수 있음.

그림 2.3 수입프리미엄(revenue premium)

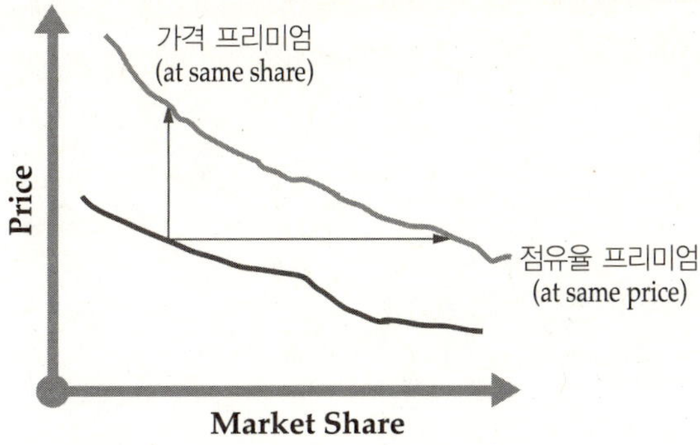

자료원 : Ailawadi, Kusum, Donald Lehmann, and Scott Neslin (2003), "Revenue Premium as an Outcome Measure of Brand Equity," *Journal of Marketing*, 67(October), 1-17.

치 창출을 평가)까지 파악되어야 마케팅이 기업가치 창출에 공헌을 할 수 있음을 강조하고 있다(〈그림 2.2〉 참조). 즉, 마케팅의 최종성과라 할 수 있는 고객자산가치 또는 브랜드자산가치가 기업의 cash flow 수준 및 증가율 또는 변동성 같은 기업 재무성과와 연결됨을 파악하여야지 기업의 마케팅이 보다 전략적으로 – 기업가치에 공헌할 수 있는 방향으로 – 운영될 수 있다는 주장이다.

또한 Srivastava와 Reibstein (2005)은 마케팅활동과 기업성과간의 관계에 관한 이전 연구들(예 : Srivastava et al. 1998, 1999)을 통합적으로 고찰하며 마케팅능력과 전략이 통합된 마케팅 프로세스와 활동, 브랜드자산과 고객자산과 같은 시장기반자산이 기업성과에 미치는 영향에 관한 또 다른 frame을 제시하고 있다(〈그림 2.4〉 참조). 사실 이 frame은 〈그림 2.2〉의 frame을 다른 각도에서 바라보고 있는 것으로 해석할 수 있다.

〈그림 2.4〉에서 논의되고 있는 전통적 성과관리수단에 의한 성과관리 이슈는 〈그림 2.2〉에서 마케팅활동이 시장기반자산을 개발(build)하는 경로

그림 2.4 전략적 마케팅의 기업성과 창출 frame

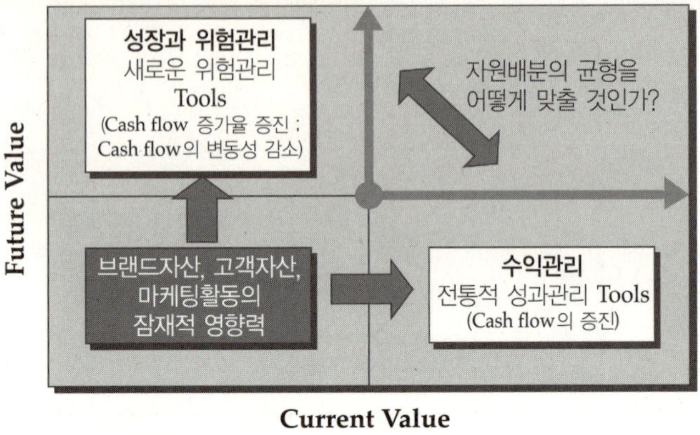

자료원 : Srivastava and Reibstein (2005), "Metrics for Linking Marketing to Financial Performance," *MSI Working Paper*.

와 마케팅활동이 창출된 시장기반자산을 활용(leverage)하여 시장성과에 이르는 경로에 관한 것이다. 그리고 〈그림 2.4〉의 새로운 성과관리수단에 의한 성장과 위험관리는 〈그림 2.2〉에서 마케팅활동과 시장기반자산이 생산한 시장성과가 재무성과(financial performance)에 미치는 영향 경로를 파악하는 것을 의미한다. 특히 이러한 경로의 예로 〈그림 2.5〉와 같이 전략적 마케팅이 성장을 나타내는 재무성과인 cash flow의 증가율 증진에 미치는 영향에 관한 개념을 생각할 수 있다.

즉, 이러한 연구들이 시사하는 바는 본 서가 서론에서 주장한 바와 같다. 현재 대부분의 기업가치 평가는 투자 대비 수익(ROI)이나 주가 등과 같이 얼마나 많은 수익을 남겼는지를 기준으로 삼는다. 그런데 현재 마케팅 활동에 대한 평가 역시 기업수익에 얼마나 많은 기여를 했는지 평가하고자 하지만, 이를 위해 고객만족과 같은 추상적인 개념을 사용하고 있을 뿐, 실질적인 이윤 창출이나 비용 감소와 같은 수익 창출 활동과의 직접적인 연관성을 잘 보여주지 못하고 있는 형편이다(Srivastava et al. 1999). 이는

그림 2.5 전략적 마케팅이 성장관련 재무성과(cash flow의 증가율 증진)에 미치는 영향에 관한 개념의 예

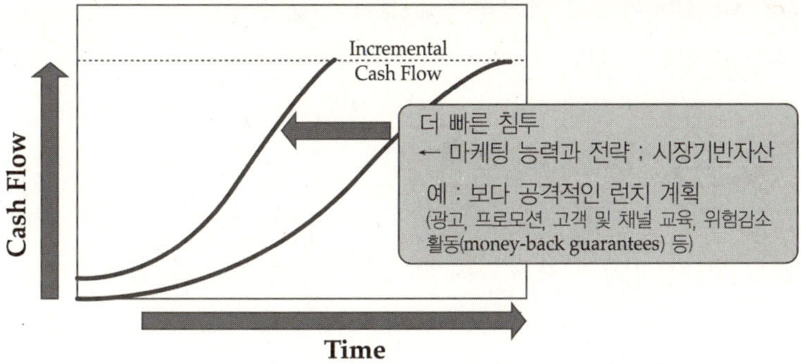

자료원 : Srivastava and Reibstein (2005), "Metrics for Linking Marketing to Financial Performance," *MSI Working Paper.*

따라 마케팅은 먼저 자신의 활동(마케팅활동과 시장기반자산의 활용)이 전통적인 성과관리 이슈인 얼마의 이윤을 남겼고, 얼마의 비용을 절감했는지에 관한 기업수익에 대한 공헌도를 명확히 하여 마케팅활동의 설명력(accountability)을 보다 증진시켜야 할 것이다.

그러나 이러한 회계 · 재무적 성과만을 기준으로 한 평가는 과거의 기업이 얼마나 가치 창출 활동을 잘 했는지를 보여줄 뿐 그 기업이 앞으로 얼마나 효율적이고 효과적으로 가치를 창출할 수 있을지는 보여주지는 못한다(Kaplan and Norton 1992). 이러한 점을 감안할 때, 마케팅활동에 대해서 수익의 양적인 측면뿐만 아니라 기업의 미래가치 창출에 중요한 영향을 미치는 질적인 측면을 평가해야 하는 것이다. 즉, 미래의 환경 변화와 위험에 대비하여 얼마나 다양한 수익의 원천을 만들었는지를 평가해야 하는 것이다. 기업의 미래가치는 브랜드자산이나 고객과의 관계, 특허, 그리고 지식과 같은 무형자산을 통해 형성되며, 이러한 무형자산은 주로 마케팅 활동들을 통해서 축적된다(Doyle 2000; Kaplan and Norton 1992). 현재

의 회계중심의 재무적 성과를 기준으로 한 기업가치 평가방법들은 이러한 무형적 자산을 제대로 반영하지 못하고 있다. 이는 무형자산이 중요하지 않아서가 아니라 어떻게 객관적으로 정확하게 측정을 해야 하는지 알지 못해 제대로 반영하지 못하고 있는 것이다(Lehmann and Reibstein 2006).

그럼에도 불구하고 마케팅이 자신이 창출하는 기업의 미래가치 공헌도를 설명할 수 없으면 그 기업의 마케팅활동은 약화될 것이고 이에 따라 그 기업의 미래는 매우 불확실하게 될 것이다. 따라서 마케팅학자는 전략적 마케팅이 기업성과에 미치는 구체적 영향을 연구하는 데에 보다 많은 노력을 기울여야 할 것이다[9]. 특히 기업의 마케팅 담당자와 함께 기업의 전략적 마케팅능력, 경쟁우위 획득전략, 그리고 고객대면 비즈니스 프로세스가 시장기반자산 창출에 미치는 영향과 이러한 요인들이 기업의 시장성과 및 재무성과에 미치는 영향에 대해 많은 발견을 하여야 할 것이며 이에 근거한 구체적인 활용방법론을 만들어야 할 것이다. 또한 기업의 전략적 마케팅능력, 경쟁우위 획득전략, 고객대면 비즈니스 프로세스의 품질과 수준은 그 기업의 시장지향적 문화와 시장기반학습에 달려있음을 명심하여 어떻게 시장지향적인 조직 · 시장을 학습하는 조직을 구축할 수 있을 것인가에 관해 많은 고심과 노력을 기울여야 할 것이다.

3. 요 약

본 장에서는 지속적 경쟁우위, 시장기반자산을 중심으로 한 마케팅자원, 전략적 마케팅능력과 시장기반학습에 관하여 살펴보았다. 즉, 지속적 경쟁우위를 결과개념으로 설정하고 이 우위의 획득을 위한 중요한 선행요인으

9) 미국의 최근 전략적 마케팅연구들은 이러한 기업성과 영향력에 많은 관심을 보이고 적극적인 연구가 일어나고 있는 반면, 국내마케팅의 경우에는 이 이슈들에 관한 연구가 상대적으로 매우 부족함.

로서 전략적 마케팅능력과 시장기반자산을 검토하였으며, 전략적 마케팅능력의 중요한 기반인 시장기반학습을 고찰하였다. 그런 후, 전략적 마케팅능력과 시장기반자산은 기업의 시장성과 및 재무성과와 어떻게 연계될 수 있는가를 살펴보았다.

자원준거 관점과 시장기반 관점에서 마케팅을 살펴본 결과 기업의 지속적인 경쟁우위 획득을 위해선 그 기업의 마케팅능력과 자원이 중요함을 알 수 있었다. 기업의 전략적 마케팅능력은 집적된 지식과 그 활용스킬, 그리고 기업의 자원들을 통합하여 시장관련 요구(needs)를 파악하고, 중점 사업을 통해 제품에 가치를 부여하고 경쟁적 수요를 충족하기 위해 반복적으로 개발되는 조정 및 통합능력을 의미하며, 전략적 마케팅능력은 마케팅 전문활동능력과 구조적 마케팅능력으로 구성된다. 이러한 능력은 그 기업의 시장에 대한 학습과정의 효과성과 효율성에 의해 좌우된다.

이러한 마케팅능력을 경쟁우위 획득전략(효율성, 품질, 혁신, 고객반응성)의 선택과 함께 기업의 활용 가능한 자원과 통합하여 비즈니스를 실행하는 과정을 고객대면 비즈니스 프로세스(SCM, NPD, CRM)라 할 수 있다. 이 프로세스가 그 기업의 시장기반 학습과정에 기반하여 전략적으로 잘 실행되면 기업은 브랜드자산 또는 고객과의 관계 등 시장기반자산을 개발(build)하게 된다. 비즈니스가 계속 되면서 기업은 이러한 과정을 되풀이하게 되는데 이 때 이미 창출된 시장기반자산은 비즈니스 프로세스 활동의 성과를 매우 효과적 · 효율적으로 만들어준다(leverage).

마케팅은 자신의 활동(마케팅능력과 시장기반자산의 활용)이 이러한 전통적인 성과관리 이슈인 얼마의 이윤을 남겼고, 얼마의 비용을 절감했는지에 관한 기업수익에 대한 공헌도(build and leverage effect)를 명확히 하여 마케팅활동의 설명력(accountability)을 보다 증진시켜야 하는 과제를 안고 있다.

나아가 마케팅은 마케팅활동과 시장기반자산이 생산한 시장성과(market performance)가 재무성과(financial performance)에 미치는 영향 경로를 파악할 수 있는(즉, 기업의 성장과 위험관리에 대한 마케팅의 영향을 파악할 수 있는) 새로운 성과관리수단을 개발하여야 하는 과제도 안고 있다. 다시 말하면 마케팅은 자신이 창출하는 기업의 미래가치 공헌도를 설명할 수 없으면 그 기업의 마케팅활동은 약화될 것이고 이에 따라 그 기업의 미래는 매우 불확실하게 될 것이다.

따라서 마케팅학자는 전략적 마케팅이 기업성과에 미치는 구체적 영향을 연구하는 데에 보다 많은 노력을 기울여야 할 것이다. 특히 기업의 마케팅 담당자와 함께 기업의 전략적 마케팅능력, 경쟁우위 획득전략, 그리고 고객대면 비즈니스 프로세스가 시장기반자산 창출에 미치는 영향과 이러한 요인들이 기업의 시장성과 및 재무성과에 미치는 영향에 대해 많은 발견을 하여야 할 것이며 이에 근거한 구체적인 활용방법론을 만들어야 할 것이다.

마지막으로 기업의 전략적 마케팅능력, 경쟁우위 획득전략, 고객대면 비즈니스 프로세스의 품질과 수준은 그 기업의 시장지향적 문화와 시장기반 학습에 달려있음을 명심하여 어떻게 시장지향적인 조직 · 시장을 학습하는 조직을 구축할 수 있을 것인가에 관해 많은 고심과 노력을 기울여야 할 것이다.

다음 장에서는 전략적 마케팅능력이 시장기반 학습과정에 기반하여 개발하는 기업의 중요한 무형자원인 브랜드자산, 이를 성공적으로 관리하기 위한 브랜드자산관리 마케팅능력과 프로세스에 대하여 고찰하고자 한다.

참고문헌

김용준 · 김진수(1998), "서비스기업의 시장지향성, 고객만족도, 기업성과에 관한 모델설정과 실증연구," *유통연구*, 제3권, 제1호, 16-29.

이성호(2002), "브랜드자산, CRM, 그리고 고객자산 기반의 마케팅," *Marketing Trend Review*, Vol. 8(July), 21-34.

전인수 · 한재용(1994), "시장지향성이 사업성과에 미치는 영향에 관한 연구," *마케팅연구*, 제9권, 제1호, 75-91.

Aaker, David (1989), "Managing Assets and Skills: The Key to A Sustainable Competitive Advantage," *California Management Review*, Winter, 91-106.

Ailawadi, Kusum, Donald Lehmann, and Scott Neslin (2003), "Revenue Premium as an Outcome Measure of Brand Equity," *Journal of Marketing*, 67(October), 1-17.

Alderson, Wroe (1957), *Marketing Behavior and Executive Action: A Functionalist Approach to Marketing Theory*, Homewood, IL: Richard D. Irwin.

Amir, Eli and Baruch Lev (1996), "Value-Relevance of Nonfinancial Information: The Wireless Communication Industry," *Journal of Accounting and Economics*, Vol. 22, Nos. 1-3(Aug-Dec), 3-30.

Amit, R. and P. J. H. Shoemaker (1993), "Strategic Assets and Organizational Rent," *Strategic Management Journal*, 14, 33-46.

Argyris, C. and Schön, D. (1978), *Organizational Learning: A Theory of Action Perspective*, New York: McGraw-Hill.

Baker, William E. and James M. Sinkula (1999) "The Synergistic Effect of Market Orientation and Learning Orientation on Organizational Performance," *Journal of the Academy of Marketing Science*, 27(4),

411–427.

Barabba, Vincent and Gerald Zaltman (1991), *Hearing the Voice of the Market: Competitive Advantage Through Creative Use of Market Information*, Harvard Business School Press.

Barnes, James G. (2001), *Secrets of Customer Relationship Management: It's All About How You Make Them Feel*, McGraw–Hill.

Barney, Jay B. (1991), "Firm Resources and Sustained Competitive Advantage," *Journal of Management*, 17, 99–120.

Bell, Simon J., Gregory J. Whitwell, and Bryan A. Lukas (2002), "Schools of Thought in Organizational Learning," *Journal of the Academy of Marketing Science*, 30(1), 70–86.

Bharadwaj, Sundar G. and Rajan P. Varadarajan (1993), "Sustainable Competitive Advantage in Service Industries: A Conceptual Model and Research Propositions," *Journal of Marketing*, 57(3), 1–18.

Blattberg, Robert C. and John Deighton (1996), "Manage Marketing by the Customer Equity Test," *Harvard Business Review*, 74(July–August), 136–44.

Blattberg, Robert C., Gary Getz, and Jacquelyn S. Thomas (2001), *Customer Equity: Building and Managing Relationships as Valuable Assets*, HBS Press.

Cangelosi, V. E. and W. R. Dill (1965), "Organizational Learning: Observations toward A Theory," *Administrative Science Quarterly*, 10(2): 175–203.

D' Aveni, R. (1995), "Coping with Hyper–Competition: Utilizing the New 7S' s Framework," *Academy of Management Executive*, 9(3), 45–60.

Davenport, Thomas H., David W. De Long, and Michael C. Beers (1998), "Successful Knowledge Management Projects," *Sloan Management Review*, Winter, 43–57.

Day, George S. (1994a), "The Capabilities of Market-Driven Organizations," *Journal of Marketing*, 58 (October), 37-52.

Day, George S. (1994b), "Continuous Learning About Markets," *California Management Review*, 36 (Summer), 9-31.

Day, George S. (1996), "Using the Past as a Guide to the Future: Reflections on the History of the Journal of Marketing," *Journal of Marketing*, 60(1), 14-16.

Day, George S. (1997), "Strategies for Surviving A Shakeout," *Harvard Business Review*, 75(2), 92-102.

Day, George S. (1999), *The Market-Driven Organization: Understanding, Attracting, and Keeping Valuable Customers*, New York: The Free Press.

Day, George S. (2002), "Managing the Market Learning Process," *Journal of Business & Industrial Marketing*, 17(4), 240-252.

Day, George S. and Robin Wensley (1988), "Assessing Advantage: A Framework for Diagnosing Competitive Superiority," *Journal of Marketing*, 52(April), 1-20.

Dickson, Peter. R. (1992), "Toward a General Theory of Competitive Rationality," *Journal of Marketing*, 56(January), 69-83.

Dickson, Peter R. (1994), *Marketing Management*, Fort Worth, TX: The Dryden Press.

Dickson, Peter R. (1996), "The Static and Dynamic Mechanics of Competition: A Comment on Hunt and Morgan's Comparative Advantage Theory," *Journal of Marketing*, 60(October), 102-106.

Dodgson, Mark (1993), "Organizational Learning: A Review of Some Literatures," *Organization Studies*, 14(3), 375-394.

Doyle, Peter (2000), *Value-Based Marketing*, Wiley.

Dutta, Shantanu, Om Narasimhan, and Surendra Rajiv (1999), "Success in High-Technology Markets: Is Marketing Capability Critical?" *Marketing Science*, 18(4), 547-568.

Farquhar, Peter H., Julia Y. Han, and Yuji Ijiri (1991), "Recognizing and Measuring Brand Assets," *Marketing Science Institute Working Paper*, Report Number 91-119. Cambridge, MA: Marketing Science Institute.

Fiol, C. Marlene and Marjorie A. Lyles (1985), "Organizational Learning," *Academy of Management Review*, 10(4), 803-813.

Grant, Robert M. (1991), "The Resource-based Theory of Competitive Advantage: Implications for Strategy Formulation," *California Management Review*, 33, 114-133.

Grant, Robert M. (1996), "Prospering in Dynamically-Competitive Environments, Organizational Capability as Knowledge Integration," *Organizational Science*, 7, 375-87.

Hedberg, B. (1981), "How Organizations Learn and Unlearn?" In P.C. Nystrom and W.H. Starbuck, eds., *Handbook of Organizational Design*, London: Cambridge University Press.

Hill, Charles W. L. and Gareth R. Jones (1995), *Strategic Management*, 3rd ed., Houghton Mifflin.

Huber, George (1991), "Organizational Learning: the Contributing Processes and the Literatures," *Organization Science*, 2(1), 88-115.

Hult, G. Thomas (1998), "Managing the International Strategic Sourcing Process as a Market Driven Organizational Learning System," *Decision Science*, 29(1), 193-216.

Hunt, Shelby D. and Robert M. Morgan (1995), "The Comparative Advantage Theory of Competition," *Journal of Marketing*, 59(April), 1-15.

Hunt, Shelby D. and Robert M. Morgan (1996), "The Resource-Advantage Theory of Competition: Dynamics, Path Dependencies, and Evolutionary Dimensions," *Journal of Marketing*, 60(October), 107-114.

Kamakura, Wagner A. and Gary J. Russell (1993), "Measuring Brand

Value with Scanner Data," *International Journal of Research in Marketing*, 10(March), 9–21.

Kaplen, Robert S. and David P. Norton (1992), "The Balanced Scorecard Measures that Drive Performance," *Harvard Business Review*, 70(January–February), 71–78.

Kaplan, Robert S. and David P. Norton (1993), "Putting the Balanced Scorecard to Work," *Harvard Business Review*, 71(September–October), 134–147.

Kaplan, Robert S. and David P. Norton (1996), "Using the Balanced Scorecard as a Strategic Management System," *Harvard Business Review*, 74(January–February), 75–85.

Keller, Kevin Lane (2003), *Strategic Brand Management: Building, Measuring, and Managing Brand Equity*, 2nd ed., Upper Saddle River, NJ: Prentice Hall.

Kim, Namwoon, Vijay Mahajan, and Rajendra K. Srivastava (1995), "Determining the Going Market Value of a Business in an Emerging Information Technology Industry: The Case of the Cellular Communications Industry," *Technological Forecasting and Social Change*, 49, 257–279.

Kim, W. Chan and Renée Mauborgne (1997), "Value Innovation: The Strategic Logic of High Growth," *Harvard Business Review*, 75(Jan–Feb), 103–112.

Kim, W. Chan and Renée Mauborgne (1999), "Strategy, Value Innovation, and the Knowledge Economy," *Sloan Management Review*, Spring, 41–53.

Kohli, Ajay and Bernard Jaworski (1990), "Market Orientation: the Construct, Research Propositions, and Managerial Implications," *Journal of Marketing*, 54(2), 1–18.

Kotler, Philip (1997), *Marketing Management: Analysis, Planning, Implementation, and Control*. 9th ed. Upper Saddle River: Prentice

Hall.

Kumar, Nirmalya (2004), *Marketing As Strategy: Understanding the CEO's Agenda for Driving Growth and Innovation*, Harvard Business School Press.

Lee, Sungho, S.J. Yoon, S. Kim, and J.W. Kang (2006), "The Integrated Effects of Market-Oriented Culture and Marketing Strategy on Firm Performance," *Journal of Strategic Marketing*, 14(3), 245-261.

Lehmann, Donald and David J. Reibstein (2006), *Marketing Metrics and Financial Performance*, Cambridge, MA: Marketing Science Institute.

Mahoney, J. T. and J. R. Pandian (1992), "The Resource-Based View Within the Conversation of Strategic Management," *Strategic Management Journal*, 13, 363-380.

Menon, Anil, S. G. Bharadwaj, P. T. Adidam, and S. W. Edison (1999), "Antecedents and Consequences of Marketing Strategy Making: A Model and a Test," *Journal of Marketing*, 63(April), 18-40.

Mizik, Natalie and Robert Jacobson (2003), "Trading Off between Value Creation and Value Appropriation: The Financial Implications of Shifts in Strategic Emphasis," *Journal of Marketing*, 67(1), 63-76.

Moller, K. and M. Anttila (1987), "Marketing Capability: A Key Success Factor in Small Business?" *Journal of Marketing Management*, 3(2), 185-203.

Moorman, Christine (1995), "Organizational Market Information Processes: Cultural Antecedents and New Product Outcomes," *Journal of Marketing Research*, 32(3), 318-335.

Moorman, Christine and Anne S. Miner (1998), "The Impact of Organizational Memory on New Product Performance and Creativity," *Journal of Marketing Research*, 34(February), 91-106.

Narver, John C. and Stanley F. Slater (1990), "The Effect of a Market Orientation on Business Profitability," *Journal of Marketing*,

54(October), 20–35.

Noble, Charles H., Rajiv K Sinha, and Ajith Kumar (2002), "Market Orientation and Alternative Strategic Orientation: A Longitudinal Assessment of Performance Implications," *Journal of Marketing*, 66(October), 25–39.

Nonaka, Ikujiro (1991), "The Knowledge–Creating Company," *Harvard Business Review*, 69(6), 96–104.

Park, Chan Su and V. Srinivasan (1994), "A Survey–Based Method for Measuring and Understanding Brand Equity and Its Extendibility," *Journal of Marketing Research*, 31(May), 271–88.

Peteraf, M. A. (1993), "The Cornerstones of Competitive Advantage: A Resource–Based View," *Strategic Management Journal*, 14(3), 179–191.

Porter, Michael E. (1985), *Competitive Advantage*, New York, N.Y.: Free–Press.

Prahalad C. K. and G. Hamel (1990), "The Core Competence of the Organization," *Harvard Business Review*, 68(May–June), 79–91.

Ramaswami, Sridhar N., M. Bhargava, and Rajendra Srivastava (2004), "Market–Based Assets and Capabilities, Business Processes, and Financial Performance," *Marketing Science Institute Working Paper*, Report No. 4–102, Cambridge, MA: Marketing Science Institute.

Rangaswamy, Arvind, Raymond Burke, and Terence A. Oliva (1993), "Brand Equity and the Extendibility of Brand Names," *International Journal of Research in Marketing*, 10(March), 61–75.

Rindfleisch, Aric and Christine Moorman (2001), "The Acquisition and Utilization of Information in New Product Alliances: A Strength of Ties Perspective," *Journal of Marketing*, 65(2), 1–18.

Ruekert, Robert W., Orville C. Walker Jr., Kenneth J. Roering (1985), "The Organization of Marketing Activities: A Contingency Theory of Structure and Performance," *Journal of Marketing*, 49(1), 13–25.

Rust, Roland T., Valarie A. Zeithaml, and Katherine N. Lemon (2001), *Driving Customer Equity: How Customer Lifetime Value Is Reshaping Corporate Strategy*, Free Press.

Rust, Roland T., Tim Ambler, Gregory S. Carpenter, V. Kumar, and Rajendra K. Srivastava (2004), "Measuring Marketing Productivity: Current Knowledge and Future Directions," *Journal of Marketing*, 68(Oct.), 76–89.

Senge, Peter (1990), *The Fifth Discipline: The Art & Practice of the Learning Organization*, New York: Doubleday.

Simon, Carol J. and Mary W. Sullivan (1993), "The Measurement and Determinants of Brand Equity: A Financial Approach," *Marketing Science*, 12(Winter), 28–52.

Simon, Herbert A. (1953), "Birth of an Organization: The Economic Cooperation Administration," *Public Administration Review*, 13(4), 227–36.

Simon, Herbert A. (1957), *Models of Man: Social and Rational*, New York: John Wiley & Sons.

Sinkula, James M. (1994), "Market Information Processing and Organizational Learning," *Journal of Marketing*, 58(January), 35–45.

Sinkula, James M., William E. Baker, and Thomas Noordewier (1997), "A Framework for Market-Based Organizational Learning: Linking Values, Knowledge, and Behavior," *Journal of the Academy of Marketing Science*, 25(4), 305–318.

Slater, S.F. (1997), "Developing A Customer Value-Based Theory of the Firm," *Journal of the Academy of Marketing Science*, 25(2), 162–167.

Slater, S.F. and J. C. Narver (1995), "Market Orientation and the Learning Organization," *Journal of Marketing*, 59(July), 63–74.

Srivastava, Rajendra and David J. Reibstein (2005), "Metrics for Linking Marketing to Financial Performance," *Marketing Science Institute*

Working Paper, Cambridge, MA: Marketing Science Institute.

Srivastava, Rajendra, Tasadduq A. Shervani, and Liam Fahey (1998), "Market-Based Assets and Shareholder Value: A Framework for Analysis," *Journal of Marketing*, 62(January), 2-18.

Srivastava, Rajendra, Tasadduq A. Shervani, and Liam Fahey (1999), "Marketing, Business Processes and Shareholder Value: An Organizationally Embedded View of Marketing Activities," *Journal of Marketing*, 63(Special Issue), 168-79.

Srivastava, Rajendra, Liam Fahey, and Kurt Christensen (2001), "The Resource-Based View and Marketing: The Role of Market-Based Assets in Gaining Competitive Advantage," *Journal of Management*, 27, 777-802.

Tobin, Daniel R. (1993), *Re-educating the Corporation: Foundations for the Learning Organization*, Oliver Wight Publications, Inc.

Treacy, Michael and Fred Wiersema (1995), *The Discipline of Market Leaders*, Harper Collins, London.

Tuominen, Matti, Kristian Möller, and Arto Rajala (1997), "Marketing Capability: A Nexus of Learning-Based Resources and a Preresquisite for Marketing Orientation," in *Marketing: Progress, Prospects, Perspectives*, Arnott et al., eds., Warwick, UK: Warwick Business School, 26th EMAC Conference Proceedings, Volume 3, 1220-1240.

Venkatraman, N. (1989), "Strategic Orientation of Business Enterprises: the Construct, Dimensionality, and Measurement," *Management Science*, 35(8), 942-62.

Vorhies, Douglas W. and Neil A. Morgan (2003), "A Configuration Theory Assessment of Marketing Organization Fit With Business Strategy and Its Relationship with Marketing Performance," *Journal of Marketing*, 67(1), 100-115.

Watkins, K. and Marsick, V. J. (1993), *Sculpting the Learning*

Organization, San Francisco: Jossey-Bass.

Yoo, Boonghee, Naveen Donthu, and Sungho Lee (2000), "An Examination of Selected Marketing Mix Elements and Brand Equity," *Journal of the Academy of Marketing Science*, 28(2), 195-211.

제 3 장

브랜드자산관리와 마케팅프로세스

(Brand Equity Management and Marketing Process)

1. 브랜드자산

2. 브랜드자산관리능력과 마케팅프로세스

3. 요 약

제3장 브랜드자산관리와 마케팅프로세스

Brand Equity Management and Marketing Process

2장에서 지속적인 경쟁우위의 원천으로 전략적 마케팅이 창출하는 기업의 무형자원인 시장기반자산에 관하여 간략히 살펴보았고 이 자산을 창출하는 주요 동인(driver)인 전략적 마케팅능력과 시장기반학습에 대하여 상세히 고찰하였다. 본 장에서는 중요한 시장기반자산인 브랜드자산을 창출하고 이를 관리하는 마케팅능력인 브랜드자산 관리능력과 관리프로세스에 대하여 살펴보려 한다. 전략적 브랜드관리에 대한 자세한 내용과 연구흐름은 Keller (2003), Kapferer (2004), Keller와 Lehmann (2005)을 참조하기 바란다.

본 장에서는 먼저 브랜드자산의 개념, 브랜드투자와 성과간의 관계모델을 간략히 고찰한다. 그 이후 성공적인 브랜드자산관리를 위한 전략적 마케팅능력(브랜드자산 관리능력)은 어떻게 개념화될 수 있는지에 관하여 논의하고, 그러한 능력이 구현될 수 있는 바람직한 마케팅 프로세스에 대하여 고찰하고자 한다.

1. 브랜드자산

본 절에서는 브랜드자산의 개념과 정의를 살펴본 후, 브랜드에 대한 투자와 성과를 연계시키는 개념적 틀에 관하여 고찰한다.

1.1 브랜드자산(Brand Equity)

2장에서 우리는 브랜드자산을 제품의 가치에 Coke, Kodak, Nike 등과 같은 브랜드네임이 가져다 주는 추가적인 가치(the incremental utility or value added to a product by the brand name)로 정의하였다(예 : Farquhar et al. 1991; Kamakura and Russell 1993; Park and Srinivasan 1994; Rangaswamy et al. 1993; Yoo et al. 2000). Keller (2003)도 브랜드자산을 비슷하게 정의하고 있다 : 브랜드에 특별히 귀인(歸因)되는 마케팅활동의 효과이며, 이는 제품에 대한 똑같은 마케팅활동이 이루어지더라도 그 효과가 브랜드 때문에 달라짐을 의미한다("… different outcomes result from the marketing of a product or service because of its brand than if that same product or service had not been identified by that brand (p.42)"). 그러나 이러한 정의는 브랜드자산 영역의 전체 frame에서 일부에 해당된다 할 수 있다. 그러면 먼저 2장의 〈그림 2.2〉를 보면서 브랜드자산 영역의 전체 frame을 이해해 보기로 한다.

〈그림 2.2〉에 근거하여 브랜드자산 영역의 전체 frame을 보면 첫 번째로 마케팅활동(시장기반학습에 기반한 마케팅능력을 비즈니스 프로세스로 구현하여 전개하는 활동)이 브랜드자산을 개발(build)하는 과정을 생각할 수 있다. 두 번째는 개발된 브랜드자산이 시장성과에 대한 마케팅활동의 영향을 더욱 효과적 · 효율적으로 만드는 leverage 과정을 생각할 수 있다. 세 번째는 이렇게 창출된 시장성과가 기업의 재무성과에 연결되는 효과(assess)를 생각할 수 있다. 즉, 브랜드자산의 화폐가치평가(valuation)가 이루어지고 이 평가액은 마케팅이 창출한 기업가치 부분으로 간주할 수 있다.

이러한 브랜드자산 영역의 전체 frame관점에서 볼 때, 위에서 제시하였던 브랜드자산의 정의는 두 번째 leverage 과정에 초점이 맞추어져 있음을 알 수 있다. 이에 따라 브랜드자산은 주로 브랜드의 전체 효용에서 제품의 물리적 효용을 빼는 방법으로 추정되어 오고 있으며(예 : Park and Srinivasan 1994), 또한 이를 화폐가치로 추정하는 연구들이 진행되어 왔다(Amir and Lev 1996; Barth, Clement, Foster, and Kasznik 1998; Simon and Sullivan 1993).

따라서 우리는 개념의 혼란을 방지하기 위하여 명확한 용어가 사용되어야 함을 제안한다. 〈그림 2.2〉의 마케팅활동의 가치창출 프로세스에 근거하면 마케팅활동은 브랜드자산기반(brand equity base)을 창출하고, 이 기반이 브랜드자산의 시장성과(market performance of brand equity)와 브랜드자산의 재무성과(financial performance of brand equity) 또는 브랜드자산의 화폐가치(brand equity valuation)에 연계됨을 알 수 있다. 이러한 frame을 고려하여 브랜드자산기반, 브랜드자산의 시장성과, 브랜드자산가치라는 명확한 용어들을 사용하는 것이 그냥 브랜드자산이라는 한 용어를 사용하는 것보다 바람직하다(또한 2장의 각주 8 참조).

이러한 우리의 제안과 주장이 처음 제기되는 새로운 것은 아니다. Keller 또한 이러한 점을 인식하고 브랜드 가치사슬(brand value chain)이라는 frame을 제안하며, 고객기반의 브랜드자산(customer-based brand equity: 이하에서는 CBBE) 그리고 브랜드자산의 결과(outcome)라는 개념과 용어를 사용하고 있다. 다음에서는 이 frame에 대하여 살펴보기로 한다.

1.2 브랜드투자와 성과연계모델(The Frame of Brand Investment and Business Performance)

Keller와 Lehmann (2003)은 브랜드자산가치가 창출되는 경로를 고려하여 브랜드 가치사슬(brand value chain) frame을 〈그림 3.1〉과 같이 제시하였다.

그림 3.1 브랜드 가치사슬(The Brand Value Chain)

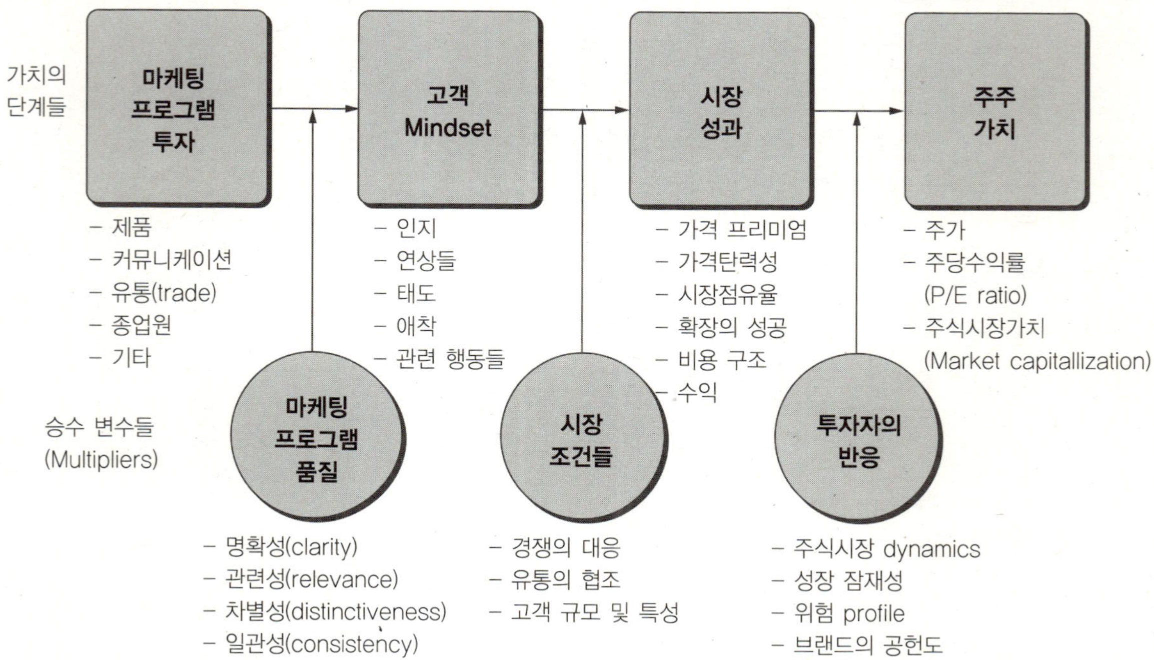

자료원 : Keller and Lehmann (2003), "The Brand Value Chain: Optimizing Strategic and Financial Brand Performance," *Marketing Management*, May/June, 26–31.

이들의 frame은 2장에서 살펴 본 〈그림 2.2〉의 frame이 브랜드자산관리를 중심으로 상세화 된 것으로 볼 수 있다. 브랜드자산가치를 개발하기 위한 첫 번째 단계는 브랜드 구축을 위한 마케팅 믹스 등에 대한 투자(investment in brand-building activities)를 통해 브랜드자산기반을 개발하는 단계이다. 예를 들어, 잦은 가격프로모션의 사용은 브랜드자산기반 창출에 負(-)의 효과가 있으며, 광고에 대한 투자, 고가격정책의 활용, 높은 이미지의 소매상 활용 등이 브랜드자산기반 창출에 정(+)의 효과를 가져올 수 있을 것이다(Aaker 1991; Yoo et al. 2000). Keller (1993)는 우리의 브랜드자산기반에 해당하는 개념으로 고객 mindset, 즉, 브랜드에 대한 고객의 인지(awareness)와 쉽게 기억나고(strong), 바람직하고(favorable), 고객의 욕구와 관련성이 있고(relevant), 독특한(unique) 연상들(associations)로 구성된 CBBE개념을 제시 · 강조하여 오고 있다. 〈그림 3.2〉는 최근까지 연구되어 온 CBBE의 구성개념들을 나타내고 있다[1]. 즉, 브랜드 마케팅프로그램에 대한 量적 투자가 CBBE를 개발하는데, 이러한 관계는 마케팅프로그램의 품질에 따라 달라질 수 있다.

브랜드자산가치가 창출되는 두 번째 단계에서는 개발된 CBBE (또는 브랜드자산기반)가 가격프리미엄, 가격탄력성, 시장점유율, 비용구조, 수익 등과 같은 브랜드의 시장성과로 연결된다. 이러한 연결의 강도는 경쟁의 대응, 유통의 협조, 고객의 규모 및 특성에 따라 달라질 수 있다. 마지막 단계에서는 이러한 브랜드의 시장성과가 주가, 주당수익률, 주식시장 가치와 같은 기업의 재무성과와 연결된다. 이 연결의 강도는 기업 재무성과에 영향을 미치는 기타 통제변수들에 따라 달라질 수 있다.

이러한 브랜드 가치사슬 frame은 기존 연구들의 통합적 고찰과 회사들의 전략적 · 관리적 필요성이 반영되어 제안된 것이라 할 수 있다. 〈표 3.1〉

---

1) 〈그림 3.2〉의 하위개념(brand salience)으로부터 상위개념(brand resonance)으로 갈수록 CBBE는 강력하며, 또한 CBBE 구성개념들은 이성적인(utilitarian) 차원과 상대적으로 감성 · 쾌락적인(hedonic) 차원으로 구분되어 있음.

그림 3.2 고객기반브랜드자산(CBBE) 구성 개념들

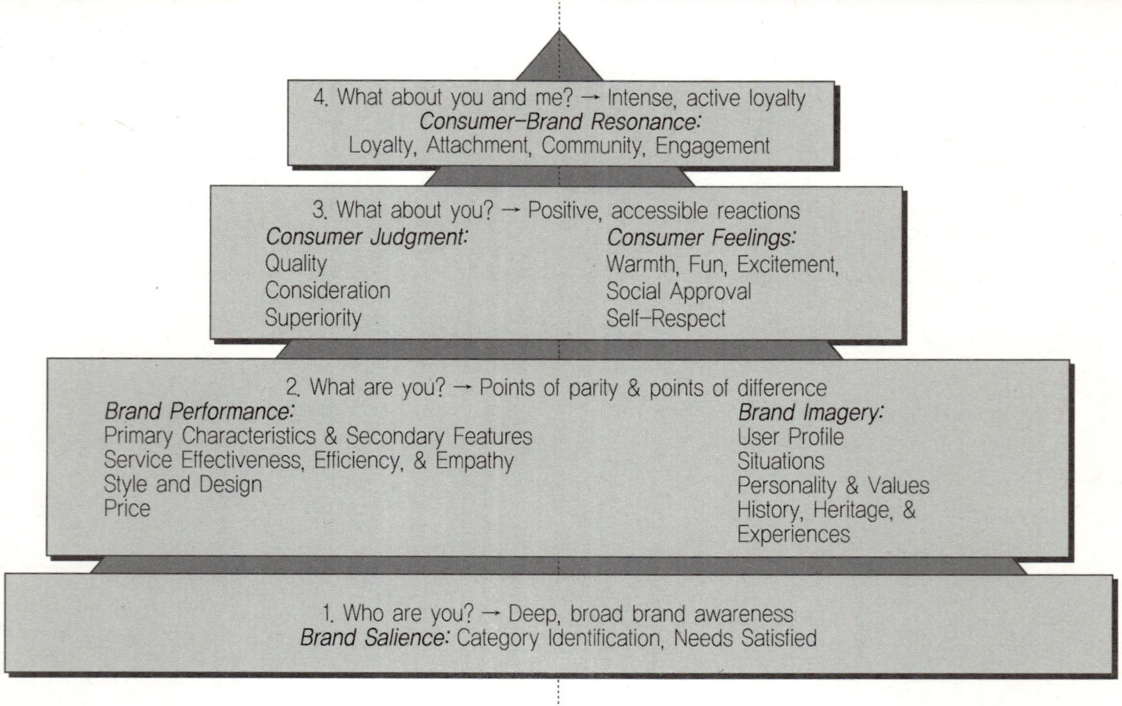

자료원 : Keller (2003), *Strategic Brand Management; Building, Measuring, and Managing Brand Equity*, 2nd ed., Upper Saddle River, NJ: Prentice Hall, 76~77, 99.

표 3.1 브랜드자산 frame 관련 우선순위 연구 이슈들

Research Topics	브랜드 가치사슬 이슈*	Years and tiers
Assessing the impact of marketing programs on brand equity and how the impact changes across stages of the product life cycle	1단계	04-06(1st)
Impact of media fragmentation and alternative (new) media on brands	1단계	06-08(1st) 04-06(2nd)
Communications that create emotional connections Understanding the emotional components of brands	1단계	06-08(1st)
Understanding the impact of brand personality dimensions on brand equity	2단계	04-06(2nd)
Linking internal marketing program metrics (e.g., awareness) to external financial metrics (e.g., ROI)	2단계 3단계	04-06(1st) 02-04(1st)
Measuring brand equity (relating non-financial and financial measures)	2단계 3단계	04-06(1st) 02-04(1st)
Indicators of brand health	2단계 3단계	06-08(1st)
Integrating non-financial and financial performance metrics (beyond brand equity)	2단계 3단계	06-08(1st)
Valuation of brands	3단계	02-04(1st)
Valuing intangible marketing assets (brand equity, customer equity)	3단계	04-06(1st)
Impact of brand equity, channel equity, and customer equity on firm value	3 단계	06-08(1st)

* : 1단계 (마케팅프로그램 → 브랜드자산기반); 2단계 (브랜드자산기반 → 성과); 3단계 (성과 내의 관계)

자료원 : MSI (Marketing Science Institute) Research Priorities Reports (2000~2002; 2002~2004; 2004~2006; 2006~2008)를 참조하여 정리한 것임.

은 미국 MSI (Marketing Science Institute)의 브랜드자산 관련 우선순위 연구주제들을 브랜드 가치가슬 frame의 관점에서 살펴본 것이다(MSI Research Priorities 2000~2008). 시간이 흘러갈수록 frame의 2단계와 3단계에 관한 연구주제들이 중요시됨을 알 수 있다. 예를 들어, 비재무적인 브랜드 성과 측정치(즉, 브랜드자산기반 또는 CBBE)가 브랜드의 시장성과 · 재무성과와 어떻게 연계되는지에 대한 중요성이 학계와 실무계에서 강조되고 있음을 추론할 수 있다. 나아가 브랜드자산기반 뿐만 아니라 유통과의 관계 또는 고객자산과 같은 다른 시장자산기반이 기업성과와 가치에 어떻게 연계되는지에 대한 관심이 높은 것도 특기할 만한 사항이다.

〈표 3.2〉는 MSI에서 논의되어 온 브랜드자산 관련 기타 연구주제들을 정리한 것이다. 대부분의 연구주제들은 브랜드자산의 관리적 시사점과 관련된 주제들을 강조하고 있다. 2002년에서 2004년까지의 경우에는 브랜드 마케팅의 성과 증진을 위하여 브랜드확장, 기업브랜드 또는 기타 브랜딩(예 : sub-brands; niche brand; mass market brand; co-branding; licensed brand; private-label brand 등), 브랜딩의 국제화, 인터넷과 브랜드 커뮤니티, 내부종업원 등을 어떻게 관리하는 것이 좋은지에 대하여 높은 관심이 표출되었다. 한편 최근으로 올수록 브랜드자산의 관리적 연구주제는 제품수명주기에 따른 브랜드자산관리, 다양한 이해관계자들을 상대로 한 브랜드자산관리, 기업문화와 브랜딩의 관계, 브랜드 포트폴리오의 효과적 관리 등을 강조하고 있다. 즉 브랜드관리의 이슈가 보다 전략적으로 변해가고 있다 할 수 있다.

이렇게 브랜드자산과 관련한 연구의 흐름이 보다 전략적인 주제로 옮겨가고 있는 점과 마케팅 및 브랜드 투자에 대한 새로운 성과 측정치(예 : 기업가치 등 재무성과)에 대한 높은 관심을 감안할 때, 2장에서 논의되었던 시장기반학습, 마케팅능력, 고객대면 비즈니스 프로세스가 브랜드자산관리 관점에서는 어떻게 개념화될 수 있는가를 살펴보는 작업은 매우 의미있고 중요하다 할 수 있다. 다음에서는 이 주제와 관련하여 브랜드자산 관

표 3.2 브랜드자산관리에 관련된 우선순위 연구 이슈들

Research Topics (How to manage equity)	Years and tiers
How to manage equity	02–04(1st)
- Transferring equity and brand extensions - Assessing extension potential - Brand extensions (e.g., assessing extension potential, transferring equity)	02–04(1st) 02–04(1st) 04–06(2nd)
International branding and brand extensions	02–04(1st)
- Cross-cultural and global marketing and branding: role in developed versus developing countries - Cross-cultural and global marketing and branding	02–04(1st) 04–06(2nd)
- Role of sub-brands versus corporate brands - Brand architecture (e.g., sub-brands vs. corporate brands)	02–04(1st) 04–06(2nd)
Sustainable (e.g., quality) versus unsustainable (e.g., "hip" /new) differentiation	02–04(1st)
Branding across divisions, merged companies	02–04(1st)
Co-branding and licensing	02–04(1st)
Niche versus mass market branding	02–04(1st)
Impact of the Internet (brand communities) and "word of Web"	02–04(1st)
Role of internal and customer-contact employees (in branding)	02–04(1st)
Impact and management of private labels	02–04(1st)
Managing brand equity through the product life cycle	04–06(2nd)
Managing brand equity for different constituencies (consumers, distributors, press, analysts, etc.)	04–06(2nd)
Enhancing the role of branding in a sales-driven culture	04–06(2nd)
Optimizing brand portfolios	06–08(1st)

자료원 : MSI (Marketing Science Institute) Research Priorities Reports (2000~2002; 2002~2004; 2004~2006; 2006~2008)를 참조하여 정리한 것임.

리능력에 대한 개념화와 브랜드자산관리를 위한 마케팅 프로세스에 관하여 고찰하기로 한다.

2. 브랜드자산관리능력과 마케팅프로세스

본 절에서는 성공적인 브랜드자산관리를 위한 전략적 마케팅능력인 기업의 브랜드자산 관리능력을 어떻게 개념화할 수 있는지와 그 능력이 구현될 수 있는 바람직한 마케팅 프로세스에 대하여 논의하기로 한다.

2.1 브랜드자산관리능력(Capabilities for Brand Equity Management)

기업의 브랜드자산을 관리하는 마케팅능력은 어떻게 개념화될 수 있을까? 2장에서 살펴 본 자원준거 및 시장기반 관점에서 개념화된 마케팅능력과 마케팅능력의 선행요인인 여러 지향성들과 시장기반학습을 개념적 근거로 하고, Day (2000, 2003; Day and Bulte 2002)가 제안한 고객관계관리능력(Customer-Relating Capability)의 개념화 방식을 참고하여 우리는 브랜드자산 관리능력과 그 선행개념들을 〈그림 3.3〉처럼 제안한다.

2장에서 우리는 전략적 마케팅능력을 집적된 지식과 그 활용스킬, 그리고 기업의 자원들을 통합하여 시장관련 요구(needs)를 파악하고, 중점 사업을 통해 제품에 가치를 부여하고 경쟁적 수요를 충족하기 위해 반복적으로 개발되는 조정 및 통합능력이라고 정의하였다(Day 1994; Tuominen et al. 1997). 그렇다면 이러한 능력을 브랜드자산관리를 위하여 집중하는 것을 브랜드자산 관리능력이라 할 수 있다. 즉, 브랜드자산 관리능력(capabilities of managing brand equity)은 집적된 지식과 그 활용스킬, 그리고 기업의 자원들을 통합하여 시장관련 요구를 파악하고, 중점 브랜드 사업에 가치를 부여하고 경쟁적 수요을 충족하기 위해 반복적으로 개

그림 3.3 브랜드자산 관리능력과 선행 개념들

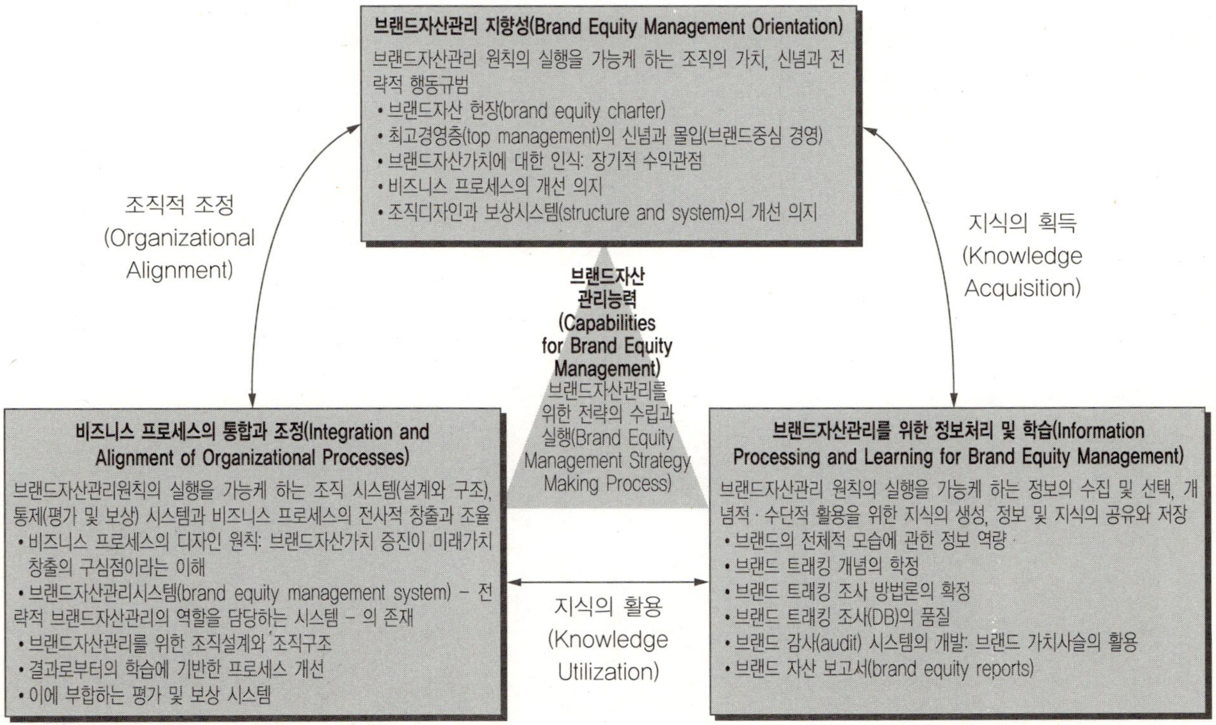

발되는 조정 및 통합능력으로 정의될 수 있다.

그리고 이러한 브랜드자산 관리능력은 2장의 구성개념과 일관되게 브랜드마케팅 전문활동능력 (specialized brand marketing capabilities)과 구조적 브랜드마케팅능력(architectural brand marketing capabilities)으로 구성될 수 있다. 브랜드마케팅 전문활동능력은 활용가능한 자원(예 : 마켓 정보)을 가치 있는 결과(quality of marketing outcomes)로 전환하기 위한 브랜드의 구체적인 마케팅 믹스 등과 관련된 활동을 실행하는 능력으로 정의된다. 예를 들어 시장의 니즈를 파악해서 브랜드 포지션(또는 identity)을 결정하고(STP 과정) 이를 달성하기 위한 마케팅 믹스 등의 실행활동의 품질을 의미한다. 한편 구조적 브랜드마케팅능력은 투입되는 자원과 전문적인 능력을 개발하고 조정하기 위해 사용되는 전략적 브랜드마케팅의 수립 및 실행과 관련된 능력을 의미한다[2].

브랜드자산관리 지향성(Brand Equity Management Orientation)

전략적 마케팅능력과 기업성과의 증진을 위해 기업의 시장지향적 조직문화와 학습지향성이 매우 중요함을 2장에서 살펴보았다(예 : Fiol and Lyles 1985; Homburg and Pflesser 2000; Lee et al. 2006; Narver and Slater 1990). 이 개념들을 바탕으로 기업의 브랜드자산 관리능력을 증진시키는 중요한 첫 번째 선행요인으로 우리는 브랜드자산관리 지향성(brand equity management orientation)을 제안한다.

브랜드자산관리 지향성이란 브랜드자산관리 원칙(브랜드 가치사슬에 기반하여 브랜드투자를 통하여 브랜드자산기반을 창출하고 이 기반이 브랜드의 시장성과와 재무성과에 연계될 수 있도록 브랜드자산을 관리하는 원칙)의 실행을 가능하게 하는 조직의 가치, 신념과 전략적 행동규범을 의미

---

2) 브랜드마케팅 전문활동능력과 구조적 브랜드마케팅능력은 브랜드자산관리를 위한 마케팅 프로세스를 논의하며 더욱 상세하게 다루어짐.

한다. 조직의 브랜드자산관리 지향성을 측정하기 위해서 다음과 같은 개념들을 검토해야 할 것이다 :

(1) 브랜드중심 경영철학에 대한 최고경영층의 신념과 몰입 정도

(2) 장기적 수익 관점에서 브랜드자산가치에 대한 중요성 인식 정도

(3) 브랜드를 기타 자산들과 차별하여 관리하려는 의지

(4) 필요한 비즈니스 프로세스의 지속적 개선 의지

(5) 필요한 조직디자인과 보상시스템의 지속적 개선 의지

Keller (2003)는 이러한 조직의 브랜드관리 지향성("the company view of brand equity (p.409)")을 문서형태로 공식화하여야 함을 강조하고 있으며, 그 수단을 브랜드자산 헌장(brand equity charter)이라 명명하였다. 이러한 최고경영층의 브랜드자산관리 지향성 리더십은 브랜드자산관리를 위한 조직의 지식획득(knowledge acquisition)을 증진시키는 방향으로 또한 브랜드자산관리의 효과적 실행을 위해 조직을 조정(organizational alignment)하여 나가는 방향으로 브랜드자산 관리능력에 대한 다른 선행요인들과 상호작용하여야 함이 중요하다(〈그림 3.3〉 참조).

브랜드자산관리를 위한 정보처리 및 학습(Information Processing and Learning for Brand Equity Management)

기업의 브랜드자산 관리능력을 증진시키는 두 번째 선행요인으로 우리는 브랜드자산관리를 위한 조직의 정보처리 및 학습역량(information processing and learning for brand equity management)을 제안한다. 2장에서 마케팅능력을 증진시키기 위한 중요한 선행요인으로 시장기반학습을 제시한 바 있다. 브랜드자산관리를 위하여 이러한 조직의 시장기반학습이 얼마나 잘 되고 있는가가 그 기업의 브랜드자산관리를 위한 정보처리 및 학습역량을 나타낸다 할 수 있다.

이 능력을 증진시키기 위해 브랜드 가치사슬(그림 3.1)을 구성하는 개념들에 대한 측정치들을 지속적으로 수집하여 활용할 수 있는 지식을 생산하

는 것이 중요하며, 이에 대하여 Keller (2003)는 브랜드자산 보고서(brand equity reports)를 지속적으로 만들어야 함을 강조하고 있다. 나아가 브랜드자산 보고서에 담을 내용들(브랜드 가치사슬 구성 개념들)을 측정하는 다양한 트래킹 조사방법들에 대한 소개와 함께 궁극적으로 조직 내에 브랜드 감사(audit) 시스템을 개발하여 정착시켜야 함을 제안하고 있다. Keller (2003)의 이러한 제안들은 매우 타당하며, 효과적인 브랜드자산관리를 위해 정보와 지식의 수집과 생산이 중요하다는 우리의 주장과 일관된다 할 수 있다. 그러나 2장에서 살펴보았듯이 조직의 정보처리 및 학습역량의 증진을 위해선 정보의 수집과 생산을 넘어 조직에서 이 정보를 어떻게 공유하고 저장하는지를 검토하여야 한다. 다시 말하여 기업의 브랜드자산관리를 위한 정보처리 및 학습역량은 조직에서 브랜드자산관리 원칙의 실행을 가능하게 하는 정보의 수집 및 선택, 개념적 · 수단적 활용을 위한 지식의 생성뿐만 아니라 이러한 정보와 지식의 공유와 저장이 얼마나 효과적으로 이루어지고 있는가를 의미한다. 이 역량이 증진되기 위해서는 최고경영층의 전폭적 지원과 지지가 필수적이며, 또한 이러한 역량이 실행될 수 있게(지식의 활용) 비즈니스 프로세스와 시스템이 브랜드자산가치 관리를 위한 방향으로 통합 · 조정되어야 한다(〈그림 3.3〉 참조).

비즈니스 프로세스의 통합과 조정(Integration and Alignment of Organizational Processes)

기업의 브랜드자산 관리능력을 증진시키는 마지막 선행요인으로 우리는 비즈니스 프로세스의 통합과 조정(integration and alignment of organizational processes)을 제안한다. 이는 브랜드자산관리 원칙의 실행을 가능하게 하는 조직 시스템(설계와 구조), 통제(평가 및 보상) 시스템과 비즈니스 프로세스의 전사적 창출과 조율을 의미한다. 1장에서 살펴 보았듯이 기업의 성과는 기업이 어떠한 전략을 어떻게 실행하는가에 달려 있다. 즉, 브랜드자산관리를 위한 기업의 지향성과 학습이 괜찮은 편이라고

하여도 브랜드자산관리가 실행시스템을 통하여 잘 구현되지 않는다면 그 지향성과 학습도 더 낳은 방향으로 증진될 수 없는 것이다.

기업 비즈니스 프로세스의 통합과 조정 정도를 측정하기 위해서 다음과 같은 개념들을 검토해야 할 것이다 :

(1) 브랜드자산가치 증진을 위한 비즈니스 프로세스 디자인 원칙이 구현되는 정도

(2) 브랜드자산관리를 위한 조직설계와 조직구조의 적합성 정도[3)]

(3) 마케팅활동의 결과를 학습하는 것에 기반한 프로세스의 개선 정도

(4) 이러한 프로세스 및 브랜드자산관리 원칙과 조직 · 개인의 평가 · 보상 시스템간의 적합성 정도

이러한 방향으로 비즈니스 프로세스가 통합되고 조정되기 위해선 최고경영층의 조직적 조정(organizational alignment)이 필수적이다. 또한 비즈니스 프로세스 등 실행시스템은 조직의 정보처리 및 학습역량과 상호작용하여 기업성과를 증진시키는 역할을 할 것이다.

2.2 브랜드자산관리를 위한 마케팅프로세스(Marketing Process for Brand Equity Management)

앞에서 우리는 브랜드자산관리 지향성, 브랜드자산관리를 위한 정보처리 및 학습역량, 그리고 비즈니스 프로세스의 통합과 조정이 그 기업의 브랜드자산 관리능력의 수준을 결정함을 제안하였다. 또한 브랜드자산 관리능력은 브랜드마케팅 전문활동능력 (specialized brand marketing

3) Keller (2003)도 브랜드자산관리를 위한 다양한 조직설계와 구조의 사례들을 제시하면서 기업의 문화, 가치 등이 상이함에 따라 브랜드자산관리를 위한 보편적(universal)、본원적(generic)인 조직구조는 없으며, 범기능적 조직(cross-functional organization), 브랜드간의 갈등 조정을 위한 카테고리 경영기능(category management), 그리고 브랜드자산을 총괄 관리하는 전사적 브랜드자산관리 기능과 이를 담당하는 조직의 중요성을 강조하고 있음.

capabilities)과 구조적 브랜드마케팅능력(architectural brand marketing capabilities)으로 구성됨을 제안하였다. 그러면 이러한 두 종류의 브랜드자산 관리능력을 구현할 수 있는 마케팅 프로세스에 대하여 알아보기로 한다.

브랜드자산관리 전문활동 프로세스(specialized brand equity management process)

브랜드자산관리 전문활동 프로세스는 시장의 니즈를 파악해서(환경분석) 브랜드 포지션(또는 identity)을 결정하고(STP) 이를 달성하기 위한 마케팅 믹스 등의 활동을 실행에 옮기고 그 성과를 평가하여 차기의 마케팅 프로세스를 지속적으로 개선하는 과정이다(〈그림 3.4〉의 step 1, step 3-1, step 4 와 step 5). 즉 이러한 프로세스 활동의 효과성 · 효율성이 그 조직의 브랜드마케팅 전문활동능력의 수준을 나타내는 것이다.

Keller (2003) 또한 이러한 브랜드마케팅 전문활동능력이 구현되는 프로세스를 브랜드자산 개발(build), 측정 · 평가(measure), 관리(manage)로 구분하여 제시하고 있다. 개발 프로세스에서는 브랜드 포지셔닝, 브랜드를 위한 마케팅 믹스 프로그램의 역할(특히 통합적 마케팅 커뮤니케이션의 역할이 강조됨), 그리고 특히 브랜드 요소(brand elements: 브랜드 네임, 로고와 심벌, URLs, 브랜드 캐릭터, 슬로건, 음악, 패키징)의 선정과 2차적 브랜드 지식 활용 프로그램(원산지 또는 기타 지리적 연상, 기업 연상, 공동 브랜딩, 라이센싱, 유명인 모델, 스포츠 및 문화 등 이벤트 등)의 역할을 강조하며 상세히 설명하였다. Keller의 개발 프로세스는 〈그림 3.4〉의 1단계, 3-1단계와 4단계에 해당된다. 측정 · 평가 프로세스에서는 브랜드 가치사슬 frame이 설명되고 있으며, 이는 〈그림3.4〉의 5단계에 해당된다.

그리고 Keller (2003)는 브랜드자산관리시스템을 설명하면서 브랜드자산 헌장(brand equity charter), 브랜드자산 보고서(brand equity

그림 3.4 전략적 브랜드자산관리 마케팅 프로세스

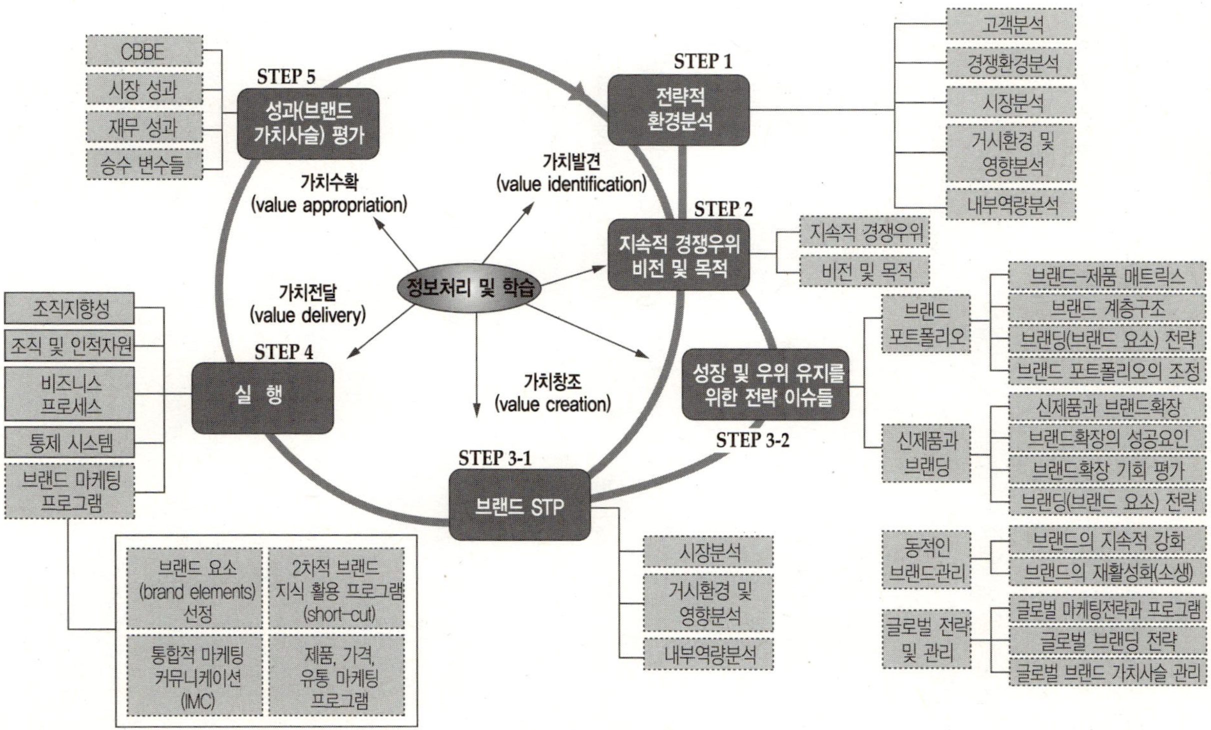

report), 브랜드 감사(audit) 시스템, 조직 개선 등에 관하여 논하고 있다. 그러나 이 부분에 대한 Keller (2003)의 설명은 규범적 주장(normative recommendation)으로 브랜드자산관리시스템을 어떻게 개념화하고 비즈니스 프로세스와는 어떻게 연계시킬 수 있는지에 관한 이슈들을 포함하고 있지 못하다. 이에 대하여 우리는 〈그림3.3〉의 브랜드자산 관리능력과 그 선행요인들의 관계를 제안하면서 기업이 브랜드자산관리시스템을 개발하여 정착하기 위해서 고려하여야 할 중요한 개념들인 브랜드자산관리 지향성, 브랜드자산관리를 위한 정보처리 및 학습역량, 그리고 비즈니스 프로세스의 통합과 조정에 대하여 논의하였다. 나아가 브랜드자산관리 마케팅 프로세스에서 이러한 요인들의 역할을 표시하였다(〈그림3.4〉 참조). 즉, 브랜드자산관리 프로세스 활동의 효과성과 효율성을 증진시키기 위한 기반으로 기업의 정보처리 및 학습역량이 중요하며, 이 역량이 각 단계의 효과적 활동을 서포트하는 것이다. 그리고 브랜드자산관리 지향성과 비즈니스 시스템 및 프로세스가 브랜드자산관리 중심으로 실행체제화 되어 있어야지 브랜드자산관리 마케팅활동이 성과로 연결될 수 있다.

구조적 브랜드자산관리 프로세스(architectural brand equity management process)

전술하였듯이 구조적 브랜드마케팅능력은 투입되는 자원과 전문적인 능력을 개발하고 조정하기 위해 사용되는 전략적 브랜드마케팅의 수립 및 실행과 관련된 능력을 의미한다. 이 능력이 구현되는 프로세스를 구조적 브랜드자산관리 프로세스라 할 수 있다. 즉, 브랜드자산관리 전문활동 프로세스는 브랜드별로 개발, 측정 및 평가 단계로 진행되는 반면, 기업이 보유하고 있는 다수 제품들과 브랜드들의 관리 이슈, 시간의 경과와 이에 따른 환경변화 등을 고려할 때 기업은 경쟁우위의 지속적 우위, 성장, 수정 전략 등 보다 전략적이고 구조적인 의사결정 이슈들에 직면하게 된다. 이에 따라 다수의 제품들, 다수의 시장들, 그리고 다수의 브랜드들을 기업의 지속적인 성장을 위하여 효과적 · 효율적으로 관리하는 것은 매우 중요하다.

이러한 이슈들은 〈그림 3.4〉에서 step2와 step3-2로 표시되어 있다. 즉 브랜드-제품 매트릭스, 브랜드 계층구조(전사-사업부-제품/시장 수준), 복수 브랜드들에 대한 요소 전략, 브랜드 포트폴리오의 조정 등 브랜드 포트폴리오 전략 이슈들, 신제품과 브랜드확장 전략에 관한 이슈들, 시간의 흐름에 따른 브랜드자산관리 이슈들, 복수 시장들에 관한 글로벌 브랜드 전략을 어떻게 수립하여 전개할 것인가를 담당하는 프로세스가 구조적 브랜드자산관리 프로세스라 할 수 있다(Keller 2003 참조). 이 프로세스를 잘 진행시켜 성과로 연계시키는 기업의 능력을 구조적 브랜드마케팅능력이다. 이 능력의 증진을 위해선 전략적 브랜드자산관리 이슈들에 대한 조직의 정보처리 및 학습능력, 그리고 기업의 브랜드자산관리 지향성이 반영되어 전략적 이슈들의 수행에 도움이 되는 실행체제(비즈니스 프로세스와 시스템)가 구비되는 것이 매우 중요하다.

지금까지 브랜드자산관리를 위한 마케팅 프로세스를 전문활동 프로세스와 구조적 프로세스로 나누어 살펴보았다. 본 장을 정리하기 전에, 이러한 프로세스 별로 그 동안 진행되어 온 브랜드 관련 연구들은 어떻게 분포되어 있는가를 살펴보기로 한다. 이 작업은 향후 브랜드자산 관련 연구가 진행되어야 할 방향을 찾는데 도움을 줄 수 있다. 〈표 3.3〉은 브랜드자산관리 마케팅 프로세스 별로 기존의 연구들을 정리한 것이다.

그 동안의 브랜드관련 연구들은 브랜드자산관리 전문활동 프로세스에 해당되는 브랜드 포지셔닝, 브랜드 마케팅 프로그램 활동의 통합적 효과, 브랜드 성과 측정에 관한 연구들로 분류될 수 있다(〈표 3.3〉 참조)[4]. 또한 전략적 · 구조적 브랜드자산관리 프로세스에 해당되는 브랜드확장, 브랜드

---

4) 이러한 연구 정리가 모든 연구들을 전부 포함하고 있지는 않지만, 이 분야의 주요 연구들은 대부분 포함하고 있음에 따라 브랜드자산관련 연구의 흐름을 평가하는 데는 충분하다고 판단함 .

표 3.3 브랜드자산관리 마케팅 프로세스 별 연구현황

프로세스 구분	Research Topics	연구들
전반적 브랜드자산 관리 프로세스	브랜드자산관리 프로세스 전반에 대한 연구(textbook approach)	Kapferer (2004), Keller (2003)
	고객관점에서 브랜드자산관리의 중요성을 시사한 연구	Broniarczyk and Gershoff (2003), Brown and Carpenter (2000), Carpenter, Glazer, and Nakamoto (1994), Meyvis and Janiszewski (2002)
	기업관점에서 브랜드자산관리의 중요성을 시사한 연구	Hoeffler and Keller (2003)
	재무적 관점에서 브랜드자산관리의 중요성을 시사한 연구	Ambler and Barwise (1998); Erdem (1998a, 1998b), Feldwick (1996)
브랜드 포지셔닝	브랜드 포지셔닝에 대한 관리적 시사점을 중심으로 다룬 연구	Keller, Sternthal, and Tybout (2002)
	- 브랜드 무형성(brand intangibles)의 중요성을 다룬 연구 : 브랜드 개성, 브랜드 관계, 브랜드 경험 등 - 기업이미지와 명성의 중요성을 다룬 연구	Aaker (1997, 1999), Aaker, Benet-Martinez, and Berrocal (2001), Aggarwal (2004), Argenti and Druckenmiller (2004), Azoulay and Kapferer (2003), Barich and Kotler (1991), Biehal and Sheinin (1998), Bhattacharya and Sen (2003), Brown and Dacin (1997), Dowling (1994), Erdem and Swait (2004), Fournier (1998), Fournier and Yao (1997), Fournier, Dobscha, and Mick (1998), Graeff (1996, 1997), Gurhan-Canli and Batra (2004), Keller and Aaker (1992, 1998), Kotler (2003), Levy (1999), Park, Jaworski, and MacInnis (1986), Schmitt (1999, 2003)
	브랜드요소(brand elements)의 통합적 활용 중요성을 다룬 연구	Garber, Burke, and Jones (2000), Henderson and Cote (1998), Janiszewski and Meyvis (2001), Keller

표 3.3 (계 속)

프로세스 구분	Research Topics	연구들
브랜드 마케팅 프로그램 활동의 통합		(2003), Klink (2000), Kohli and LaBahn (1997), Schmitt and Simonson (1997), Wansick and Ittersum (2003), Yorkston and Menon (2004)
	유통과 커뮤니케이션의 활용 중요성을 다룬 연구	Duncan (2002), Edell and Keller (1989, 1999), Naik and Raman (2003)
	회사 통제 이벤트와 외부적 이벤트의 통합적 활용 중요성을 다룬 연구	Laczniak, DeCarlo, and Ramaswami (2001), McAlexander, Schouten, and Koegnig (2002), Moore, Wilkie, and Lutz (2002), Muniz and O'Guinn (2000), Schouten and McAlexander (1995), Smith and Vogt (1995)
브랜드 성과 측정	각기 다른 수준에서 브랜드자산의 측정을 다룬 연구 : 고객수준, 제품-시장수준, 재무성과 수준 등	Aaker (1996), Aggarwal and Rao (1996), Ailawadi, Lehmann, and Nestlin (2001), Ambler (2004), Epstein and Westbrook (2001), Amir and Lev (1996), Barth et al. 1998, Fader and Schmittlein (1993), Gupta, Lehmann, and Stuart (2004), Hsu and Liu (2000), Kamakura and Russell (1993), Kanetkar, Weinberg, and Weiss (1992), Keller (2003), Keller and Lehmann (2003), Lal and Narasimhan (1996), Lindenbeg and Ross (1981), Park and Srinivasan (1994), Raj (1982), Krishnamurthi and Raj (1991), Sethuraman (1996), Simon (1979), Simon and Sullivan (1993), Sivakumar and Raj (1997), Srinivasan (1979), Srivastava, Shervani, and Fahey (1998), Swait et al. (1993), Zaltman (2003)

표 3.3 (계 속)

프로세스 구분	Research Topics	연구들
	재무성과 수준의 측정 연구 : CBBE와 주식시장의 기업가치, 다른 관점에서의 주식시장 기업가치	Aaker and Jacobson (1994, 2001); Horsky and Swyngedouw (1987), Kerin and Sethuraman (1998); Lane and Jacobson (1995), Mahajan, Rao, and Srivastava (1994), Rao, Agrawal, and Dahljoff (2004)
	브랜드자산 개발의 주요 동인(drivers) 발견을 다룬 연구 : 마케팅 믹스 모델링 접근방법	Ailawadi, Lehmann, and Neslin (2001), Anderson ans Simester (2004), Dekimpe and Hanssens (1999), Gatignon (1993), Hanssens, Parsons, and Schultz (1998), Mela, Gupta, and Lehmann (1997), Pauwels, Hanssens, and Siddarth (2002)
	브랜드자산과 고객자산과의 관련성에 관한 commentary 연구	Ambler et al. (2002)
브랜드 성장	신제품 및 브랜드 확장을 다룬 연구	Aaker and Keller (1990), Ahluwalia and Gurhan-Canli (2000), Balachander and Ghose (2003), Barone and Miniard (2002), Bottomley and Doyle (1996), Bottomley and Holden (2001), Czellar (2003), Broniarczyk and Alba (1994), Dacin and Smith (1994), Erdem and Sun (2002), Keller and Aaker (1992), Keller and Sood (2004), Gurhan-Canli and Maheswaran (1998), Kirmani, Sood, and Bridges (1999), Klink and Smith (2001), Maoz and Tybout (2002), Moreau, Loken and Roedder John (1993), Lehmann, and Markman (2001), Morrin (1999), Milberg, Park, and McCarthy (1997), Park, Milberg, and Lawson (1991), Rangaswamy, Burke, and Oliva (1993), Reddy, Holak, and

표 3.3 (계 속)

프로세스 구분	Research Topics	연구들
		Bhat (1994), Roedder John, Loken, and Joiner (1998), Romeo (1991), Sheinin (1998), Sheinin and Schmitt (1994), Smith (1992), Smith and Park (1992), van Osselaer and Alba (2003), Zhang and Sood (2002)
	브랜드 구조 건축(brand architecture)을 다룬 연구	Aaker (1994, 2004), Anand and Shachar (2004), Andrews and Low (1998), Bergen, Dutta, and Shugan (1996), Broniarczyk, Hoyer, and McAlister (1998), Cohen, Eliasberg, and Ho (1997), Dawar and Anderson (1994), Desai and Keller (2002), Gurhan-Canli (2003), Jap (1993), Janiszewski and van Osselaer (2000), Joiner and Loken (1998), Keller and Aaker (1992), Keller and Sood (2004), Kirmani, Sood, and Bridges (1999), Kumar (2003), Meyvis and Janiszewski (2004), Milberg, Park, and McCarthy (1997), Park, Jun, and Shocker (1996), Putsis and Bayus (2001), Rao (1997), Rao, Lu Qu, and Ruekert (1999), Reddy, Holak, and Bhat (1994), Randall, Ulrich, and Reibstein (1998), Shocker, Shugan (1989), Simonin and Ruth (1998), Srivastava, and Ruekert (1994), Swaminathan, Fox, and Reddy (2001), Wanke, Bless, and Schwarz (1998)
	공동브랜드 및 브랜드제휴를 다룬 연구	Desai and Keller (2002), Park, Jun, and Shocker (1996), Rao (1997), Rao, Lu Qu, and Ruekert (1999), Simonin and Ruth (1998)

표 3.3 (계 속)

프로세스 구분	Research Topics	연구들
	비교문화적 및 글로벌 브랜드관리에 관한 연구	Gatignon and Abeele (1995), Levitt (1983), Pan and Schmitt (1996), Samiee and Roth (1992), Schmitt, Pan, and Tavassoli (1994), Steenkamp, Batra, and Alden (2003), Szymanski, Bharadwaj, and Varadarajan (1993), Zhang and Schmitt (2001)

자료원 : Keller and Lehmann (2005), "Brands and Branding: Research Findings and Future Priorities," *MSI (Marketing Science Institute) Special Report*, No. 05-200을 참조하여 정리한 것임.

구조건축(brand architecture), 공동 브랜드 및 브랜드 제휴, 글로벌 브랜드 관리에 관한 연구들이 진행되어 왔다(〈표 3-3〉 참조). 특히 브랜드 성과 측정에 관한 연구가 많았다는 것은 그만큼 브랜드자산관리의 연구들이 관리적 시사점을 주는 방향으로 움직여 왔음을 시사하고 있다.

그럼에도 불구하고 특히 브랜드 확장을 포함한 브랜드 성장에 관련된 연구들의 경우 그 숫자는 많았지만, 너무 개인소비자 측면에서의 평가를 중심으로 이루어진 것은 관리적 시사점을 제공하는 측면에서 아쉬움이 남는 부분으로 평가할 수 있다. 즉, 향후 브랜드자산관리 관련 연구들은 브랜드 가치사슬에 근거하여 특히 구조적 브랜드자산관리 프로세스가 어떻게 브랜드 성과에 영향을 미치는지, 기업의 브랜드자산 관리능력이 성과에 미치는 영향은 어떠하며 장기적인 관점에서 어떠한 능력 부분이 더 중요한지, 또한 브랜드자산 관리능력을 키우기 위해 어떠한 선행요인들을 중요시 여겨야 하는 지 등에 관한 이슈들을 연구함으로써 브랜드자산관리가 기업에서 보다 전략적인 위치를 차지할 수 있도록 노력하여야 할 것이다.

3. 요 약

본 장에서 우리는 먼저 브랜드자산의 개념과 브랜드투자와 성과간의 관계에 관한 모델을 간략히 고찰하였다. 〈그림 2.2〉의 마케팅활동의 가치창출 프로세스(마케팅활동이 브랜드자산기반을 창출하고, 이 기반이 브랜드자산의 시장성과와 브랜드자산의 재무성과(브랜드자산의 화폐가치)에 연계됨)에 근거하여 브랜드자산기반, 브랜드자산의 시장성과, 브랜드자산가치라는 명확한 용어들을 사용하는 것이 그냥 브랜드자산이라는 한 용어를 사용하는 것보다 바람직함을 제시하였다. 또한 Keller와 Lehmann (2003)이 제시한 브랜드 가치사슬 모델(〈그림 3.1〉 참조)을 살펴 봄으로써 브랜드 구축을 위한 마케팅 믹스 등에 대한 투자(investment in brand-building activities)를 통해 브랜드자산기반(또는 CBBE)이 개발되고, 개발된 기반(CBBE)이 가격프리미엄, 가격탄력성, 수익 등 브랜드 시장성과로 연결되고, 이러한 브랜드의 시장성과가 주당수익률, 주식시장 가치와 같은 기업 재무성과로 연계되어야 함을 알아 보았다.

나아가 MSI (Marketing Science Institute)의 연구주제들의 흐름을 고찰한 결과, 브랜드자산의 최근 관리적 연구주제는 제품수명주기에 따른 브랜드자산관리, 기업문화와 브랜딩의 관계, 브랜드 포트폴리오의 효과적 관리 등 보다 전략적으로 변해가고 있음을 알 수 있었다(〈표 3.1〉과 〈표 3.2〉 참조).

이에 따라 우리는 성공적인 브랜드자산관리를 위한 전략적 마케팅능력(브랜드자산 관리능력)은 어떻게 개념화될 수 있는지에 관하여 논의하였다. 2장에서 살펴 본 자원준거 및 시장기반 관점에서 개념화된 마케팅능력과 마케팅능력의 선행요인인 여러 지향성들과 시장기반학습을 개념적 근거로 하고, Day (2000, 2003; Day and Bulte 2002)가 제안한 고객관계관리능력(Customer-Relating Capability)의 개념화 방식을 참고하여 우리는 브랜드자산 관리능력과 그 선행개념들을 제안하였다(〈그림 3.3〉 참조). 브랜드자산 관리능력(capabilities for brand equity management)은 집적된 지식과 그 활용스킬, 그리고 기업의 자원들을 통합하여 시장관련 요구를 파악하고, 중점 브랜드 사업에 가치를 부여하고 경쟁적 수요을 충족하기 위해 반복적으로 개발되는 조정 및 통합능력으로 정의되었다. 그리고 이러한 브랜드자산 관리능력은 2장의 구성개념과 일관되게 브랜드마케팅 전문활동능력(specialized brand marketing capabilities)과 구조적 브랜드마케팅능력(architectural brand marketing capabilities)으로 구성되는 개념화를 제시하였다. 이 개념화에 따르면 브랜드마케팅 전문활동능력은 활용가능한 자원(예 : 마켓 정보)을 가치 있는 결과(quality of marketing outcomes)로 전환하기 위한 브랜드의 구체적인 마케팅 믹스 등과 관련된 활동을 실행하는 능력으로, 그리고 구조적 브랜드마케팅능력은 투입되는 자원과 전문적인 능력을 개발하고 조정하기 위해 사용되는 전략적 브랜드마케팅의 수립 및 실행과 관련된 능력으로 정의되었다.

그리고 기업의 브랜드자산 관리능력을 증진시키기 위한 중요한 선행요인들로 브랜드자산관리 지향성(brand equity management orientation), 브랜드자산관리를 위한 정보처리 및 학습역량(information processing and learning for brand equity management), 그리고 비즈니스 프로세스의 통합과 조정(integration and alignment of organizational processes)을 제안하였다(〈그림 3.3〉참조). 브랜드자산관리 지향성이란 브랜드자산관리 원칙(브랜드 가치사슬에 기반하여 브랜드 투자를 통하여 브랜드자산기반을 창출하고 이 기반이 브랜드의 시장성과와 재무성과에 연계될 수 있도록 브랜드자산을 관리하는 원칙)의 실행을 가능하게 하는 조직의 가치, 신념과 전략적 행동규범을 의미한다. 또한 브랜드자산관리를 위하여 조직의 시장기반학습이 얼마나 잘 되고 있는가가 그 기업의 브랜드자산관리를 위한 정보처리 및 학습역량을 나타낸다. 그리고 브랜드자산관리 원칙의 실행을 가능하게 하는 조직 시스템(설계와 구조), 통제(평가 및 보상) 시스템과 비즈니스 프로세스의 전사적 창출과 조율을 의미하는 비즈니스 프로세스의 통합과 조정에 대해 살펴보았다. 나아가 이러한 선행요인들의 효과적인 상호작용(지식획득, 지식활용, 조직적 조정)이 기업성과에 영향을 미침도 고려하였다.

그 이후 이러한 브랜드자산 관리능력이 구현될 수 있는 바람직한 마케팅 프로세스에 대하여 고찰하였다. 먼저 시장의 니즈를 파악해서(환경분석) 브랜드 포지션(또는 identity)을 결정하고(STP) 이를 달성하기 위한 마케팅 믹스 등의 활동을 실행에 옮기고 그 성과를 평가하여 차기의 마케팅 프로세스를 지속적으로 개선하는 과정인 브랜드자산관리 전문활동 프로세스에 관하여 살펴 보았다(〈그림 3.4〉 참조). 그리고 브랜드-제품 매트릭스, 브랜드 계층구조(전사-사업부-제품/시장 수준), 복수 브랜드들에 대한 요소 전략, 브랜드 포트폴리오의 조정 등 브랜드 포트폴리오 전략 이슈들, 신제품과 브랜드확장 전략에 관한 이슈들, 시간의 흐름에 따른 브랜드자산관리 이슈들, 복수 시장들에 관한 글로벌 브랜드 전략을 어떻게 수립하여 전개할 것인가를 담당하는 구조적 브랜드자산관리 프로세스에 관하여 논의하였다(〈그림 3.4〉 참조).

끝으로 브랜드관련 선행연구들을 브랜드자산관리 프로세스 별로 고찰하여 브랜드자산관리관련 연구들의 미래 방향을 도출하였다(〈표 3.3〉 참조). 이에 따르면 향후 연구들은 브랜드 가치사슬에 근거하여 특히 구조적 브랜드마케팅 프로세스가 어떻게 브랜드 성과에 영향을 미치는지, 기업의 브랜드자산 관리능력이 성과에 미치는 영향은 어떠하며 장기적인 관점에서 어떠한 능력 부분이 더 중요한지, 또한 브랜드자산 관리능력을 키우기 위해 어떠한 선행요인들을 중요시 여겨야 하는 지 등에 관한 부분들을 발견하여야 함을 제시하였다. 즉, 향후 연구들은 브랜드자산관리가 기업에서 보다 전략적인 위치를 차지할 수 있도록 도움을 주어야 할 것이다.

이번 장에서 기업의 주요 시장기반자산으로서 우리는 브랜드자산을 살펴보았다. 그런데 〈표 3.1〉과 〈표 3.3〉을 보면 브랜드자산과 고객자산의 관계에 대한 학계와 실무계의 관심을 추측할 수 있다. 즉, 브랜드자산에 대한 관심과 별도로 CRM (Customer Relationship Management)의 등장과 함께 기업의 다른 중요한 시장기반자산으로서 기업이 고객과의 관계(customer relationships)를 잘 관리함으로써 확보할 수 있는 고객자산(customer equity)과 이를 관리하는 것에 대한 학계와 실무계의 관심이 매우 증대되어 오고 있다. 이에 따라 다음 장에서는 고객자산관리와 마케팅 프로세스를 살펴본다.

참고문헌

Aaker, David A. (1991), *Managing Brand Equity*, New York: Free Press.

Aaker, David A. (1994), "Should You Take Your Brand to Where the Action Is?" *Harvard Business Review*, (September–October), 135–143.

Aaker, David A. (1996), "Measuring Brand Equity Across Products and Markets," *California Management Review*, 38(Spring), 102–120.

Aaker, David. A. (2004), *Brand Porfolio Strategy: Creating Relevance, Differentiation, Energy, Leverage, and Clarity*, Free Press.

Aaker, David. A. and Robert Jacobson (1994), "The Financial Information Content of Perceived Quality," *Journal of Marketing Research*, 31(May), 191–201.

Aaker, David. A. and Robert Jacobson (2001), "The Value Relevance of Brand Attitude in High–Technology Markets," *Journal of Marketing Research*, 38(November), 485–493.

Aaker, David A. and Kevin L. Keller (1990), "Consumer Evaluations of Brand Extensions," *Journal of Marketing*, 54(January), 27–41.

Aaker, Jennifer L. (1997), "Dimensions of Brand Personality," *Journal of Marketing Research*, 34(August), 347–56.

Aaker, Jennifer. L. (1999), "The Malleable Self: The Role of Self–Expression in Persuasion," *Journal of Marketing Research*, 36(May), 45–57.

Aaker, Jennifer. L., Veronica Benet–Martinez, and Jordi G. Berrocal (2001), "Consumption Symbols As Carriers of Culture: A Study of Japanese and Spanish Brand Personality Constructs," *Journal of Personality and Psychology*, 81(3), 492–508.

Agrawal, Deepak (1996), "Effects of Brand Loyalty on Advertising and

Trade Promotions: A Game Theoretic Analysis with Empirical Evidence," *Marketing Science*, 15(1), 86–108.

Aggarwal, Manoj. K. and Vithala R. Rao (1996), "An Empirical Comparison of Consumer-Based Measures of Brand Equity," *Marketing Letters*, 7(3), 237–47.

Aggarwal, Pankaj. (2004), "The Effects of Brand Relationship Norms on Consumer Attitudes and Behavior," *Journal of Consumer Research*, 31(June), 87–101.

Ahluwalia, Rohini and Zeynep Gurhan-Canli (2000), "The Effects of Extensions on the Family Brand Name: An Accessibility-Diagnosticity Perspective," *Journal of Consumer Research*, 27(December), 371–81.

Ailawadi, Kusum L., Donald R. Lehmann, and Scott A. Neslin (2001), "Market Response to a Major Policy Change in the Marketing Mix: Learning from Procter & Gamble's Value Pricing Strategy," *Journal of Marketing*, 65(January), 44–61.

Ambler, Tim (2004), *Marketing and the Bottom Line*, Financial Times Prentice Hall.

Ambler, Tim and Patrick Barwise (1998), "The Trouble with Brand Valuation," *Journal of Brand Management*, 5(May), 367–377.

Ambler, Tim, C.B. Bhattacharya, Julie Edell, Kevin Lane Keller, Kay N. Lemon, and Vikas Mittal (2002), "Relating Brand and Customer Perspectives on Marketing Management," *Journal of Service Research*, 5(1), 13–25.

Amir, Eli and Baruch Lev (1996), "Value-Relevance of Nonfinancial Information: The Wireless Communication Industry," *Journal of Accounting and Economics*, Vol. 22, Nos. 1–3(Aug–Dec), 3–30.

Anand, Bharat N. and Ron Shachar (2004), "Brands As Beacons: A New Source of Loyalty to Multiproduct Firms," *Journal of Marketing Research*, 41(May), 135–150.

Anderson, Eric T. and Duncan I. Simester (2004), "Long-Run Effects of Promotion Depth on New Versus Established Customers: Three Field Studies," *Marketing Science*, 23(Winter), 4-20.

Andrews, Jonlee and George S. Low (1998), "New But Not Improved: Factors That Affect the Development of Meaningful Line Extensions," *Marketing Science Institute Working Paper*, Report No. 98-124, Cambridge, MA: Marketing Science Institute.

Argenti, Paul A. and Bob Druckenmiller (2004), "Reputation and the Corporate Brand," *Corporate Reputation Review*, 6(4), 368-374.

Azoulay, Audrey and Jean-Noel Kapferer (2003), "Do Brand Personality Scales Really Measure Brand Personality," *Journal of Brand Management*, 11(2), 143-155.

Balachander, Subramanian and Sanjay Ghose (2003), "Reciprocal Spillover Effects: A Strategic Benefit of Brand Extensions," *Journal of Marketing*, 67(January), 4-12.

Barich, Howard and Philip Kotler (1991), "A Framework for Image Management," *Sloan Management Review*, Winter, 94-104.

Barone, Michael J. and Paul W. Miniard (2002), "Mood and Brand Extension Judgments: Asymmetric Effects for Desirable Versus Undesirable Brands," *Journal of Consumer Psychology*, 12(4): 283-290.

Barth, Mary E., Michael Clement, George Foster, and Ron Kasznik (1998), "Brand Values and Capital Market Valuation," *Review of Accounting Studies*, 3, 41-68.

Bergen, Mark, Shantanu Dutta, and Steven M. Shugan (1996), "Branded Variants: A Retail Perspective," *Journal of Marketing Research*, 33(February), 9-21.

Bhattacharya, C. B. and Sanker Sen (2003), "Consumer-Company Identification: A Framework for Understanding Consumers' Relationships With Companies," *Journal of Marketing*, 67(April),

76-88.

Biehal, Gabriel J. and Daniel A. Sheinin (1998), "Managing the Brand in a Corporate Advertising Environment: A Decision-Making Framework for Brand Managers," *Journal of Advertising*, 27(2), 99-110.

Bottomley, Paul A. and John R. Doyle (1996), "The Formation of Attitudes Towards Brand Extensions: Testing and Generalising Aaker and Keller's Model," *International Journal of Research in Marketing*, 13(4), 365-77.

Bottomley, Paul A. and Stephen Holden (2001), "Do We Really Know How Consumers Evaluate Brand Extensions: Empirical Generalizations Based on Secondary Analysis of Eight Studies," *Journal of Marketing Research*, 38(November), 494-500.

Broniarczyk, Susan M. and Joseph W. Alba (1994), "The Importance of the Brand in Brand Extension," *Journal of Marketing Research*, 31(May), 214-228.

Broniarczyk, Susan M. and Andrew D. Gershoff (2003), "The Reciprocal Effects of Brand Equity and Trivial Attributes," *Journal of Marketing Research*, 40(May), 161-175.

Broniarczyk, Susan M., Wayne D. Hoyer, and Leigh McAlister (1998), "Consumer Perceptions of the Assortment Offered in a Grocery Category: The Impact of Item Reduction," *Journal of Marketing Research*, 35(May), 166-176.

Brown, Christine L. and Gregory S. Carpenter (2000), "Why Is the Trivial Important? A Reasons Based Account for the Effects of Trivial Attributes on Choice," *Journal of Consumer Research*, 26(March), 372-85.

Brown, Thomas J. and Peter Dacin (1997), "The Company and the Product: Corporate Associations and Consumer Product Responses," *Journal of Marketing*, 61(January), 68-84.

Carpenter, Gregory S., Rashi Glazer, and Kent Nakamoto (1994), "Meaningful Brands From Meaningless Differentiation: The Dependence on Irrelevant Attributes," *Journal of Marketing Research*, 31(August), 339–350.

Cohen, Morris A., Jehoshua Eliasberg, and Teck H. Ho (1997), "An Anatomy of a Decision-Support System for Developing and Launching Line Extensions," *Journal of Marketing Research*, 34(May), 117–129.

Czellar, Sandor (2003), "Consumer Attitude Toward Brand Extensions: An Integrative Model and Research Propositions," *International Journal of Research in Marketing*, 20(March), 97–115.

Dacin, Peter and Daniel C. Smith (1994), "The Effect of Brand Portfolio Characteristics on Consumer Evaluations of Brand Extensions," *Journal of Marketing Research*, 31(5), 229–242.

Dawar, Niraj and Paul F. Anderson (1994), "The Effects of Order and Direction on Multiple Brand Extensions.," *Journal of Business Research*, 30, 119–129.

Day, George S. (1994), "Continuous Learning About Markets," *California Management Review*, 36 (Summer), 9–31.

Day, George S. (2000), "Capabilities for Forging Customer Relationships," *Marketing Science Institute Working Paper*, Report No. 99–118, Cambridge, MA: Marketing Science Institute.

Day, George S. (2003), "Creating a Superior Customer-Relating Capability," *Marketing Science Institute Working Paper*, Report No. 03–001, Cambridge, MA: Marketing Science Institute.

Day, George S. and Christophe Van den Bulte (2002), "Superiority in Customer Relationship Management: Consequences for Competitive Advantage and Performance," *Marketing Science Institute Working Paper*, Report No. 02–123, Cambridge, MA: Marketing Science Institute.

Dekimpe, Marnik and Dominique M. Hanssens (1999), "Sustained Spending and Persistent Response: A New Look at Long-Term Marketing Profitability," *Journal of Marketing Research*, 35(November), 397–412.

Desai, Kalpesh K. and Kevin Lane Keller (2002), "The Effects of Brand Expansions and Ingredient Branding Strategies on Host Brand Extendibility," *Journal of Marketing*, 66(July), 73–93.

Dowling, Grahame R. (1994), *Corporate Reputations*, London, U.K.: Kogan-Page.

Duncan, Thomas (2002), *IMC: Using Advertising & Promotion to Build Brands*, McGraw-Hill.

Edell, Julie A. and Kevin L. Keller (1989), "The Information Processing of Coordinated Media Campaigns," *Journal of Marketing Research*, 26(May), 149–163.

Edell, Julie A. and Kevin L. Keller (1999), "Analyzing Media Interactions: The Effects of Coordinated TV-Print Advertising Campaigns," *Marketing Science Institute Working Paper*, Report No. 99–120, Cambridge, MA: Marketing Science Institute.

Epstein, Marc J. and Robert A. Westbrook (2001), "Linking Actions to Profits in Strategic Decision Making," *Sloan Management Review*, Spring, 39–49.

Erdem, Tulin (1998a), "An Empirical Analysis of Umbrella Branding," *Journal of Marketing Research*, 35(August), 339–51.

Erdem, Tulin (1998b), "Brand Equity as a Signaling Phenomenon," *Journal of Consumer Psychology*, 7(2), 131–157.

Erdem, Tulin and Baohong Sun (2002), "An Empirical Investigation of the Spillover Effects of Advertising and Sales Promotions in Umbrella Branding," *Journal of Marketing Research*, 39(November), 408–420.

Erdem, Tulin and Joffre Swait (2004), "Brand Credibility, Brand

Consideration, and Choice," *Journal of Consumer Research*, 31(June), 191–198.

Fader, Peter S. and David C. Schmittlein (1993), "Excess Behavioral Loyalty for High-Share Brands: Deviations from the Dirichlet Model for Repeat Purchasing," *Journal of Marketing Research*, 30(November), 478–93.

Farquhar, Peter H., Julia Y. Han, and Yuji Ijiri (1991), "Recognizing and Measuring Brand Assets," *Marketing Science Institute Working Paper*, Report Number 91-119. Cambridge, MA: Marketing Science Institute.

Feldwick, Paul (1996), "What Is Brand Equity Anyway, and How Do You Measure It?" *Journal of the Market Research Society*, 38(April), 85–104.

Fiol, C. Marlene and Marjorie A. Lyles (1985), "Organizational Learning," *Academy of Management Review*, 10(4), 803–813.

Fournier, Susan M. and Julie L. Yao (1997), "Reviving Brand Loyalty: A Reconceptualization within the Framework of Consumer-Brand Relationships," *International Journal of Research in Marketing*, 14, 451–472.

Fournier, Susan M. (1998), "Consumers and Their Brands: Developing Relationship Theory in Consumer Research," *Journal of Consumer Research*, 24(March), 343–373.

Fournier, Susan M., Susan Dobscha, and David Mick (1998), "Preventing the Premature Death of Relationship Marketing," *Harvard Business Review*, January-February, 42–51.

Garber, Lawrence L. Jr., Raymond R. Burke, and J. Morgan Jones (2000), "The Role of Package Appearance in Consumer Purchase Consideration and Choice," *Marketing Science Institute Working Paper*, Report No. 00-104, Cambridge, MA: Marketing Science Institute.

Gatignon, Hubert (1993), "Marketing Mix Models," In *Handbook of OR and MS*, Vol.5, eds., J. Eliashberg and G. L. Lilien, 697–732, New York, N.Y.: North-Holland.

Gatignon, Hubert and Piet Vanden Abeele (1995), "To Standardize or Not to Standardize: Marketing Mix Effectiveness in Europe," *Marketing Science Institute Working Paper*, Report No. 95–119, Cambridge, MA: Marketing Science Institute.

Graeff, Timothy R. (1996), "Image Congruence Effects on Product Evaluations: The Role of Self-Monitoring and Public/Private Consumption," *Psychology & Marketing*, 13(5), 481–499.

Graeff, Timothy R. (1997), "Consumption Situations and the Effects of Brand Image on Consumers' Brand Evaluations," *Psychology & Marketing*, 14(1), 49–70.

Gupta, Sunil, Donald R. Lehmann, and Jennifer Ames Stuart (2004), "Valuing Customers," *Journal of Marketing Research*, 41(February), 7–18.

Gurhan-Canli, Zeynep (2003), "The Effect of Expected Variability of Product Quality and Attribute Uniqueness on Family Brand Evaluations," *Journal of Consumer Research*, 30(June), 105–114.

Gurhan-Canli, Zeynep and Durairaj Maheswaran (1998), "The Effects of Extensions on Brand Name Dilution and Enhancement," *Journal of Marketing Research*, 35(November), 464–473.

Gurhan-Canli, Zeynep and Rajeev Batra (2004), "When Corporate Image Affects Product Evaluations: The Moderating Role of Perceived Risk," *Journal of Marketing Research*, 41(May), 197–205.

Hanssens, Dominique M., Leonard J. Parsons, and Randall L. Schultz (1998), *Market Response Models: Econometric and Time Series Analysis*, Boston, Mass.: Kluwer Academic Publishers.

Henderson, Pamela W. and Joseph A. Cote (1998), "Guidelines for Selecting or Modifying Logos," *Journal of Marketing*, 62(2), 14–30.

Hoeffler, Steve and Kevin L. Keller (2003), "The Marketing Advantages of Strong Brands," *Journal of Brand Management*, 10(6), 421–445.

Homburg, Christian and Christian Pflesser (2000), "A Multiple–Layer of Market–Oriented Organizational Culture: Measurement Issues and Performance Outcomes," *Journal of Marketing Research*, 37(Nov.), 449–462.

Horsky, Dan and Patrick Swyngedouw (1987), "Does It Pay to Change Your Company's Name? A Stock Market Perspective," *Marketing Science*, 6(Fall), 320–335.

Hsu, Jane Lu and Gary Shang–Min Liu (2000), "Consumer Perceptions of Fluid Milk Advertising in Taiwan," *International Journal of Advertising*, 19, 471–486.

Janiszewski, Chris and Stijn M. J. van Osselaer (2000), "A Connectionist Model of Brand–Quality Associations," *Journal of Marketing Research*, 37(August), 331–350.

Janiszewski, Chris and Tom Meyvis (2001), "Effects of Brand Logo Complexity, Repetition, and Spacing on Processing Fluency and Judgment," *Journal of Consumer Research*, 28(June), 18–32.

Jap, Sandy D. (1993), "An Examination of the Effects of Multiple Brand Extensions on the Brand Concept," In *Advances in Consumer Research*, eds., Leigh McAlister and Michael L. Rothschild, 20, 607–611.

Joiner, Christopher and Barbara Loken (1998), "The Inclusion Effect and Category–Based Induction: Theory and Application to Brand Categories," *Journal of Consumer Psychology*, 7(2), 101–129.

Kamakura, Wagner A. and Gary J. Russell (1993), "Measuring Brand Value with Scanner Data," *International Journal of Research in Marketing*, 10(March), 9–22.

Kanetkar, Vinay, Charles B. Weinberg, and Doyle L. Weiss (1992), "Price Sensitivity and Television Advertising Exposures: Some

Empirical Findings," *Marketing Science*, 11(Fall), 359–371.

Kapferer, Jean-Noel (2004), *Strategic Brand Management*, London, U.K.: Kogan-Page.

Keller, Kevin L. (1993), "Conceptualizing, Measuring, and Managing Customer-Based Brand Equity," *Journal of Marketing*, 57(Jan.), 1–22.

Keller, Kevin L. and David A. Aaker (1992), "The Effects of Sequential Introduction of Brand Extensions," *Journal of Marketing Research*, 29(May), 35–50.

Keller, Kevin L. and David A. Aaker (1998), "Corporate-Level Marketing: The Impact of Credibility on a Company's Brand Extensions," *Corporate Reputation Review*, 1(August), 356–378.

Keller, Kevin L. and Donald R. Lehmann (2003), "The Brand Value Chain: Optimizing Strategic and Financial Brand Performance," *Marketing Management*, May/June, 26–31.

Keller, Kevin L. and Donald R. Lehmann (2005), "Brands and Branding: Research Findings and Future Priorities," *Marketing Science Institute Working Paper*, Report No. 05-200, Cambridge, MA: Marketing Science Institute.

Keller, Kevin L. and Sanjay Sood (2004), "The Effects of Product Experience and Branding Strategies on Brand Evaluations," *Working Paper*, UCLA Anderson School of Management, Los Angeles, California.

Keller, Kevin L., Brian Sternthal, and Alice Tybout (2002), "Three Questions You Need to Ask About Your Brand," *Harvard Business Review*, (Sept.), 80–89.

Keller, Kevin L. (2003), *Strategic Brand Management: Building, Measuring, and Managing Brand Equity*, 2nd ed., Upper Saddle River, NJ: Prentice Hall.

Kerin, Roger A. and Raj Sethuraman (1998), "Exploring the Brand

Value-Shareholder Value Nexus for Consumer Goods Companies," *Journal of the Academy of Marketing Science*, 26(4), 260-273.

Kirmani, Amna, Sanjay Sood, and Sheri Bridges (1999), "The Ownership Effect in Consumer Reponses to Brand Line Stretches," *Journal of Marketing*, 63(January), 88-101.

Klink, Richard R. (2000), "Crating Brand Names with Meaning: The Use of Sound Symbolism," *Marketing Letters*, 11(1), 5-20.

Klink, Richard R., and Daniel C. Smith (2001), "Threats to External Validity of Brand Extension Research," *Journal of Marketing Research*, 38(August), 326-335.

Kohli, Chiranjeev and Douglas W. LaBahn (1997), "Creating Effective Brand Names: A Study of the Naming Process," *Journal of Advertising Research*, January/February, 67-75.

Kotler, Philip (2003), *Marketing Management*, Upper Saddle River, N.J.: Prentice-Hall.

Krishnamurthi, Lakshaman and S. P. Raj (1991), "An Empirical Analysis of the Relationship Between Brand Loyalty and Consumer Price Elasticity," *Marketing Science*, 10(Spring), 172-183.

Kumar, Nirmalya (2003), "Killl a Brand, Keep a Customer," *Harvard Business Review*, December, 86-96.

Laczniak, Russell N., Thomas E. DeCarlo, and Sridhar Ramaswami (2001), "Consumers' Responses to Negative Word-of-Mouth Communication: An Attribution Theory Perspective," *Journal of Consumer Psychology*, 11(1), 57-73.

Lal, Rajiv and Chakravarthi Narasimhan (1996), "The Inverse Relationship Between Manufacturer and Retailer Margins: A Theory," *Marketing Science*, 15(2), 132-151.

Lane, Vicki and Robert Jacobson (1995), "Stock Market Reactions to Brand Extension Announcements: The Effects of Brand Attitude and Familiarity," *Journal of Marketing*, 63(Special Issue), 180–197.

Lee, Sungho, S.J. Yoon, S. Kim, and J.W. Kang (2006), "The Integrated Effects of Market-Oriented Culture and Marketing Strategy on Firm Performance," *Journal of Strategic Marketing*, 14(3), 245–261.

Levitt, Theodore. (1983), "The Globalization of Markets," *Harvard Business Review*, May–June, 92–102.

Levy, S. J. (1999), *Brands, Consumers, Symbols, and Research: Sydney J. Levy on Marketing*, Thousand Oaks, Calif.: Sage Publications.

Lindenberg, Eric and Stephen Ross (1981), "Tobin' s Q Ratio and Industrial Organization," *Journal of Business*, 54(January), 1–32.

Loken, Barbara and Deborah Roedder John (1993), "Diluting Brand Beliefs: When Do Brand Extensions Have a Negative Impact?" *Journal of Marketing*, 57(July), 71–84.

Mahajan, Vijay, Vithala Rao, and Rajendra K. Srivastava (1994), "An Approach to Assess the Importance of Brand Equity in Acquisition Decisions," *Journal of Product Innovation Management*, 11(3), 221–235.

Maoz, Eyal and Alice M. Tybout (2002), "The Moderating Role of Involvement and Differentiation in the Evaluation of Brand Extensions," *Journal of Consumer Psychology*, 12(2), 119–131.

MSI Research Priorities Reports (2000 ~ 2008), Cambridge, MA: Marketing Science Institute.

McAlexander, James H., John W. Schouten, and Harold F. Koenig (2002), "Building Brand Community," *Journal of Marketing*, 66(January), 38–54.

Mela, Carl F., Sunil Gupta, and Donald R. Lehmann (1997), "The Long-Term Impact of Promotion and Advertising on Consumer Brand Choice," *Journal of Marketing Research*, 34(2), 248–261.

Meyvis, Tom and Chris Janiszewski (2002), "Consumer Beliefs about Product Benefits: The Effects of Obviously Irrelevant Product

Information," *Journal of Consumer Research*, 28(March), 618–635.

Meyvis, Tom and Chris Janiszewski (2004), "When Are Broad Brands Stronger Brands? An Accessibility Perspective on the Formation of Brand Equity," *Journal of Consumer Research*, 31(September), 346–357.

Milberg, Sandra J., C. Whan Park, and Michael S. McCarthy (1997), "Managing Negative Feedback Effects Associated with Brand Extensions: The Impact of Alternative Branding Strategies," *Journal of Consumer Psychology*, 6(2), 119–140.

Moore, Elizabeth S., William L. Wilkie, and Richard J. Lutz (2002), "Passing the Torch: Intergenerational Influences As a Source of Brand Equity," *Journal of Marketing*, 66(April), 17–37.

Moreau, Page, Donald R. Lehmann, and Arthur P. Markman (2001), "Entrenched Knowledge Structures and Consumer Response to New Products," *Journal of Marketing Research*, 38(February), 14–29.

Morrin, Maureen (1999), "The Impact of Brand Extensions on Parent Brand Memory Structures and Retrieval Processes," *Journal of Marketing Research*, 36(November), 517–525.

Muniz, Albert M. Jr. and Thomas C. O'Guinn (2000), "Brand Community," *Journal of Consumer Research*, 27(March), 412–432.

Naik, Prasad. A. and Kalyan Raman (2003), "Understanding the Impact of Synergy in Multimedia Communications," *Journal of Marketing Research*, 40(November), 375–388.

Narver, John C. and Stanley F. Slater (1990), "The Effect of a Market Orientation on Business Profitability," *Journal of Marketing*, 54(October), 20–35.

Pan, Yigang and Bernd Schmitt (1996), "Language and Brand Attitudes: Impact of Script and Sound Matching in Chinese and English," *Journal of Consumer Psychology*, 5(3), 263–277.

Park, Chan Su and V. Srinivasan (1994), "A Survey–Based Method for

Measuring and Understanding Brand Equity and Its Extendibility," *Journal of Marketing Research*, 31(May), 271–288.

Park, C. Whan, Bernard J. Jaworski, and Deborahh J. MacInnis (1986), "Strategic Brand Concept–Image Management," *Journal of Marketing*, 50(October), 135–145.

Park, C. Whan, Sandra Milberg, and Robert Lawson (1991), "Evaluation of Brand Extensions: The Role of Product Feature Similarity and Brand Concept Consistency," *Journal of Consumer Research*, 18(September), 185–193.

Park, C. Whan, Sung Youl Jun, and Allan D. Shocker (1996), "Composite Branding Alliances: An Investigation of Extension and Feedback Effects," *Journal of Marketing Research*, 33(November), 453–466.

Pauwels, Koen, Dominique M. Hanssens, and S. Siddarth (2002), "The Long–Term Effects of Price Promotions on Category Incidence, Brand Choice, and Purchase Quantity," *Journal of Marketing Research*, 39(November), 420–439.

Putsis, William P. Jr. and Barry L. Bayus (2001), "An Empirical Analysis of Firms' Product Line Decisions," *Journal of Marketing Research*, 38(February), 110–118.

Raj, S. P. (1982), "The Effects of Advertising on High and Low Loyalty Consumer Segments," *Journal of Consumer Research*, 9(June), 77–89.

Rangaswamy, Arvind, Raymond Burke, and Terence A. Oliva (1993), "Brand Equity and the Extendibility of Brand Names," *International Journal of Research in Marketing*, 10(March), 61–75.

Randall, Taylor, Karl Ulrich, and David Reibstein (1998), "Brand Equity and Vertical Product Line Extent," *Marketing Science*, 17(4), 356–379.

Rangaswamy, Arvind, Raymond R. Burke, and Terence A. Oliva (1993),

"Brand Equity and the Extendability of Brand Names," *International Journal of Research in Marketing*, 10(3), 61–75.

Rao, Akshay R. (1997), "Strategic Brand Alliances," *Journal of Brand Management*, 5(2), 111–119.

Rao, Akshay R., Lu Qu, L., and Robert W. Ruekert (1999), "Signaling Unobservable Product Quality Through a Brand Ally," *Journal of Marketing Research*, 36(May), 258–268.

Rao, Vithala R., Manoj K. Agrawal, and Denise Dahljoff (2004), "How Is Manifested Branding Strategy Related to the Intangible Value of a Corporation?" *Journal of Marketing*, 68(Oct.), 126–141.

Reddy, Srinivas K., Susan L. Holak, and Subodh Bhat (1994), "To Extend or Not to Extend: Success Determinants of Line Extensions," *Journal of Marketing Research*, 31(May), 243–262.

Roedder John, Deborah, Barbara Loken, and Christopher Joiner (1998), "The Negative Impact of Extensions: Can Flagship Products Be Diluted?" *Journal of Marketing*, 62(January), 19–32.

Romeo, Jean B. (1991), "The Effect of Negative Information on the Evaluations of Brand Extensions and the Family Brand," *Advances in Consumer Research*, Provo, Utah: Association for Consumer Research.

Saeed, Samiee and Kendall Roth (1992), "The Influence of Global Marketing Standardization on Performance," *Journal of Marketing*, 56(April), 1–17.

Schmitt, Bernd H. (1999), *Experiential Marketing: How to Get Customers to Sense, Feel, Think, Act and Relate to Your Company and Brands*, New York, N.Y.: Free Press.

Schmitt, Bernd H. (2003), *Experience Management: A Revolutionary Approach to Connecting with Your Customers*, New York, N.Y.: John Wiley & Sons.

Schmitt, Bernd H., Yigang Pan, and Nader Tavassoli (1994), "Language and Consumer Memory: The Impact of Linguistic Differences Between Chinese and English," *Journal of Consumer Research*, 21(12), 419–431.

Schmitt, Bernd H. and Alex Simonson (1997), *Marketing Aesthetics: The Strategic Management of Brands, Identity and Image*, New York, N.Y.: Free Press.

Schouten, John W. and James H. McAlexander (1995), "Subcultures of Consumption: An Ethnography of the New Bikers," *Journal of Consumer Research*, 22(June), 43–61.

Sethuraman, Raj (1996), "A Model of How Discounting High-Priced Brands Affects the Sales of Low-Priced Brands," *Journal of Marketing Research*, 33(November), 399–409.

Sheinin, Daniel A. (1998), "Sub-Brand Evaluation and Use Versus Brand Extension," *Journal of Brand Management*, 6(2), 113–122.

Sheinin, Daniel A. and Bernd H. Schmitt (1994), "Extending Brands with New Product Concepts: The Role of Category Attribute Congruity, Brand Affect and Brand Breadth," *Journal of Business Research*, 31(1), 1–10.

Shocker, Allan D., Rajendra K. Srivastava, and Robert W. Ruekert (1994), " Challenges and Opportunities Facing Brand Management: An Introduction to the Special Issue," *Journal of Marketing Research*, 31(5), 149–158.

Shugan, Steven M. (1989), "Branded Variants," 1989 *AMA Summer Educators Proceedings*, eds., Bloom et al., 33–38.

Simon, Carol J. and Mary W. Sullivan (1993), "The Measurement and Determinants of Brand Equity: A Financial Approach," *Marketing Science*, 12(Winter), 28–52.

Simon, Hermann (1979), "Dynamics of Price Elasticity and Brand Life Cycles: An Empirical Study," *Journal of Marketing Research*, 16(November), 439–452.

Simon, Carol J. and Mary W. Sullivan (1993), "The Measurement and Determinants of Brand Equity: A Financial Approach," *Marketing Science*, 12(Winter), 28–52.

Simonin, Bernard L. and Julie A. Ruth (1998), "Is a Company Known by the Company It Keeps? Assessing the Spillover Effects of Brand Alliances on Consumer Brand Attitudes," *Journal of Marketing Research*, 35(2), 30–42.

Sivakumar, K. and S. P. Raj (1997), "Quality Tier Competition: How Price Change Influences Brand Choice and Category Choice," *Journal of Marketing*, 61(July), 71–84.

Smith, Daniel C. (1992), "Brand Extensions and Advertising Efficiency: What Can and Cannot Be Expected," *Journal of Advertising Research*, November/December, 11–20.

Smith, Daniel C. and C. Whan Park (1992), "The Effects of Brand Extensions on Market Share and Advertising Efficiency," *Journal of Marketing Research*, 29(August), 296–313.

Smith, Robert E. and Christine A. Vogt (1995), "The Effects of Integrating Advertising and Negative Word of Mouth Communications on Message Processing and Response," *Journal of Consumer Psychology*, 4(2), 133–152.

Steenkamp, Jan-Benedict, Rajeev Batra, and Dana Alden (2003), "How Perceived Brand Globalness Creates Brand Value," *Journal of International Business Studies*, 34, 53–65.

Srinivasan, V. (1979), "Network Models for Estimating Brand-Specific Effects in Multi-Attribute Marketing Models," *Management Science*, 25(January), 11–21.

Srivastava, Rajendra K., Tasadduq A. Shervani, and Liam Fahey (1998), "Market-Based Assets and Shareholder Value: A Framework for Analysis," *Journal of Marketing*, 62(1), 2–18.

Swait, Joffre, Tulin Erdem, Jordan Louviere, and Chris Dubelaar (1993),

"The Equalization Price: A Measure of Consumer-Perceived Brand Equity," *International Journal of Research in Marketing*, 10(March), 23-45.

Swaminathan, Vanitha, Richard J. Fox, and Srinivas K. Reddy (2001), "The Impact of Brand Extension Introduction on Choice," *Journal of Marketing*, 65(October), 1-15.

Szymanski, David M., Sundar G. Bharadwaj, and P. Rajan Varadarajan (1993), "Standardization Versus Adaptation of International Marketing Strategy: An Empirical Investigation," *Journal of Marketing*, 57(October), 1-17.

Tuominen, Matti, Kristian Müller, and Arto Rajala (1997), "Marketing Capability: A Nexus of Learning-Based Resources and a Preresquisite for Marketing Orientation," in *Marketing: Progress, Prospects, Perspectives*, Arnott et al., eds., Warwick, UK: Warwick Business School, 26th EMAC Conference Proceedings, Volume 3, 1220-1240.

van Osselaer, Stijin M. J., and Joseph W. Alba (2003), "Locus of Equity and Brand Extension," *Journal of Consumer Research*, 29(March), 539-550.

Wänke, Michaela, Herbert Bless, and Norbert Schwarz (1998), "Context Effects in Product Line Extensions: Context Is Not Destiny," *Journal of Consumer Psychology*, 7(4), 299-322.

Wansick, Brian and Koert van Ittersum (2003), "Bottoms Up! Peripheral Cues and Consumption Volume," *Journal of Consumer Research*, 30, 455-463.

Yorkston, Eric A. and Geeta Menon (2004), "A Sound Idea: Phonetic Effects of Brand Names on Consumer Judgments," *Journal of Consumer Research*, 31(June), 43-51.

Yoo, Boonghee, Naveen Donthu, and Sungho Lee (2000), "An Examination of Selected Marketing Mix Elements and Brand

Equity," *Journal of the Academy of Marketing Science*, 28(2), 195–211.

Zaltman, Gerald (2003), *How Customers Think: Essential Insights into the Mind of the Market*, Boston, Mass.: Harvard Business School Press.

Zhang, Shi and Bernd H. Schmitt (2001), "Creating Local Brands in Multilingual International Markets," *Journal of Marketing Research*, 38(August), 313–325.

Zhang, Shi and Sanjay Sood (2002), "Differences Between Children and Adults in Brand Extension Evaluations: The Role of Category Similarity and Rhyming Names," *Journal of Consumer Research*, 29(June), 129–141.

제4장

고객자산관리와 마케팅프로세스

(Customer Equity Management and Marketing Process)

1. 고객자산과 고객관계관리

2. 고객자산관리능력과 마케팅프로세스

3. 요　약

제4장
고객자산관리와 마케팅프로세스

Customer Equity Management and Marketing Process

3장에서 기업의 주요 시장기반자산으로서 브랜드자산에 관하여 살펴 보았다. 브랜드자산의 개념, 브랜드투자와 성과간의 관계모델을 고찰한 후 성공적인 브랜드자산관리를 위한 전략적 마케팅능력인 브랜드자산 관리능력을 개념화 하였으며 그러한 능력이 구현될 수 있는 바람직한 마케팅 프로세스에 대하여 고찰하였다. 〈표 3.1〉과 〈표 3.3〉에서 나타났듯이 브랜드자산뿐만 아니라 최근 고객과의 관계 그리고 고객자산에 대한 학계와 실무계의 관심이 매우 높다. 즉, CRM(Customer Relationship Management)의 등장과 함께 기업의 중요한 시장기반자산으로서 기업이 고객과의 관계(customer relationships)를 잘 관리함으로써 확보할 수 있는 고객자산(customer equity)과 이를 관리하는 것에 대한 학계와 실무계의 관심이 매우 증대되어 오고 있다(예 : Rogers 2005)[1].

본 장에서는 고객자산관리와 마케팅프로세스에 관하여 살펴 보고자 한다. 먼저 고객자산과 고객관계관리(CRM)에 대하여 고찰한다. 그리고 이 분야의 기존 연구들과 2장에서 개념화 된 마케팅능력에 근거하여 고객자산 관리능력을 개념화한 후 이 능력이 구현되는 마케팅 프로세스에 대하여 살펴 보

---

1) Journal of Marketing Research의 1994년 5월호는 브랜드자산 특별호로 발간되었다. 그 후, Journal of Service Research의 2002년 8월호는 고객자산(customer equity or customer assets)의 특별호로, 그리고 Journal of Marketing의 2005년 10월호는 고객관계관리(Customer Relationship Management)의 특별호로 발간되었다. 즉, 지난 10년간 고객자산과 고객관계관리 분야에 대한 마케팅의 많은 연구 관심과 노력을 추론할 수 있다.

겠다. 즉, 전통적인 마케팅 프로세스가 고객자산관리 frame하에서 어떠한 변화를 가져오며 진화되어야 하는지에 대한 규범적 이해를 제공하는 것이 본 장의 목적이다(예 : Boulding et al. 2005; Payne and Frow 2005).

1. 고객자산과 고객관계관리

본 절에서는 고객자산의 정의와 고객자산에 대한 관심 증대 배경 그리고 고객관계관리에 대하여 살펴본 후, 고객에 대한 투자와 성과를 연계시키는 개념적 틀에 관하여 고찰한다.

1.1 고객자산(Customer Equity)

고객자산과 고객관계관리 연구를 주도하여 온 마케팅학자들(예 : Blattberg, Getz, and Thomas 2001; Gupta, Lehmann, and Stuart 2004; Gupta and Lehmann 2005; Kumar and Reinartz 2006; Rust, Zeithaml, and Lemon 2000; Rust, Lemon, and Zeithaml 2004)에 따르면 기업의 고객자산(customer equity)은 그 기업 고객들의 생애가치를 현재가치화 한 총합(the total of the discounted customer lifetime values)으로 정의할 수 있다. 고객자산을 측정하기 위해서는 고객이 한 기업과의 관계를 유지하는 총 기간인 유지기간(relationship length or duration) 또는 고객수명주기(customer life cycle) 동안 그 기업의 제품이나 서비스를 구입함으로써 가져다 주는 수익을 예측하여야 한다. 이에 따라 전체고객 수준에서는 고객자산이라는 용어가, 개별고객 수준에서는 고객생애가치(customer lifetime value)라는 용어가 사용되고 있다(예 : Blattberg et al. 2001; Jain and Singh 2002; Rust et al. 2000).

고객으로부터의 수익(customer profits)은 [고객으로부터의 수입

(revenue) – 고객에게 발생한 비용(cost)]을 의미한다. 이는 기업의 비용을 고객별로 배부하는 것을 의미하는데 이는 기업과 산업의 상황에 따라서 그 배부나 할당의 상세함에 많은 차이가 있을 수 있다(Niraj, Gupta, and Narasimhan 2001). 이러한 수익 이슈가 정리됨을 전제로 할 때 고객생애가치란 [(현재까지의 이익) + (예측되는 이익)]을 현재가치화 한 수익을 의미한다. 예를 들어, A고객은 금년에 250,000원의 수익을 공헌하고, B 고객은 120,000원의 수익을 공헌한다면 기업 입장에선 당연히 A가 중요한 고객일 것이다. 그러나 A는 언제 다시 우리에게 구매를 할 지 모르는 반면, B는 적어도 5년간 일년에 120,000원 정도의 수익을 계속 가져다 줄 것으로 보인다면 고객의 중요성은 역전될 것이다(이성호 2002). 이렇듯 고객생애가치는 기업과 고객간의 관계를 이해하고 평가할 수 있는 체계적인 도구가 될 수 있다. 즉, 산출된 고객생애가치에 따라 장기적으로 추구하여야 할 핵심고객군을 발견할 수 있으며, 고객군의 공헌가치에 따라 마케팅 자원배분에 관한 효과적이며 효율적인 의사결정을 내릴 수 있다. 구체적인 고객생애가치 측정에 관한 이슈들에 대해서는 Gupta등 (Gupta and Zeithaml 2005; Jain and Singh 2002; Kamakura et al. 2005; Libai, Narayandas, and Humby 2002; 이성호 2002)의 문헌고찰 또는 방법론 관련 연구들을 참조하기 바란다.

그러면 고객자산개념의 기반이라 할 수 있는 고객중심의 경영철학(customer-centric management philosophy)에 관하여 살펴 보기로 한다. 기업의 수익은 제품과 브랜드로부터 나오는 것인가 아니면 그 제품을 구매하는 고객으로부터 나오는 것인가라는 질문에 대한 답을 생각하면 고객자산개념이 지향하는 고객중심의 경영철학을 이해할 수 있을 것이다(Rust et al. 2000).

즉, 고객중심의 철학은 단순히 고객을 중요하게 여겨 사업의 성과를 획득하는 것을 넘어 비즈니스에 대한 'outside-in' 관점을 시사하고 있다. 'Outside-in' 관점이란 기업이 사업을 운영함에 있어 제품이나 서비스

보다 고객에 기반을 두고 그 기업의 고객이 원하는 제품이나 서비스라면 무엇이든 제공한다는 관점을 의미하며, 많은 사람들은 고객중심경영을 새로운 기업경영 패러다임이라고 주장하기도 한다(예 : Blattberg et al. 2001; Kalakota and Robinson 2000; Rust et al. 2000; Sheth 2005; Sheth, Sisodia, and Sharma 2000). 즉, 제품이나 브랜드 중심의 마케팅 철학은 제품 및 브랜드 라이프사이클, 제품 및 브랜드 포트폴리오, 제품의 마진 및 비용 등에 대한 관리를 중요시 여기며 제품과 브랜드를 자산의 기반으로 인식하는 반면, 고객 중심의 마케팅 철학은 고객 라이프사이클, 고객의 획득(acquisition), 유지(retention) 및 개발(development), 고객 포트폴리오(customer portfolios)에 대한 관리를 중요시하며 유지되는 고객을 자산의 기반으로 인식한다(Blattberg, Getz, and Thomas 2001; Gupta, Lehmann, and Stuart 2004; Gupta and Lehmann 2005; Johnson and Selnes 2004; Kumar and Reinartz 2006; Rust, Zeithaml, and Lemon 2000; Rust, Lemon, and Zeithaml 2004).

고객자산에 대한 관심 증대 배경(The Drivers of Attention to Customer Equity)

일찍이 경제학자들은 회사는 이익을 극대화 하고 소비자는 효용을 극대화 하는 가치극대화(value maximization)의 개념을 소개하였다. 고객자산이나 CRM분야 등을 연구하는 마케팅학자들의 일부가 회사와 고객 가치의 동시 창조(dual creation of firm and customer value)가 중요함을 제시하고 있지만(Payne and Fow 2005; Rogers 2005; Vargo and Lusch 2004), 많은 마케팅 학자들은 아직도 각기 회사의 성과와 고객 가치를 강조하고 있다.

고객자산이나 CRM의 등장과 이에 대한 관심이 증대되는 현상에 대하여 어떤 사람들은 정보기술의 발전이 가져 온 새로운 마케팅 · 경영패러다임의 등장이라고 평가하는 반면, 다른 사람들은 이미 수십 년 전 경제학자들이 제시하고 마케팅학자들이 확장시킨 가치극대화 개념이 실행되고 있는 것뿐이며 이 분야에 대한 관심을 일시적 유행(fad)으로 폄하하기도 한다. 이에 대하여 Boulding 등(2005)은 CRM 분야의 발전을 관찰한 결과, 이 분야는 일시적 유행(fad)도, 패러다임의 변화도 아니며, 마케팅 개념 및 아이디어들과 비용 대비 효과적으로 새로운 기능의 구현을 가능케 한 정보기술들 간의 지속적인 통합과 진화로 결론짓고 있다.

고객자산이나 고객관계관리 분야의 관심과 발전을 뒷받침 하는 마케팅의 기존 개념들을 간략히 살펴보면, 제일 먼저 Levitt (1960)이 주장한 마케팅 개념을 들 수 있다. Levitt (1960)은 회사가 제품을 파는 데에 초점을 두는 것은 근시적인 생각이며, 지속적으로 존속하기 위해선 소비자의 욕구와 필요를 충족시키는 데(fulfilling needs)에 초점을 맞추어야 함을 강조하였다. 예를 들어 드릴 제조업체는 드릴을 만들어 판매하는 비즈니스가 아니라 소비자에게 구멍이라는 효익(benefit)을 제공하는 비즈니스에 있는 것이며, 철도회사는 소비자에게 교통수단을 제공하는 비즈니스에 있는 것이다. 즉, Levitt (1960)의 마케팅 개념은 고객이 원하는 가치를 제공함으로써 기업은 자신이 원하는 가치를 수확하는 가치 창조와 수확의 원칙을 제시한 것이다. 나아가 Levitt (1969)은 증분된 제품개념(augmented product concept)을 제시하며 고객의 총체적 경험이 핵심제품(core product)보다 중요함을 강조하였다. 고객자산이나 고객관계관리의 성과를 획득하기 위해선 고객이 경험하는 총체적 가치가 중요하다.

가치의 동시 창조 원칙은 Bagozzi (1974)의 교환 개념에 의하여 다시 한 번 발전된다. 소비자와 기업 모두 자신이 가치를 얻는다고 지각할 때 교환이 일어나는 가치의 교환을 강조하였다. 그 후, 서비스 상황에서 Berry (1983)는 기업과 고객 간의 관계를 강조하면서 고객을 획득하고 유지하면서 고객과의 관계를 증진하는 것이 기업에게 매우 중요함을 제시하였다. 이러한 주장들은 관계마케팅의 개념적 틀로 진화되었으며(예 : Arndt 1979; MacNeil 1978; Morgan and Hunt 1994), 이러한 틀은 산업재

구매자와 판매자의 관계(예 : Dwyer, Schurr, and Oh 1987), 유통 채널에서의 관계(예 : Gaski 1984) 등 다양한 상황에서의 연구들로 진화 · 발전되었다(Palmatier, Dant, and Grewal 2007; 이성호 2002 참조). 이러한 연구흐름들의 결과는 고객의 재구매에 대한 事前 경험의 영향, 고객의 중요성에 따른 차별적 대우, 장기적 관계가치의 중요성 등 고객자산과 고객관계관리 분야에서 중요하게 다뤄지는 기본 개념들을 제공하였다.

또한 2장에서 고찰하였던 시장지향성, 시장기반학습, 그리고 마케팅능력에 관한 연구들은 고객의 필요와 욕구를 이해하는 기업의 역량, 그리고 이를 이용하여 고객과의 관계를 관리하는 기업의 능력이 중요함을 시사하고 있다. 이러한 연구흐름들과 함께 제품이나 브랜드관리에서 고객관리(Sheth 2005), 제품 포트폴리오에서 고객 포트폴리오(Johnson and Selnes 2004)로 연구 관심과 노력의 진화가 이루어져 왔으며, Keller(2003)도 브랜드관리 분야에서 고객이 브랜드를 어떻게 지각하고 있고 브랜드와 어떠한 관계를 형성하고 있는지를 파악하는 것이 중요함을 강조하면서 CBBE를 제시하였다(〈그림 3.2〉 참조).

이렇게 마케팅의 개념들이 진화되어 오는 동안 1980년대 IT의 발전은 계산력(computing power)의 엄청난 증진을 가져왔고 대용량 데이터의 저장, 보존, 운용을 가능하게 함으로써 수많은 고객관련 데이터, 특히 거래이력 데이터의 보존과 분석을 가능하게 만들었다(Blattberg and Deighton 1991). 이러한 발전을 지켜 보면서 미래에 대한 혜안을 가진 비즈니스 컨설턴트들인 Peppers와 Rogers (1993)는 일대일 마케팅의 개념을, Pine (1993)은 대량맞춤화(mass customization)의 개념을 소개하였다. 이러한 개념의 등장은 기술과 솔루션의 발전과 함께 고객분석에 있어 전체 고객의 개별 상황을 고려할 수 있게 하였으며, CTI (computer telephony interface) 기능을 확보한 콜 센터의 등장, 인터넷의 발전, CRM 솔루션의 등장은 고객에 대한 개별적 접근(addressability)을 가능하게 만들었다. 다음에서 이러한 기술과 솔루션 접근으로 시작한 고객관계관리의 정의는 무엇인지, 그리고 이 분야가 어떻게 진화되어 왔는지에 관하여 살펴보겠다.

1.2 고객관계관리(Customer Relationship Management)

미국 IT 벤더 및 실무계에서 "고객관계관리(customer relationship management)"라는 용어가 등장한 것은 1990년대 중반이다(Kumar and Reinartz 2006). 이 용어는 영업자동화시스템(SFA) 같은 기술 기반의 고객관리 솔루션을 의미하는 것으로 사용되었다. 학계에서는 고객관계관리와 관계마케팅이라는 용어가 흔히 동일한 개념을 의미하는 것으로 표현되며 사용되었다(Parvatiyar and Sheth 2001). 그러나 CRM은 기술 솔루션 상황에서 더 흔하게 사용되어 왔음에 따라 "정보 기반의 관계마케팅(information-enabled relationship marketing)"으로 표현되어 왔다(Ryals and Payne 2001, p.3).

그러나 CRM과 관련된 의사결정을 하여야 하는 외국이나 한국 기업의 입장에서 어려운 점들 중 하나는 CRM의 정의와 범위에 관한 부분이라 할 수 있다(Payne and Frow 2005; 박찬욱 2005). 그 동안 많은 실행과 연구들을 통해 얻은 통합적 지식과 경험들은 CRM 정의와 관련하여 서로 다른 수준(continuum)을 제시하고 있다(Kumar and Reinartz 2006; Payne and Frow 2005; Zablah, Beuenger, and Johnston 2003).

기능적 · 기술적 수준에서의 CRM 정의(The Functional Definition of CRM)

첫 번째 CRM 정의의 수준은 기능적 · 기술적 수준이다. 이 수준에서의 CRM은 특정한 단위별 기술 솔루션 프로젝트의 실행을 의미한다("CRM is the implementation of a specific technology solution project": Payne and Frow 2005, p.168). Payne과 Frow (2005)에 따르면 이 수

준에 해당하는 CRM 정의의 예는 다음과 같다 :

> "CRM is an e-commerce application (Khanna 2001)."
> "CRM is data-driven marketing (Kutner and Cripps 1997)."

CRM의 기술적 측면은 일반적으로 기업의 성과를 증대시키기 위해 직접적인 고객지원 및 서비스, 콜센터, 영업과 같은 기능적 분야에서 많은 투자가 되어 왔다(Brown 1999; Butler 2000; Fluss 2000; Johnson 1999; Sawy and Bowles 1997). 고객 지원 및 서비스 시스템(customer support and service: CSS)은 많은 기업 및 조직에서 중요한 기본 사업 과정들 중 하나가 되어 왔다. 잘 통합된 고객 데이터베이스를 기반으로 고객과의 장기적인 관계를 관리하고 증대시키는 중요한 도구의 하나로 인식되면서 CSS는 제품이 최종고객에게 전달되고 요금을 청구하는 과정을 모두 총괄하고 있다. 이 과정은 제품 및 제품번들 설명과 전달, 청구, 설치, 수리 및 교체 등 모든 구매 및 종료 과정을 포괄하고 있다(Sawy and Bowles 1997). 제조업체나 서비스업체 모두 경쟁에서의 차별적 요소를 만들기 위해 제품을 중심으로 CSS를 설치하고 운영하여 오고 있다(Brown 1999; Lord 2000; Sawy and Bowles 1997)[2). 또한 이러한 CSS 시스템은 콜센터 시스템과 연계되어 운영되고 있다(Kumar and Reinartz 2006).

또 다른 CRM의 주요 기술적 시스템은 영업사원 자동화 시스템(sales force automation: SFA)이다. SFA는 조직의 영업 팀이 수익성이 높은 고객들을 획득하고 유지하는 것을 돕는 소프트웨어 패키지를 의미한다. SFA 시스템은 판매사이클을 단축하고, 고객과의 대인접촉 수를 높여주며

2) 미국 전략계획연구소(The Strategic Planning Institute)의 조사에 의하면 기업은 보다 나은 서비스를 통해 시장점유율, 투자수익률 및 영업성과율 등에서 두 배 이상의 성과를 올리고 있다고 한다(Mitchell 1998).

영업과정을 가이드 해 주기 위해 디자인 되었다. SFA 시스템은 영업관리를 위한 효율적인 판매 예측을 지원하고, 영업사원들의 판매 계획과 실행을 도와 주는 역할을 한다. 또한 SFA는 전체 영업과정을 지원하며, 조직 내외적으로 고객 및 기업의 가치를 증진시켜주는 역할을 하고 있다(Day 2000a; Seligman, 2000).

고객대면활동의 통합적 수준에서의 CRM 정의(The Integrated Customer-Facing Front-End Activity Definition of CRM)

두 번째 CRM 정의의 수준은 고객대면 활동의 통합적 수준이다. 이 수준에서의 CRM은 고객대면 활동을 통합적으로 만들기 위한 고객지향적 기술 솔루션 프로젝트의 실행을 의미한다("CRM is the implementation of an integrated series of customer-oriented technology solutions" : Payne and Frow 2005, p.168). Payne과 Frow (2005)에 따르면 이 수준에 해당하는 CRM 정의의 예는 다음과 같다 :

> "CRM is a term for methodologies, technologies, and e-commerce capabilities used by companies to manage customer relationships (Stone and Woodcock 2001)."

이 수준에서의 CRM은 전체적인 고객경험의 증진을 위한 비즈니스 능력에 주안점을 두고, 접촉 채널에 상관없이 고객에 대한 'single view[3)]'를 확보하고, 고객정보와 지식을 고객 관련 諸 기능 부서(마케팅, 서비스, 영업)에 전달할 수 있는 기술적 측면에 초점을 맞춘다(Kumar and Reinartz 2006).

---

3) Single view란 접촉채널에 상관없이 고객관련 데이터가 정보계 통합데이터베이스에 통합되어 관리 · 운영되는 것을 의미함.

전략적 수준에서의 CRM 정의(The Strategic and Holistic Definition of CRM)

마지막 CRM 정의의 수준은 기업의 전략적 수준이다. 이 수준에서의 CRM은 기업의 가치 창출을 위하여 고객과의 관계를 관리하는 기업의 통합적 접근방법을 의미한다("CRM is a holistic approach to managing customer relationships to create shareholder value" : Payne and Frow 2005, p.168). Payne과 Frow (2005)에 따르면 이 수준에 해당하는 CRM 정의의 예는 다음과 같다 :

> "CRM is about the development and maintenance of long-term, mutually beneficial relationships with strategically significant customers (Buttle 2001)."
>
> "CRM attempts to provide a strategic bridge between information technology and marketing strategies aimed at building long-term relationships and profitability. This requires 'information-intensive strategies' (Glazer 1997)."
>
> "CRM is an enterprise-wide initiative that belongs in all areas of an organization (Singh and Agrawal 2003)."
>
> "CRM is an enterprise approach to understanding and influencing customer behavior through meaningful communication to improve customer acquisition, customer retention, customer loyalty, and customer profitability (Swift 2000)."

이 수준에서 흔히 등장하는 시스템은 전사적 마케팅자동화(enterprise marketing automation: EMA)시스템이다. EMA는 SFA가 영업사원에게 제공하는 것과 같은 방법으로 마케팅부서 및 마케팅 활동을 자동화하고 지원해주는 시스템이다(Stevens 1999). 인터넷과 정보기술의 폭발적인 발전은 기업으로 하여금 고객 맞춤형 마케팅 계획 및 프로그램의 실행을 가능하게 만들었다. 이로 인해 기업은 웹사이트에서의 개인 고객뿐만 아니라 영업팀, 마케팅 부서, 그리고 고객지원 및 서비스 부서를 위한 자동화된 마케팅 프로그램들을 통합적으로 개발하여 제공하고 있다. CRM 시스템의 목적은 제품중심의 대중마케팅 모형으로부터 전환하여 개개인의 고객이 특별함을 느낄 수 있는 맞춤형 마케팅 프로그램을 제공하는 것이다(Fusaro 1999; Peppers, Rogers, and Dorf 1999).

각 고객을 개인 차원에서 관리하기 위해 전사적 마케팅 기능은 장기적 관점에서 고객과의 접촉(interaction)과 거래(transactions) 두 차원에서 고객활동을 추적하고, 측정하고 분석해 나갈 필요성이 있다(Fusaro 1999). 이 과정에서 정보를 지식으로 전환시키는 것을 통해 정의된 각 세분시장의 소비자들을 위한 개인화된 마케팅 프로그램을 기획할 수가 있는 것이다. EMA를 통한 고객 지식은 신제품 및 서비스를 개발하고, 고객을 획득하고, 유지하고 개발하기 위한 여러 판촉 프로그램을 개발하는데 기여할 수 있다(Brown 1999; Colgate & Danaher 2000; Day 2000a; Fusaro 1999; Puschmann and Rainer 2001; Sodano 2000).

이러한 기존의 연구들과 기업들과의 인터뷰를 통하여 Payne과 Frow (2005)는 기업가치에 대한 공헌을 강조하며 전략적 수준의 CRM에 대한 정의를 아래와 같이 제시하고 있다 :

> "CRM은 주요 고객과 고객군과 적절한 관계를 개발함으로써 기업의 주주가치를 창출하기 위한 전략적인 접근방법이다(CRM is a strategic approach that is concerned with creating improved shareholder value through the development of appropriate relationships with key customers and customer segments).
>
> CRM은 고객과 다른 주요 이해관계자들과의 장기적 수익 관계를 창출하기 위하여 관계마케팅 전략과 IT를 발전적으로 통합하는 것이다(CRM unites the potential of relationship marketing strategies and IT to

create profitable, long-term relationships with customers and other key stakeholders).

CRM은 데이터와 정보를 사용할 수 있는 증진된 기회를 제공함으로써 고객을 이해하고 동시에 그들과 함께 가치를 창출하고자 한다. 이를 위해선 비즈니스 프로세스, 인적 자원, 구체적 운영활동, 마케팅 역량의 범기능적 통합이 필수적이며 이러한 통합은 정보, 기술, 시스템에 의하여 구현된다(CRM provides enhanced opportunities to use data and information to both understand customers and co-create value with them. This requires a cross-functional integration of processes, people, operations, and marketing capabilities that is enabled through information, technology, and applications (p.168)."

즉, 전략적 수준에서의 CRM은 기술과 시스템 측면을 넘어서서 고객중심 경영을 실행하는 비즈니스 프로세스와 주주가치의 중요성을 강조하고 있는 것이다(Kumar and Reinartz 2006).

CRM에는 물론 많은 기술적 · 시스템적인 부분이 포함되어 있다. 하지만 CRM을 단지 이러한 기술적 시각으로 고려하고 접근하는 것이 CRM의 결정적인 실패요인이라는 점이 여러 증거에 의하여 확인되고 있다(Kale 2004; Kumar and Reinartz 2006; Reinartz, Krafft, and Hoyer 2004; 박찬욱 2005). 미국의 경우 CRM이 1990년대 초반부터 2000대 중반까지 기술적 수준, 고객대면활동의 통합 수준, 그리고 전략적 수준으로 순차적으로 진화하여 왔다(Kumar and Reinartz 2006; 〈그림 4.1〉 참조).

한국의 경우에는 CRM이 1990년대 중반 개념의 도입기, 90년대 말부터 2002년까지 금융 및 통신산업을 중심으로 한 성장기를 거쳐 그 이후 침체된 것으로 분석되고 있다(박찬욱 2005, p.52). 즉, CRM의 진화에 있어 미국의 경우 부분적인 시스템을 관련 현업이 사용하고 그 결과와 경험이 반

그림 4.1 미국 CRM시스템의 진화

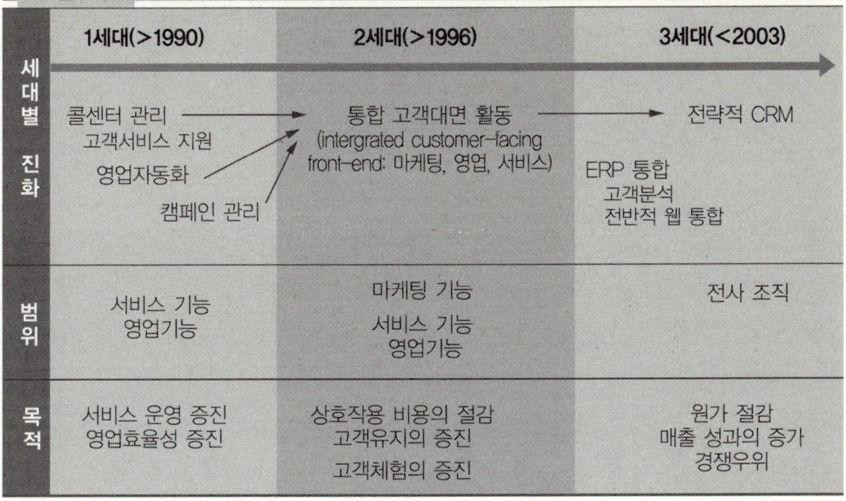

자료원 : Kumar, V. and Werner J. Reinartz (2006), *Customer Relationship Management: A Databased Approach*, Wiley, p.20의 그림 2-1.

영되어 다음 차원의 시스템 구축과 활용으로 발전해 온 반면, 한국의 경우 금융 및 통신 산업을 중심으로 기업의 이해 · 흡수 역량[4](absorptive capacity: Cohen and Levinthal 1990; Johnson, Sohi, and Grewal 2004)이 높지 않은 상황에서 많은 기능을 가지고 있는 CRM 시스템 패키지가 한꺼번에 구축되었다고 평가할 수 있다. 특히 같은 산업에서 한 기업이 이러한 패키지 시스템을 구축하면 경쟁관계에 있는 기업들도 적절한 준비 없이 비슷한 시스템을 구축하게 되는 경쟁의 속성이 CRM 시스템 패키지의 구축을 너무 서두르게 만들었다고 평가할 수 있다. 그러나 현업의 경험과 지식이 축적되면서 활용 측면이 먼저 구체화된 후 시스템이 수정 또는 새롭게 구현되어 가는 실무계의 전환은 한국기업의 향후 CRM 사용 전망을 다시 밝게 해 주는 것으로 볼 수 있다(박찬욱 2005).

---

4) 기업의 이해 · 흡수 역량이란 새로운 정보의 가치를 인식하고, 사업의 성과를 위하여 기업의 역량에 맞게 그 정보를 동화(assimilate)시키고 활용하는 능력을 의미함.

지금까지 CRM시스템의 진화와 함께 CRM의 정의를 세 수준에서 살펴보았다. 명확한 정의가 중요한 이유는 기업이 CRM의 정의를 어떻게 받아들이냐에 따라 기업의 CRM 도입, 추진과 실행 활동들이 많이 달라질 수 있기 때문이다(Payne and Frow 2005). 적어도 CRM과 관련하여 더 오랜 역사와 경험을 가진 미국의 경우를 살펴보았을 때 CRM의 수준별 정의가 수렴하고 있음을 알 수 있다. 구체적이고 세부적인 용어들에는 차이가 있겠지만, 적어도 CRM은 기업의 전략, 가치의 동시 창출(the dual creation of value) 관리, 데이터와 기술의 현명한 사용, 고객지식의 획득과 적절한 이해관계자와 이러한 지식을 공유하고 확산하는 일, 특정 고객(군)과의 적절한 장기적 관계 형성, 고객에 대한 가치를 창조하기 위한 기업 내 諸 프로세스의 통합 또는 기업 네트워크 간 프로세스의 통합과 관련되어 정의되고 추진되어야 할 것이다(Boulding et al. 2005). 즉, 규범적으로 바람직한 CRM의 정의는 전략적 수준의 정의이며, 기업은 이러한 전략적 CRM을 어떠한 단계로 추진할 수 있는지에 대하여 많은 관심과 노력을 기울여야 할 것이다.

이러한 CRM의 진화와 정의를 감안할 때 기업의 입장에서 중요한 점은 CRM을 활용하여 고객에게 전개하는 마케팅활동이 기업성과에 어떠한 영향을 미치는 가 하는 점이다. 이에 따라 고객투자와 성과 연계 모델에 관한 기존연구들의 흐름을 고찰한다.

1.3 고객투자와 성과연계모델(The Frame of Customer Investment and Business Performance)

CRM의 등장과 함께 고객자산 관련 측정치 개발 등 다양한 실증적 연구들이 진행되어 왔다(Gupta and Zeithaml 2005; Jain and Singh 2002; Kamakura et al. 2005; 이성호 2002 참조). 또한 보다 시스템적 · 통합적 관점에서 마케팅활동-고객자산기반-고객자산 연계에 관한 개념적 frame

들 (the frame of relating marketing activities through customer equity bases to customer equity)이 제시되어 왔다. 이러한 frame들은 기업 마케팅능력을 증진시킬 수 있는 시사점을 제공하고 있다. 여기에서 고찰하는 마케팅활동-고객자산기반-고객자산 연계에 관한 개념적 frame의 구조는 2장의 시장기반자산, 시장성과, 재무성과간의 관계 frame(〈그림 2.2〉 참조) 그리고 3장의 브랜드 가치사슬(〈그림 3.1〉 참조)모형과 비슷하다 할 수 있다.

나아가 고객에 대한 마케팅활동과 성과의 관계에 관한 frame들은 크게 두 가지로 분류할 수 있다. 첫 번째 모델들은 CRM 시스템 투자에 의해 상세한 개별고객 수준의 데이터가 확보 가능한 상황을 전제로 하여 제시된 frame들이며, 다른 모델들은 상세한 개별고객 데이터를 확보할 수 없어도 고객자산관리를 위한 마케팅을 전개할 수 있는 접근 방법이다.

CRM에 의한 데이터베이스기반 접근 frame (The Frames of a Databased Approach to CRM)

CRM 데이터베이스 접근방법을 전제로 하여 마케팅활동과 성과의 관계를 제시한 대표적인 개념들로는 Blattberg 등(2001)과 Kumar와 Reinartz (2006), 그리고 서비스 상황에서의 Bolton 등(2004)의 frame을 들 수 있다.

먼저 마케팅활동과 고객자산의 관계에 대한 Blattberg 등(2001)의 frame에 따르면 고객자산은 획득한 고객으로부터의 자산(acquisition equity), 유지되는 고객으로부터의 자산(retention equity), 그리고 유지고객의 추가 구매로부터 얻을 수 있는 추가판매 자산(add-on sales equity)으로 구성되어 있다. 즉, CRM의 실행 프로세스인 고객획득(customer acquisition or relationship initation), 고객유지와 개발(customer retention and development ; or relationship maintenance)과 잘 부합하는 개념이다(Gupta and Lehmann 2005;

Reinartz, Krafft, and Hoyer 2004). 그리고 이들은 다음과 같은 마케팅 활동 동인들을 제시하였다 :

(1) 광고 프로그램(인지 증진 ; 포지셔닝의 명확화 또는 기대의 증진)

(2) 구전 마케팅 캠페인 프로그램

(3) 세분화와 표적화

(4) 가격 프로그램

(5) 프로모션 프로그램

(6) 제품 프로그램(제품의 품질과 유형)

(7) 유통채널

(8) 영업 프로그램

(9) 데이터베이스 마케팅 프로그램

즉, 이들은 이러한 마케팅활동 동인들이 획득 자산, 유지 자산, 그리고 추가판매 자산에 어떠한 영향을 미치는지를 잘 파악하여야 함을 제시하였으며, 마케팅활동을 획득, 유지, 추가판매 마케팅으로 구분하여 그 효과를 최적화 하여야 함을 강조하고 있다(Reinartz, Thomas, and Kumar 2005; Thomas 2001 참조). 그러나 마케팅활동 동인들이 구체적으로 어떻게 고객자산 구성개념들과 연결되는지에 대한 개념화 제시는 미약했다.

Kumar와 Reinartz (2006)는 실증연구 결과들에 근거하여 고객자산 관련 측정치의 다양한 모습을 제시하였다. 즉, 측정치의 정확한 개념 설정과 상세한 파악이 중요함을 강조하며 구체적인 방법론을 제시하고 있다. 나아가 이들은 고객자산에 대한 중요한 마케팅활동 동인들을 다음과 같이 제시하였다 :

(1) 고객획득을 위한 고객선택전략(Cao and Gruca 2005; Venkatesan and Kumar 2004; Villanueva, Yoo, and Hanssens 2006)

(2) 데이터베이스의 활용

(3) 충성도 프로그램의 디자인과 실행

(4) 데이터 마이닝 능력

(5) 캠페인 관리 프로세스와 실행 능력

또한 서비스 상황에서 Bolton 등(2004)은 마케팅활동-고객자산기반-고객자산의 관계를 연계한 개념적 모델인 CUSMAS (customer asset management of services)를 제시하며 다음과 같은 서비스마케팅활동 동인들을 제시하였다 :

(1) 가격

(2) 서비스 품질 프로그램

(3) 직접마케팅 프로모션(예 : direct mails)

(4) 관계마케팅 프로그램(경제적 보상 프로그램 ; 사회적 프로그램)

(5) 광고 및 커뮤니케이션 프로그램

(6) 유통채널

이들은 이러한 마케팅활동 동인들이 고객자산기반이라 할 수 있는 관계에 대한 지각(가격지각 ; 만족 ; 몰입)을 거쳐 관계행동(관계의 기간 ; 관계의 깊이/고객 유지 ; 관계의 폭/고객 개발)과 고객자산에 어떻게 영향을 미치는 지에 대해 기존의 연구결과와 논리를 바탕으로 매우 상세한 주장들을 제시하고 있다. 또한 이러한 frame은 실증적인 연구에 의하여 그 주장들의 일부가 확인되고 있다. 예를 들어 Verhoef (2003)는 관계마케팅 프로그램(사회적 · 감정적 프로그램과 경제적 보상의 충성도 프로그램)은 고객유지와 고객점유율 증대에 영향을 미친 반면, 직접마케팅 프로모션은 고객점유율 증대에 영향을 미치는 것을 발견하였다.

지금까지 살펴 본 데이터베이스 접근방법을 전제로 한 주요 frame들은 CRM 시스템에 의하여 획득 가능한 개별 또는 세분군 고객 수준에서의 데이터를 활용하여 마케팅전략과 프로그램의 방향을 설정하고 실행할 때 도움을 줄 수 있다. 그럼에도 불구하고 이러한 결과와 주장들이 시스템적인 통합 모델을 제시하기 어려운 이유는 고객자산기반과 고객자산 · CRM 성과에 대한 측정치가 매우 다양하고, 또한 기업들의 상황 또한 다양하기 때문이라 할 수 있다(Boulding et al. 2005). 예를 들어 2005년 10월

Journal of Marketing의 CRM 특별호에 게재된 논문들을 포함하여 기존 CRM관련 연구들은 그 연구 상황들이 다 달랐으며, 이에 따라 CRM 성과 또는 고객자산 구성개념에 대한 측정치에도 많은 차이가 있었다(Cao and Gruca 2005; Gustafsson, Johnson, and Roos 2005; Jayachandran et al. 2005; Lewis 2005; Mithas, Krishnan, and Fornell 2005; Ryals 2005; Srinivasan and Moorman 2005; Thomas and Sullivan 2005; Verhoef 2003).

이러한 다양성들은 고객자산 관련 연구들이 발전되어 오는 과정의 관점에서 바라보면 자연스러운 것으로 평가할 수 있다. 이에 따라 Boulding 등(2005)도 현재 시점에서 많은 연구와 기업들이 CRM 마케팅활동의 효과성에 대하여 부분적 해결방법(local solution)을 개발해 온 것으로 평가하고 있다 : "기업은 회사의 성과를 증진시키는 것으로 증명된 기업 나름대로의(저자 추가) CRM 활동을 개발하여 왔다(Companies have developed proven CRM practices that enhance firm performance, p.157)."

MSI의 연구우선순위 리포트(2000~2008)의 고객자산관련 연구이슈들을 보아도 연구의 구체적인 주제들은 매우 다양함을 알 수 있다(〈표 4.1〉 참조). 특히 마케팅활동이 고객자산기반 또는 고객자산과 관련된 시장성과에 어떠한 영향을 미치는지 또한 이러한 고객자산 관련 시장성과가 기업 재무성과에 어떠한 영향을 미치는지에 관한 연구주제들이 중요하게 여겨져 왔으며, 앞으로도 중요시 될 것으로 보인다(Boulding et al. 2005; Srivastava et al. 1998).

표 4.1 고객투자-성과 관련 우선순위 연구 이슈들

Research Topics	마케팅활동-시장자산기반-시장성과-재무성과모델 이슈*	Years and tiers
Making customers feel valued; customer experiences	1단계	02-04(1st)
Assessing value to customers of firms' actions	1단계	02-04(1st)
Managing customer relationships/customization	1 · 2 단계	02-04(1st)
Managing loyalty to brand, channel, and employees	1 · 2 단계	02-04(1st)
Customer retention; customer acquisition	1 · 2 단계	02-04(1st)
Segmenting by type of relationship desired by both customer and firm Segmenting and managing by type of relationship desired by customer/firm	1 · 2 단계	02-04(1st) 04-06(1st)
Customer expansion (cross-selling) Customer loyalty across multiple products or services	1 · 2 단계	02-04(1st) 06-08(1st)
Managing customer experiences across channels and organizations In-store marketing Managing customer experiences; in-store marketing; "retailtainment"	1 · 2 단계	02-04(1st) 02-04(3rd) 04-06(2nd)
Assessing impact of CRM CRM Implementation Implementing and assessing the impact of CRM	1 · 2 단계	02-04(1st) 02-04(1st) 04-06(1st)
Role of the product itself (quality)	1 · 2 단계	02-04(1st)
Service quality and return on service	1 · 2 단계	02-04(1st)
Balancing privacy and targeting Privacy issues Privacy & privacy issues: balancing customers' desire for privacy with their desire for customization	1 · 2 단계	02-04(1st) 02-04(1st) 04-06(3rd)
Self-service by customers	1 · 2 단계	02-04(1st)

표 4.1 (계 속)

Research Topics	마케팅활동–시장자산기반–시장성과–재무성과모델 이슈*	Years and tiers
Customer portfolio management: balancing acquisition and retention	1 · 2 단계	04–06(1st)
Managing and maintaining customers through multiple channels	1 · 2 단계	04–06(1st)
How to deal with solution sellers as intermediaries	1 · 2 단계	04–06(2nd)
Role of marketing in identifying and delivering solutions through the supply chain	1 · 2 단계	04–06(2nd)
Selling through your customers	1 · 2 단계	04–06(2nd)
Dealing with a dominant customer (retailer, distributor, channel, etc.)	1 · 2 단계	04–06(2nd)
Combining behavioral and attitudinal data to predict loyalty	2 단계	06–08(1st)
True loyalty versus marketing–induced loyalty	2 단계 3 단계	06–08(1st)
Measuring the lifetime value of a customer Measuring and predicting the lifetime value of a customer	3 단계	02–04(1st) 04–06(1st)
Customer loyalty measurement and valuation Valuing intangible marketing assets (brand equity, customer equity)	3 단계	02–04(1st) 04–06(1st)
How loyalty relates to customer satisfaction and firm profitability	3 단계	06–08(1st)
Use and value of customer loyalty metrics	4 단계 3 단계	06–08(1st)

* : 1단계 (마케팅프로그램 → 고객자산기반); 2단계 (고객자산기반 → 성과); 3단계 (성과 내의 관계); 4단계(성과 → 마케팅 프로그램) ; 〈그림 2.2〉의 모델 참조

자료원 : MSI (Marketing Science Institute) Research Priorities Reports (2000~2002; 2002~2004; 2004~2006; 2006~2008)를 참조하여 정리한 것임.

이상 살펴 본 frame들은 CRM 시스템 투자로 고객 데이터베이스가 구축되어 있어야 하는 전제 하에 개발된 모델이었다. 다음에서는 고객중심 마케팅이 적용될 수 있는 범위를 증진시키기 위하여(to increase generalization) 개별고객 수준의 상세한 데이터가 없다고 하더라도 활용할 수 있는 마케팅활동-고객자산기반-시장성과-재무성과의 관계 frame들에 관하여 고찰한다.

고객자산관리에 대한 일반적 접근 frame (The Frames of a Generic Approach to Customer Equity Management)

CRM 시스템에 의해 개별고객 수준의 상세한 데이터를 획득할 수 없어도 고객자산관리를 위한 마케팅을 전개할 수 있는 접근 방법들이 제시되어 왔다. 대표적으로 Rust 등(2000, 2004a)과 Gupta와 Lehmann (2005)의 frame들이 있다.

Rust 등의 frame (The Frame of Rust et al. 2000)

먼저 Rust 등(2000)은 고객자산의 기반으로 가치기반(value base), 브랜드기반(brand base), 그리고 유지기반(retention base)을 제시하고 있다[5]. 가치기반은 고객이 지각하는 제품이나 서비스의 비용 대비 품질을 의미하며, 제품이나 서비스의 이성적 · 실용적(rational or utilitarian) 경쟁력을 나타낸다. 예를 들어 미국항공사 중 Southwest 항공사에 대하여 고객이 지각하는 가치는 다른 경쟁 항공사에 비하여 높다고 할 수 있다. 브랜드기반은 제품이나 서비스에 대하여 고객이 지각하는 가치 이외로 브랜드가 창출하는 감성적 · 쾌락적(emotional or henodic) 경쟁력을 나타낸다.

5) 원래 이들은 가치 자산(value equity), 브랜드 자산(brand equity), 유지 자산(retention equity)이라는 용어를 사용하였다(Rust et al. 2000, 2001). 실무를 위한 개념적 틀에서는 자산이라는 용어를 쉽게 사용할 수 있겠지만, 학문적 연구는 명확하고 엄격한 용어의 정의와 범위를 요구한다. Rust 등(2004a)과 Rust 등(2001: MSI working paper)을 비교하면 이러한 자산 용어들이 논문의 리뷰 과정을 거치면서 삭제된 것을 알 수 있다.

마지막으로 유지기반은 고객과의 관계 정도, 즉, 고객충성도를 나타내는 개념이다. 예를 들어 Tweeter, Home Depot 등과 같은 유통업자에게 중요한 개념은 고객의 유지 기반일 것이다.

이러한 기반 개념들은 3장에서 논의된 고객 mindset (〈그림 3.1〉 참조) – CBBE (〈그림 3.2〉 참조)와 비슷하다. 각주 5에 제시하였듯이, Rust 등의 개념적 구분은 Keller (2003)의 경우보다 그 구분의 명확성과 세세함이 떨어진다 할 수 있다. 그래도 Rust 등(2000)이 유용한 이유는 고객자산기반에서 더 나아가 가치기반, 브랜드기반, 그리고 유지기반에 대한 動因들(drivers)을 또 제공하고 있기 때문이다 :

(1) 가치기반에 대한 동인들 – 지각된 품질, 지각된 가격, 지각된 편의성
(2) 브랜드기반에 대한 동인들 – 브랜드 인지, 브랜드 태도, 기업 이미지
(3) 유지기반에 대한 동인들 – 고객충성도 프로그램(loyalty programs), 고객 특별대우 프로그램(special recognition and treatment programs), 고객친밀도 강화 프로그램(affinity programs), 커뮤니티 개발 · 공헌 프로그램(community building programs), 고객지식 증진 프로그램(knowledge–building programs).

이들의 frame을 평가할 때, 가치기반과 브랜드기반에 대한 동인들은 고객자산기반인 CBBE 수준에서 논의되고 있는 반면, 유지기반의 동인들은 마케팅활동 수준에서 제시된 점은 일관성이 떨어진다 할 수 있다.

그러나 이 frame의 시사점을 잘 활용하면, 기업은 마케팅활동 동인들이 고객자산기반과 고객자산에 어떠한 영향을 미치는지를 경쟁사의 경우와 비교하여 파악할 수 있다(이성호, 한창기, 장광필 2003 참조). 그 결과 기업은 자신의 산업에서 상대적으로 중요한 고객자산의 동인들을 파악할 수 있고, 자신과 경쟁사 고객자산의 동인들을 비교 · 분석한 후, 자신의 마케팅전략방향을 설정할 수 있는 것이다. 이러한 측면에선 이 frame은 유용한 실무적 시사점을 제공하고 있다.

또한 이들은 고객자산 구성개념에 대한 측정치를 서베이를 통하여 수

집 · 활용하는 방법을 제시하였다. 즉, CRM 시스템에 의한 개별고객 수준에서의 측정치 수집과 활용이 어렵다고 하더라도 고객에 대한 투자-성과 연계 모델을 구축하고 활용할 수 있는 것이다.

Gupta와 Lehmann의 frame (The Frame of Gupta and Lehmann 2005)

Gupta 등(2004)은 개별고객 수준의 데이터가 없어도 公的 자료원천(public source)을 통하여 고객 수, 고객 당 마진 등을 구하고 모델링 과정을 통하여 전체기업 수준에서 고객자산가치를 산출하여 이를 주주가치와 연결시켰다(또한 Kim, Mahajan, and Srivastava 1995 참조). 이 결과에 근거하여 Gupta와 Lehmann (2005)은 고객기반의 전략 기획 과정을 제시하고 있다. 이들에 따르면 다음의 마케팅활동들이 고객획득과 고객유지, 고객 당 마진과 비용에 어떠한 영향을 미치는지를 분석하여야 할 것이다 :

(1) 마케팅 믹스(가격, 유통(직접 유통 및 영업, 유통 확장), 광고, 제품 품질, 서비스)

(2) 고객과의 대면 관리(인적 대면, 전화 대면, 온라인 대면, 상점 레이아웃, 안내원 또는 도우미의 서비스 등)

(3) 충성도 프로그램(구조와 디자인 - 현금과 사은품, 사치품과 필수품, 확률적 보상과 확정적 보상 ; 해당 기업의 제품 사은품과 다른 기업 제품 사은품 등)[6]

(4) 데이터베이스 마케팅 프로그램

---

6) Gupta와 Lehmann (2005)는 상대적으로 손쉬운 고객자산가치 산출 방법을 제시하고 있으며, 충성도 프로그램이나 데이터베이스 마케팅 프로그램과 같은 개인적 유지기반 증진 동인들을 마케팅 동인들에 포함하고 있음. 이들의 관점은 고객자산가치 산출에서 제시한 것과 일관되게 이러한 개인적 동인들의 효과도 상세한 수준에서 또는 손쉽게 추적할 수 있다는 것임. 충성도 프로그램에 관한 기존의 연구들로는 Bolton 등(2000), Dréze와 Nunes (2004), Dowling과 Uncles (1997), Leenheer 등(2004), Nunes와 Dréze (2004), Uncles 등(2003), Yi and Jeon (2003), 김경식과 이석규(2007), 박세훈과 김문용(2007) 등을 참조하기 바람.

이들은 이러한 마케팅활동 동인들이 고객자산을 구성하는 고객획득과 유지, 고객 당 마진과 비용에 미치는 영향력에 대해 기존의 연구결과와 논리를 바탕으로 그 방향성을 제시하고 있다.

Rust 등의 마케팅투자수익률 모형 (The Frame of Rust et al.'s (2004a) Return On Marketing)

마케팅 전략대안(예 : 품질 증진, 서비스 증진, CBBE 증진 등)에 대한 의사결정을 지원할 수 있는 기존 모델의 부족함을 해결하기 위하여 Rust 등(2004a)은 Rust 등(2000)을 더욱 발전시켜 마케팅투자수익률(the return on marketing investment) 모형을 제시하였다(〈그림 4.2〉 참

그림 4.2 마케팅투자수익률 모델(The Model of Return on Marketing)

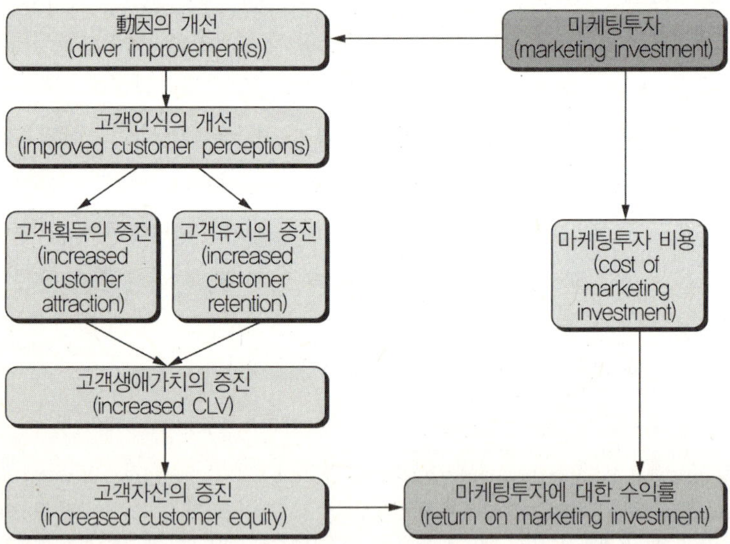

자료원 : Rust, Roland T., Katherine N. Lemon, and Valarie A. Zeithaml (2004), "Return on Marketing: Using Customer Equity to Focus Marketing Strategy," *Journal of Marketing*, 68(Jan.,) p. 112.

조). 이 모형은 기타 모형들과 다음의 기준들에 의하여 비교 · 평가되었다 :

(1) 마케팅 비용 · 투자에 대하여 전략적인 trade-off 관계를 고려하고 있는가

(2) 투자수익률(ROI)을 계량화 하여 계산할 수 있는가

(3) 경쟁의 영향을 명확하게 고려하였는가

(4) 고객생애가치를 계산할 수 있는가

(5) 많은 산업에 적용할 수 있는가

(6) 수입과 비용, 즉, 수익의 미래예측가치를 현재가치화 하였는가

(7) 개별고객 수준에서 브랜드전환을 고려하였는가

(8) 통계적인 세부설명이 제시되었는가

Rust 등(2004a)의 모형은 기타 고객자산 또는 고객생애가치 모형들(Berger and Nasr 1988; Blattberg and Deighton 1996; Blattberg et al. 2001; Bolton et al. 2004; Reinartz and Kumar 2000; Rust et al. 2000)과 비교할 때 (1), (3), (5), (7)의 기준에서 우월한 것으로 평가할 수 있다.

〈그림 4.2〉의 마케팅투자수익률 모형은 2장의 시장기반자산, 시장성과, 재무성과간의 관계 frame (〈그림 2.2〉 참조) 그리고 3장의 브랜드 가치사슬 모형(〈그림3.1〉 참조)과 그 구조적인 측면에서 비슷하다. 즉, 마케팅에 들어가는 돈이 브랜드자산기반(CBBE) 또는 호의적인 고객지각을 창출하고 이러한 기반이 신규고객의 획득과 기존고객의 유지를 통하여 고객생애가치를 증진시킨다면 이 돈을 투자로 간주하는 것이 바람직한 것이다.

마케팅활동이 실질적인 이윤 창출이나 비용 감소와 같은 수익창출과의 직접적인 연관성을 보여주지 못한다면, 기업들은 마케팅에 대한 투자를 망설이게 되고, 이는 결국 마케팅자원의 축소로 이어지게 될 것이다. 이는 기업활동에 있어서 마케팅의 역할 축소를 의미한다(Kumar 2004). 나아가 마케팅활동에 대해서 현재 수익의 공헌뿐만 아니라 미래 수익의 공헌 측면을 평가해야 한다. 기업의 미래가치는 마케팅이 창출하는 고객과의 관

계 그리고 고객자산에 의해 좌우될 수 있기 때문이다(Rust et al. 2004b). 이러한 관점에서 볼 때 Rust 등(2004)의 모델은 고객자산기반과 고객자산이라는 마케팅이 창출하는 미래가치적 성과에 근거하여 마케팅활동을 보다 미래지향적이고 전략적으로 전환시키는 데에 큰 역할을 할 수 있을 것이다.

그러나 Rust 등(2004a)의 모델은 기업의 최종 재무성과인 주주가치(shareholder value)와 고객자산가치의 연계는 보여주지 못하였다. 한편 Gupta 등(2004)은 고객자산가치가 기업의 주주가치와 매우 밀접하게 연결됨을 실증적으로 보여주었다. 이러한 결과를 감안할 때 고객자산가치의 증진은 주주가치의 증진과 자연스럽게 연결되리라 추론할 수 있다(또한 Boulding et al. 2005; Hogan et al. 2002a, 2002b; Rust et al. 2004b 참조). 즉, Rust 등(2000; 2004a)의 frame과 Gupta 등(2004; Gupta and Lehmann 2005)의 frame을 통합하면 마케팅활동-고객자산기반-고객자산-기업재무성과의 전체 모델을 구성하여 유용하게 사용할 수 있을 것이다.

이상 CRM 시스템 투자에 의해 개별고객 수준의 데이터가 확보 가능한 상황을 전제로 하여 제시된 frame들과 상세한 개별고객 데이터를 확보할 수 없어도 고객자산관리를 위한 마케팅을 전개할 수 있는 일반적(generic) 접근 방법에 관하여 고찰하였다. 특히 일반적 접근방법을 고려할 때, 상세한 고객 데이터의 확보 자체가 고객자산관리나 CRM의 효과를 결정하는 것은 아니다. Ryals (2005)도 사례연구를 통해 CRM 활동 프로세스에 대한 매우 간단한 성과 측정치가 기업성과와 연결됨을 보여주는 등 효과적인 CRM의 실행이 매우 상세한 분석, 개념, 또는 기술을 필수요건으로 하지는 않는다(Boulding et al. 2005).

마찬가지로 CRM 활동이 완전히 새로운 기업의 마케팅 수단으로 도입되어야 한다는 일부 실무계의 주장은 기업에게 오히려 혼란만 가중시키는 것이다. 즉, 그 기업의 이해 · 흡수 역량(absorptive capacity: Cohen and Levinthal 1990)에 따라 CRM 또는 고객자산관리 활동이 STP 등 수많은 전통적인 마케팅활동과 어떻게 통합되어 실행되는지가 중요한 것이다.

Berger 등(2002), Hogan 등(2002a)과 Jayachandran 등(2005)도 이와 비슷한 주장을 제시하였다. Berger 등(2002)과 Hogan 등(2002a)은 고객 데이터의 수준과는 독립적으로 기업이 고객자산을 극대화할 수 있는 방향으로 마케팅 믹스를 최적화할 수 있는 모델링 및 측정 역량을 보유하고 있는가가 중요하다고 주장하고 있다. 그리고 Jayachandran 등(2005)은 CRM 시스템의 기술적 수준보다는 그 기업이 고객과의 관계를 유지하기

표 4.2 고객에 대한 이해 관련 우선순위 연구 이슈들

Research Topics	Years and tiers
Proactive understanding of customers; anticipating needs Developing cool new methods/tools for understanding customers Developing new tools for proactive understanding of customers	02–04(1st) 02–04(1st) 04–06(1st)
Communicating customer knowledge within the firm	02–04(1st)
Marketing to special populations Understanding and marketing to special populations (e.g., teens, ethnic groups, developing markets, etc.)	02–04(1st) 04–06(2nd)
Understanding differences: segments, developing markets Segmentation for emerging markets	02–04(1st) 06–08(1st)
Impact of changing demographics	02–04(1st)
Customer decision processes for mature products	02–04(1st)
Responses to new technology	02–04(1st)
Reaction to evolving Internet by segments and regions	02–04(1st)

자료원 : MSI (Marketing Science Institute) Research Priorities Reports (2000~2002; 2002~2004; 2004~2006; 2006~2008)를 참조하여 정리한 것임.

위하여 고객지식을 획득 · 활용하는 기업의 관계적 정보처리 프로세스(relational information processes)의 수준이 상대적으로 더 중요함을 제시하고 있다. 고객을 이해하는 기업역량의 중요성은 MSI의 연구 우선순위 리포트(2000~2008)에서도 확인되고 있다(〈표 4.2〉 참조).

다음에서는 기업이 고객을 이해 · 학습하고 이 학습을 실행으로 전환하여 고객관계를 관리하는 능력에 관하여 고찰한다. 즉, 기업의 고객자산 관리능력은 어떻게 개념화될 수 있는지를 고찰하고 이러한 능력이 구현되는 마케팅 프로세스에 대하여 살펴보기로 한다.

2. 고객자산관리능력과 마케팅프로세스

본 절에서는 성공적인 고객자산관리를 위한 전략적 마케팅능력인 기업의 고객자산 관리능력을 어떻게 개념화할 수 있는지와 그 능력이 구현될 수 있는 바람직한 마케팅 프로세스에 대하여 논의하기로 한다.

2.1 고객자산관리능력(Capabilities for Customer Equity Management)

기업의 고객자산을 관리하는 마케팅능력은 어떻게 개념화될 수 있을까? 2장에서 살펴 본 자원준거 및 시장기반 관점에서 개념화된 마케팅능력과 마케팅능력의 선행요인인 여러 지향성들과 시장기반학습을 개념적 근거로 하고, 고객자산을 연구해 온 학자들(Day 2000b, 2003; Day and Bulte 2002; Hogan 2002a; Jayachandran et al. 2005; Johnson, Sohi, and Grewal 2004; Kumar and Reinartz 2006)이 제안한 고객관계 관리능력(Customer-Relating Capability)의 개념화를 근거로 고객자산 관리능력과 그 선행개념들을 〈그림 4.3〉처럼 제시한다.

그림 4.3 고객자산 관리능력과 선행 개념들

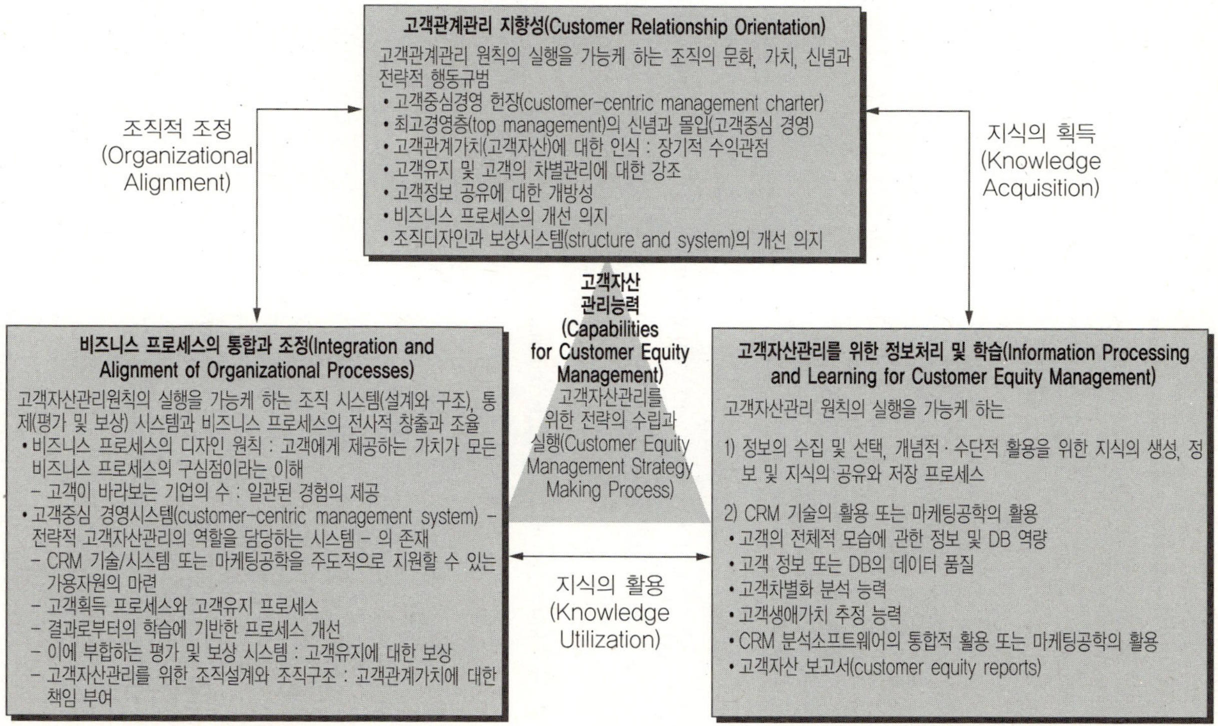

2장에서 우리는 전략적 마케팅능력을 집적된 지식과 그 활용스킬, 그리고 기업의 자원들을 통합하여 시장관련 요구(needs)를 파악하고, 중점 사업을 통해 제품에 가치를 부여하고 경쟁적 수요를 충족하기 위해 반복적으로 개발되는 조정 및 통합능력이라고 정의하였다(Day 1994; Tuominen et al. 1997). 그렇다면 이러한 능력을 고객자산관리를 위하여 집중하는 것을 고객자산 관리능력이라 할 수 있다. 즉, 고객자산 관리능력(capabilities of managing customer equity)은 집적된 지식과 그 활용스킬, 그리고고 기업의 자원들을 통합하여 고객관련 요구를 파악하고, 중점 고객의 가치를 증진시키기 위해 기업활동을 반복적으로 조정하고 통합하는 능력으로 정의할 수 있다.

그리고 이러한 고객자산 관리능력은 2장의 구성개념과 일관되게 고객마케팅 전문활동능력 (specialized customer marketing capabilities)과 구조적 고객마케팅능력(architectural customer marketing capabilities)으로 구성될 수 있다. 고객마케팅 전문활동능력은 활용가능한 자원(예 : 고객정보)을 가치 있는 결과(quality of marketing outcomes)로 전환하기 위하여 고객에 대한 구체적인 마케팅 믹스 프로그램 등과 관련된 활동을 실행하는 능력으로 정의된다. 예를 들어 고객을 획득하거나 또는 유지 · 개발하기 위한 목적 하에 상품 offering (제품, 가격, 판촉 등) 프로그램과 고객접촉 또는 채널 믹스 마케팅 프로그램을 실행하는 활동의 품질을 의미한다. 한편 구조적 고객마케팅능력은 투입되는 자원과 전문적인 능력을 개발하고 조정하기 위해 사용되는 전략적 고객마케팅의 수립 및 실행과 관련된 능력을 의미한다. 고객마케팅 전문활동능력과 구조적 고객마케팅능력은 고객자산관리를 위한 마케팅 프로세스를 논의하며 더욱 상세하게 고찰될 것이다.

고객관계관리 지향성(Customer Relationship Orientation)

전략적 마케팅능력과 기업성과의 증진을 위해 기업의 시장지향적 조직

문화와 학습지향성이 매우 중요함을 2장에서 살펴보았다(예 : Fiol and Lyles 1985; Homburg and Pflesser 2000; Lee et al. 2006; Narver and Slater 1990). 이 개념들을 바탕으로 고객자산 · 고객관계관리의 선행 연구들은 기업의 고객자산 관리능력을 증진시키는 중요한 첫 번째 선행요인으로 고객관계관리 지향성(customer relationship orientation)을 제안하였다[7](Day 2000b, 2003; Day and Bulte 2002; Jayachandran et al. 2005; Johnson et al. 2004; Kumar and Reinartz 2006; Kumar and Ramani 2007; 박찬욱 2005).

고객관리 지향성이란 고객관계관리 원칙의 실행을 가능하게 하는 조직의 문화, 가치, 신념과 전략적 행동규범을 의미한다. 조직의 고객관계관리 원칙이란 다음과 같은 개념들을 의미한다 :

(1) 고객중심 경영철학에 대한 최고경영층의 신념과 몰입 정도
(2) 장기적 수익 관점에서 고객관계가치에 대한 중요성 인식 정도
(3) 고객유지 강조의 정도
(4) 고객의 이질성(고객의 공헌가치나 고객의 욕구)을 인식하고 고객을 차별적으로 관리하려는 의지
(5) 고객정보 공유에 대한 개방성
(6) 필요한 비즈니스 프로세스의 지속적 개선 의지
(7) 필요한 조직디자인과 보상시스템의 지속적 개선 의지

브랜드자산관리의 브랜드자산 헌장(brand equity charter)처럼 기업은 조직의 고객관계관리 지향성을 문서형태로 공식화하여 표현하고 관리하여야 한다 : 고객중심 경영헌장(customer-centric management charter).

---

7) 모든 연구들이 고객관계관리 지향성이라는 용어를 사용하지 않았다. 예를 들어 박찬욱(2005)은 조직문화, Kumar와 Reinartz (2006)는 고객관리 지향성(customer management orientation), Kumar와 Ramani (2007)는 고객과의 상호작용 지향성(interaction orientation)이라는 개념과 용어를 사용하고 있다. 그러나 이 연구들이 주장하는 내용은 매우 비슷함.

이러한 최고경영층의 고객관계관리 지향성 리더십은 고객자산관리를 위한 조직의 지식획득(knowledge acquisition)을 증진시키는 방향으로 또한 고객자산관리의 효과적 실행을 위해 조직을 조정(organizational alignment)하여 나가는 방향으로 고객자산 관리능력에 대한 다른 선행요인들과 상호작용하여야 함이 중요하다(〈그림 4.3〉 참조). Jayachandran 등(2005)은 고객관계관리 지향성(customer relationship orientation)과 고객중심 경영시스템(customer-centric management system)[8] 모두 기업의 관계적 정보처리과정[9](relational information processes)에 긍정적인 영향을 미침을 실증적으로 보여주었다.

고객자산관리를 위한 정보처리 및 학습(Information Processing and Learning for Customer Equity Management)

기업의 고객자산 관리능력을 증진시키는 두 번째 선행요인으로 고객자산관리를 위한 조직의 정보처리 및 학습역량(information processing and learning for customer equity management)을 생각할 수 있다. 2장에서 마케팅능력을 증진시키기 위한 중요한 선행요인으로 시장기반학습을 제시한 바 있다. 고객자산관리를 위하여 이러한 조직의 시장기반학습이 얼마나 잘 되고 있는가가 그 기업의 고객자산관리를 위한 정보처리 및 학습역량을 나타낸다.

그런데 고객자산관리를 위한 조직의 정보처리 및 학습역량은 두 가지의 하부 개념으로 구성될 수 있다. 첫 번째 구성개념은 정보의 수집과 선택, 개념적 · 수단적 활용을 위한 지식의 생성, 정보와 지식의 공유와 저장 프로세스로 고객과의 관계를 개발하고 유지하기 위한 조직의 정보처리와 학습과정의 품질[10]을 의미한다. 두 번째 구성개념은 조직의 CRM 기술 또는

8) 〈그림4.3〉의 비즈니스 프로세스의 통합과 조정과 일관된 개념임.
9) 〈그림4.3〉의 고객자산관리를 위한 정보처리 및 학습과 일관된 개념임.

시스템을 활용하는 역량(Jayachandran et al. (2005)의 CRM technology use)이다. Jayachandran 등(2005)은 이 두 구성개념이 독립적임을 보여주고 있다. 즉, 고도화된 CRM 기술 또는 시스템이 구축되지 않아도 조직의 관계적 정보처리역량이 높을 수 있고, 또한 고도화된 시스템이 있어도 관계적 정보처리역량이 낮을 수 있음을 보여주었다.

이러한 발견은 前節에서 살펴보았던 고객자산관리에 대한 일반적(generic)접근 frame의 주장과도 비슷하다. 즉, CRM 시스템에 의한 개별고객 수준의 상세한 데이터를 확보할 수 없어도 고객자산관리를 위한 마케팅을 효과적으로 전개할 수 있는 것이다(Gupta and Lehmann 2005, Rust et al. 2000, 2004). 또는 CRM 시스템에 의한 데이터베이스를 구축하지 않았다고 하더라도 분석을 위해 거래데이터를 획득할 수 있다면 마케팅믹스활동의 효과성을 전통적인 매출 측정치와 고객자산 측정치 측면에서 비교 분석하고 그 결과 차후의 믹스 전략을 개선하여 나갈 수 있을 것이다(Yoo and Hanssens 2005).

이에 따라 우리는 고객자산관리를 위한 정보처리 및 학습은 (1) 정보의 수집 및 선택, 개념적 · 수단적 활용을 위한 지식의 생성, 정보 및 지식의 공유와 저장하는 조직의 관계적 정보처리 프로세스와 (2) CRM 기술의 활용(CRM technology use) 또는 마케팅공학(marketing engineering: Lilien and Rangaswamy 2002)의 활용으로 구성됨을 제안한다. 그리고 고객자산관리를 위한 정보처리 및 학습의 정도는 구체적으로 다음과 같은 개념들에 의하여 측정될 수 있을 것이다(〈그림 4.3〉 참조) :

(1) 고객의 전체적 모습에 관한 정보 또는 DB 역량(Day 2000b, 2003; Day and Bulte 2002; Kumar and Reinartz 2006)

---

10) Jayachandran 등(2005)의 relational information process; inter-firm partnering의 상황에선 Sawney 와 Zabin (2002)의 channel partners equity와 supplier equity, Selnes 와 Sallis (2003)의 relationship learning, 그리고 Johnson 등(2004)의 relational knowledge stores 개념들이 이에 해당함.

(2) 고객정보 또는 DB의 데이터 품질(Day 2000b, 2003; Day and Bulte 2002; Kumar and Reinartz 2006; 박찬욱 2005)
(3) 고객차별화 분석능력(Day 2000b, 2003; Day and Bulte 2002; Kumar and Reinartz 2006)
(4) 고객생애가치 추정능력(Day 2000b, 2003; Day and Bulte 2002; Kumar and Reinartz 2006)
(5) CRM 분석소프트웨어(분석 CRM) 또는 마케팅공학의 통합적 활용 정도(Day 2000b, 2003; Day and Bulte 2002; Hogan et al. 2002a; Kumar and Reinartz 2006)

이러한 정보처리 및 학습역량을 증진시키기 위해서는 마케팅투자수익률 모델(〈그림 4.2〉 참조)을 구성하는 개념들에 대한 측정치들을 지속적으로 수집하여 활용할 수 있는 지식을 생산하는 것이 중요하며, 브랜드자산관리의 브랜드자산 보고서(brand equity reports)처럼 고객자산 보고서(customer equity reports)를 지속적으로 만들어야 한다. 나아가 기업은 고객자산 보고서에 담을 내용들(마케팅투자수익률 모델 구성개념들)을 측정하는 다양한 트래킹 조사방법들을 개발·보유하여야 하며 궁극적으로 조직 내에 고객자산 감사(audit) 시스템을 개발하여 정착시켜야 한다.

또한 조직의 정보처리 및 학습역량의 증진을 위해선 정보의 수집과 생산을 넘어 조직에서 이 정보가 어떻게 공유되고 저장되는지를 검토하여야 한다. 다시 말하여 기업의 고객관계관리를 위한 정보처리 및 학습역량은 첫째, 조직에서 고객자산관리 원칙의 실행을 가능하게 하는 정보의 수집 및 선택, 개념적·수단적 활용을 위한 지식의 생성뿐만 아니라 이러한 정보와 지식의 공유와 저장이 얼마나 효과적으로 이루어지고 있는가와 둘째, 이러한 관계적 정보처리 프로세스가 CRM 분석기술 및 마케팅공학적 분석기술과 얼마나 통합되어 있는지를 의미한다. 이 역량이 증진되기 위해서는 최고경영층의 전폭적 지원과 지지가 필수적이며, 또한 이러한 역량이 실행될 수 있게(지식의 활용) 비즈니스 프로세스와 시스템이 고객관계가치 관리를 위한 방향으로 통합 · 조정되어야 한다(〈그림 4.3〉 참조).

비즈니스 프로세스의 통합과 조정(Integration and Alignment of Organizational Processes)

기업의 고객자산 관리능력을 증진시키는 마지막 선행요인으로 고객관계관리 분야의 연구자들(Day 2000b, 2003; Day and Bulte 2002; Jayachandran et al. 2005; Kumar and Reinartz 2006)은 비즈니스 프로세스의 통합과 조정(integration and alignment of organizational processes)을 제안하였다. 이는 고객중심 경영원칙의 실행을 가능하게 하는 조직 시스템(설계와 구조), 통제(평가 및 보상) 시스템과 비즈니스 프로세스의 전사적 창출과 조율을 의미한다. 1장에서 살펴 보았듯이 기업의 성과는 기업이 어떠한 전략을 어떻게 실행하는가에 달려 있다. 즉, 고객자산관리를 위한 기업의 지향성과 학습이 괜찮은 편이라고 하여도 고객자산관리가 실행시스템을 통하여 잘 구현되지 않는다면 그 지향성과 학습도 더 나은 방향으로 증진될 수 없는 것이다.

기업 비즈니스 프로세스의 통합과 조정 정도를 측정하기 위해서 다음과 같은 개념들을 검토해야 할 것이다 :

(1) 고객에게 제공하는 가치가 모든 비즈니스 프로세스의 구심점이라는 비즈니스 프로세스 디자인 원칙이 구현되는 정도(Kumar and Reinartz 2005)
   - 고객이 지각하는 기업의 數, 즉, 일관된 경험 제공에 대한 고객의 지각(이 측정치로 고객관련 비즈니스 프로세스의 품질을 평가할 수 있음 : Day 2000b, 2003; Day and Bulte 2002)

(2) 고객중심 경영시스템(customer-centric management system) - 전략적 고객관계관리의 역할을 담당하는 경영시스템 - 의 품질(Jayachandran et al. 2005; Kumar and Reinartz 2006)
   - CRM을 주도적으로 지원할 수 있는 가용 자원이 마련되는 정도

(availability of resources to support CRM initiatives: Day 2000b, 2003; Day and Bulte 2002)

- 고객획득 프로세스와 고객유지 프로세스의 품질(Kumar and Reinartz 2006; Reinartz et al. 2004)
- 결과로부터의 학습에 기반하여 프로세스 개선이 이루어지는 정도(Kumar and Reinartz 2006)
- 평가와 보상 시스템이 고객중심 경영(예 : 고객유지의 강조)에 부합하는 정도(Day 2000b, 2003; Day and Bulte 2002; Jayachandran et al. 2005; Kumar and Reinartz 2006)
- 고객자산관리를 위한 조직 설계와 조직 구조의 품질 ; 고객관계가치에 대한 책임 부여(accountability for overall quality of customer relationships: Day 2000b, 2003; Day and Bulte 2002; Homburg, Workman, Jensen 2000[11]; Jayachandran et al. 2005; Kumar and Reinartz 2006; Peppers and Rogers 2004)

이러한 방향으로 비즈니스 프로세스가 통합되고 조정되기 위해선 최고경영층의 조직적 조정(organizational alignment)이 필수적이다. 또한 비즈니스 프로세스 등 실행시스템은 조직의 정보처리 및 학습역량과 상호작용하여 기업성과를 증진시키는 역할을 할 것이다.

지금까지 고객자산 관리능력의 선행 개념들인 고객관계관리 지향성, 정보처리 및 학습역량, 그리고 비즈니스 프로세스의 통합과 조정에 대하여 살펴 보았다. CRM시스템을 투자한 미국의 주요 기업들을 대상으로 한 실증연구인 Day (2003)는 다음과 같은 결과를 보여주고 있다 :

---

11) 특히 Homburg 등(2000)은 고객과의 관계가 중요한 경우, key account team의 중요성이 더욱 증대되고 조직 내 마케팅기능이 분산됨(dispersion: 즉 범기능적 통합(cross-functional integration of activities)이 중요함)을 제시한 후, 많은 산업에서 제품이나 지역중심 조직으로부터 고객중심 조직으로의 변화가 일어나고 있음을 보여주었음.

(1) 기업의 고객관계 관리능력(customer-relating capability)[12]은 기업의 성과와 긍정적인 관계를 보여주었다.

(2) 고객관계 관리능력의 기업 간 차이를 가장 잘 설명하는 선행 개념은 비즈니스 프로세스의 통합과 조정 개념이었다 : 기업의 정보처리 및 학습능력이 중요하지 않다는 것이 아니라 기업 간에 별 수준 차이가 없음을 의미하는 것이다.

(3) 고객관계 관리능력의 상위 그룹(상위 12.5%)과 그 다음 그룹(상위 12.5~25%)을 비교할 때 그 차이를 가장 잘 설명하는 선행 개념은 고객관계관리 지향성이었다.

이러한 결과는 고객자산 관리능력의 증진을 위해선 각 선행 개념과 선행 개념들간의 상호작용이 모두 중요함을 시사하고 있다. 다음에서 이러한 선행 개념들이 상호작용하여 기업의 고객자산 관리능력이 구현되는 마케팅 프로세스에 대하여 알아보기로 한다.

2.2 고객자산관리를 위한 마케팅프로세스(Marketing Process for Customer Equity Management)

기존연구들에 근거하여 고객관계관리 지향성, 정보처리 및 학습역량, 그리고 비즈니스 프로세스의 통합과 조정이 기업의 고객자산 관리능력의 수준을 결정함을 제안하였다. 또한 고객자산 관리능력은 고객마케팅 전문활동능력(specialized customer marketing capabilities)과 구조적 고객마케팅능력(architectural customer marketing capabilities)으로 구성됨을 제안하였다. 이러한 두 종류의 고객자산 관리능력을 구현할 수 있는 마케팅 프로세스에 대하여 알아봄으로써 본 연구서의 주요 주제인 고객자산

12) Day (2003)의 연구에서 고객관계관리 능력은 매우 간단한 self-report 측정치(예 : 고객과의 관계를 관리하는 貴기업의 능력은 높은가)로 이루어져 있음.

그림 4.4 전략적 고객자산관리 마케팅 프로세스

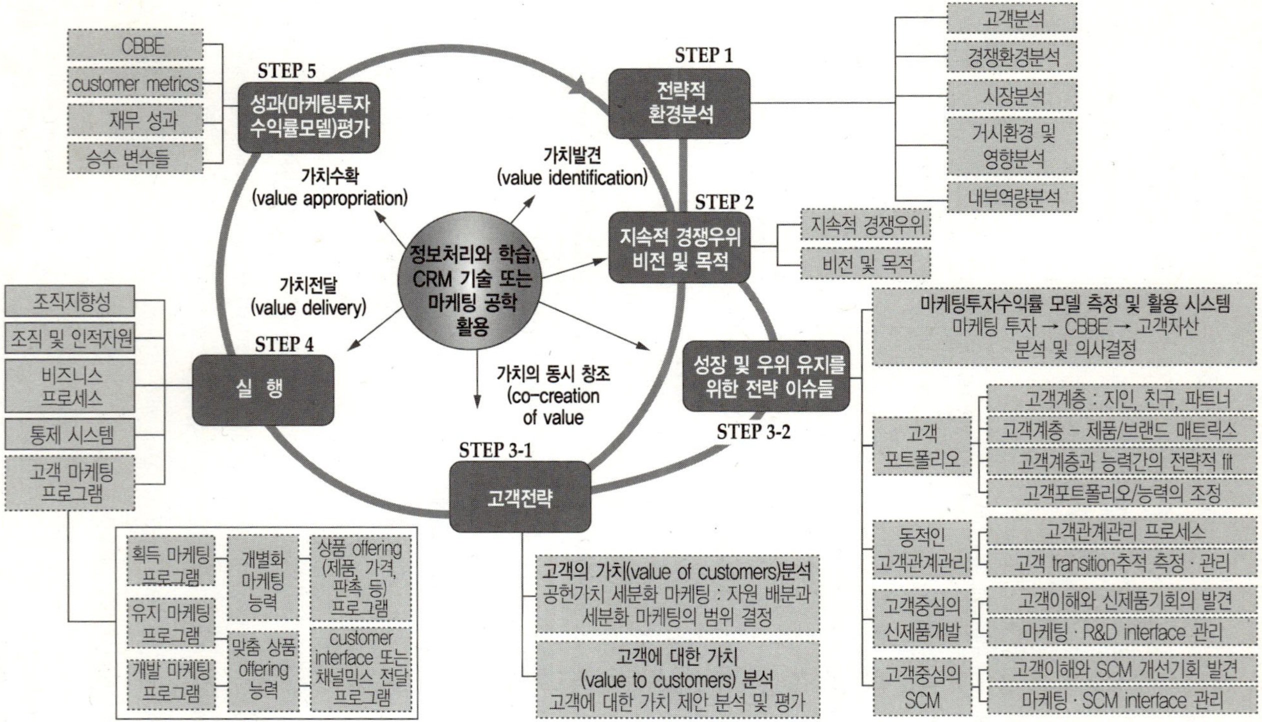

관리를 위한 마케팅 프로세스가 전통적인 마케팅 프로세스에 비하여 어떻게 변화되어야 하는지를 고찰한다.

고객자산관리 전문활동 프로세스(specialized customer equity management process)

고객마케팅 전문활동능력은 활용가능한 자원(예 : 고객 정보)을 가치 있는 결과(quality of marketing outcomes)로 전환하기 위하여 고객에 대한 구체적인 마케팅 믹스 프로그램 등과 관련된 활동을 실행하는 능력으로 정의되었다. 이러한 고객마케팅 전문활동능력이 구현되는 마케팅 프로세스는 시장의 니즈(환경분석), 그리고 특히 고객에 대한 가치 분석을 통하여 고객을 획득, 유지, 개발하기 위한 목적을 설정하고 해당 고객 또는 고객세분군별로 이 목적을 달성하기 위한 마케팅 믹스 프로그램 활동을 실행에 옮기고 그 성과를 평가하여 차기의 마케팅 프로세스를 지속적으로 개선하는 과정이다(〈그림 4.4〉의 step 1, step 3-1, step 4 와 step 5). 즉, 이러한 프로세스 활동의 효과성 · 효율성이 그 조직의 고객마케팅 전문활동능력의 수준을 나타내는 것이다.

특히 고객가치 분석에 의한 고객전략 수립 단계(〈그림 4.4〉의 step 3-1)가 고객자산관리 · 고객관계관리의 핵심 프로세스라 할 수 있다. 전술하였듯이, 고객자산관리의 핵심은 회사와 고객 가치의 동시 창조(dual creation of firm and customer value)라 할 수 있다(Boulding et al. 2005; Payne and Fow 2005; Rogers 2005; Vargo and Lusch 2004). 즉, 고객에 대한 마케팅 프로그램을 수립하기 전에 고객이 기업에 공헌하는 가치(value of the customers)로 고객을 세분화 하고, 이러한 가치세분군별로 고객에게 어떠한 가치를 제공(value to the customer)하여야 하는지를 분석하여야 한다(〈그림 4.5〉 참조).

〈그림 4.5〉에는 20%의 주요 고객이 기업에게 80%의 공헌을 한다는 소위 20 對 80과 같은 파레토 법칙이 표현되어 있다. 만약 마케팅자원을 배

그림 4.5 고객가치 분석의 schematic representation

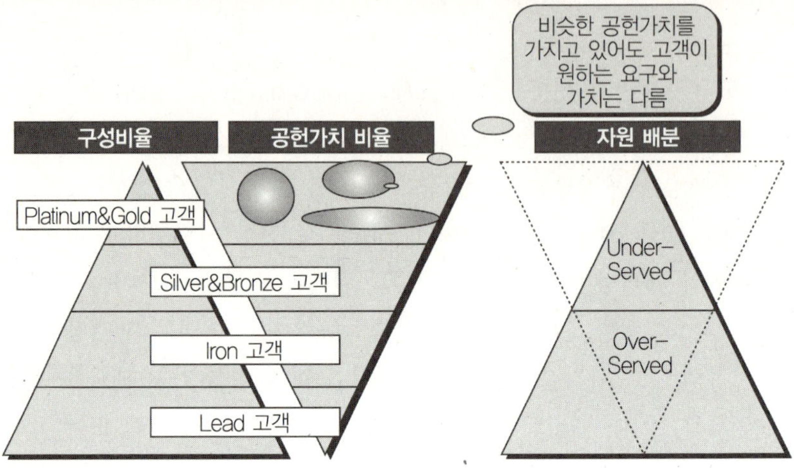

분할 때 고객의 공헌가치를 고려하지 않는다면 일어날 수 있는 자원배분의 비효율성도 나타나 있다. 즉, 고객의 공헌가치를 고려하여 기업은 일 대 일 마케팅, 세분군별 타겟 마케팅 등 세분화 마케팅의 범위를 결정할 수 있다.

나아가 공헌가치를 기준으로 할 때 비슷하게 분류된 고객들이라고 하여도 기업으로부터 기대하거나 원하는 요구나 가치는 다를 것이다. 이에 따라 고객에게 어떠한 가치 제안(value propositions to the customer)을 할 것인지를 분석하여야 한다. 이러한 분석과 평가에 기초하여 해당 고객 또는 고객군별로 획득, 유지, 개발을 목적으로 하는 마케팅 프로그램을 수립하여 실행할 수 있다(〈그림 4.4〉의 step 4). 그리고 구체적인 마케팅 프로그램의 방향은 개별화 마케팅 능력(ability to personalize marketing efforts: Gilmore and Pine 2000)과 맞춤 상품화 능력(ability to customize products and services: Pine 1993)을 증진시키는 쪽으로 진화·발전되어야 하는 것이다(또한 Simonson 2005; Valenzuela, Dhar, and Zettelmeyer 2004; Wind and Rangaswamy 2000)

이러한 고객마케팅 전문활동능력 프로세스가 실행된 후, 고객투자-성과 연계 모델 설명 시 논의하였듯이, 고객투자에 대한 마케팅활동의 성과를 평가하여 차후 프로세스가 개선되어야 하는 것이다(〈그림 4.4〉의 5단계). 물론 고객마케팅 전문활동능력 프로세스의 실행 품질은 고객자산 관리능력의 선행요인인 고객관계관리 지향성, 비즈니스 프로세스의 통합과 조정, 그리고 고객자산관리를 위한 정보처리와 학습역량의 영향을 받게 된다(〈그림 4.4〉 참조). 즉, 고객자산관리 프로세스 활동의 효과성과 효율성을 증진시키기 위한 기반으로 기업의 정보처리 및 학습역량이 중요하며, 이 역량이 각 단계의 효과적 활동을 서포트하는 것이다. 그리고 고객관계관리 지향성과 비즈니스 시스템 및 프로세스가 고객관계관리 중심으로 실행체제화 되어 있어야지 고객자산관리 마케팅활동이 성과로 연결될 수 있다.

Payne과 Frow (2005, 그림 2, p.171)도 우리가 제시한 고객마케팅 전문활동 프로세스와 비슷한 일련의 프로세스를 제시하고 있다 :

(1) 가치의 동시 창조 원칙을 수행하는 가치 창조 프로세스(value creation process)

(2) 마케팅 프로그램을 다양한 채널믹스을 통하여 전달 · 실행하는 프로세스(multi-channel integration process)

(3) 성과 평가 프로세스(performance assessment process)

이상 고객마케팅 전문활동 마케팅 프로세스에 대하여 살펴 보았다. 가치의 동시 창조 분석을 통한 고객전략의 수립, 고객마케팅 프로그램의 실행, 성과평가와 지속적인 개선이 주요 프로세스인데, 이러한 일련의 프로세스를 수행하는 능력은 쉽게 획득되는 것이 아니라 수많은 실험적 실행(experimental testing)을 통하여 학습되는 것이다. 이러한 관점은 Peppers와 Rogers (2004)의 고객관계관리를 실행하는 개념의 틀인 IDIC (Identify, Differentiate, Interact, and Customize) frame에 의해 설명될 수 있다(〈그림 4.6〉과 〈Capital One 사례〉 참조). 즉, 고객관계관리의 실행은 정확한 고객정보를 획득하여 고객을 확인하는 단계, 그 정보를 분석 · 활용하여 고객을 차별화 하는 단계를 거쳐 고객이 원하는 방식으로 상호작용하고 고객에게 맞춤 상품을 오퍼하는 단계로 진화되며 계속 발전해 나가는 것이다[13]. Peppers와 Rogers (2004)의 고객관계관리 실행 frame은 GE의 前 CEO인 Jack Welch의 함축적인 표현으로 압축 · 설명될 수 있다[14] :

경쟁우위에 대한 두 가지 중요한 원천은

(1) 경쟁보다 더 빨리 고객의 욕구를 더 많이 학습하는 능력(the ability to learn more about our customers faster than the competition)과

(2) 그 학습을 경쟁보다 더 빨리 실행으로 전환하는 능력(the ability to turn that learning into action faster than the competition)이다.

» Capital One 사례 »

First USA는 미국에서 규모가 큰 카드회사들 중의 하나이다. 이 회사의 경쟁방식(핵심전략 유형)은 전통적으로 내부 운영의 효율성(operating efficiency)에 집중하여 원가 절감의 혜택을 고객에게 제공하는 것이었다. 이에 따라 고객을 가치나 욕구에 따라 차별관리하는 것은 중요한 이슈가 아니었다. 이에 따라 조직은 주요 카드상품별 그리고 기능별로 구성하였으며 , 마케팅 프로세스는 경쟁사 고객을 전환시키는 등 고객 획득에 초점을 맞추었다. 예를 들어 파트너 단체(예 : 공무원 연금관리공단 등 affinity partners)를 통한 단체고객 획득이 주요 전략 실행 사항 중 하나이었다. 이에 따라 늦은 결제에 대한 유예기간(grace period)을 없애거나, 수수료를 인상하는 것도 모든 고객에게 일률적으로 적용되었다. 그 결과 수익성이 높은 고객이나 낮은 고객이 동일하게 이탈하였다.

First USA에 비하여 Capital One은 상대적으로 규모가 훨씬 적은 카드업계의 후발주자이었다. 이 회사의 경쟁방식은 고객관계관리에 집중하는 것이었다. 이러한 전략은 "적절한 제품을, 적절한 가격에, 적절한 고객에게, 적시에

---

13) Identify 단계와 Differentiate 단계는 CRM 실무분야의 분석 CRM의 영역에 해당되고, Interact 단계와 Customize 단계는 운영 및 협업 CRM 영역에 해당됨.

14) Bloomberg News Service (2000)이 원래의 출처인데, Peppers와 Rogers (2004)의 p.3에서 재인용하였음.

전달(to deliver the right product, at the right price, to the right customer, at the right time)한다"고 공식화되어 있다. 이에 따라 이 회사는 고객에 대한 미시적 세분화(micro-segmentation of customers) 능력을 중요시 여겨 개발하여 나갔으며, 조직은 주요 고객군별로 구성하였다(예 : prime 고객군, medium response 고객군, high response 고객군, partnership 고객군, affinity 고객군, small businesses 고객군 등). 또한 각 고객군에 대한 비즈니스 활동에 대하여 고객군 담당 관리자가 자율적인 권한을 갖고 의사결정을 내린다. 이러한 전략 실행의 성과는 매우 고무적이다. 연평균 고객이탈률이 5% 수준인데 카드산업의 연평균 이탈률이 30%인 점을 감안하면 이 기업의 이탈률이 얼마나 낮은 것인지 알 수 있다.

또 이 회사가 고객정보를 처리하는 능력은 매우 빠르고 정확하고 준비되어 있다. 예를 들어 매우 중요한 고객이 전화를 해서 카드를 취소하려 하면 이를 방지하려는 많은 옵션들(option templates)이 자동적으로 준비되어 담당 직원이 효과적으로 카드취소를 방지하기도 한다. 2000년을 기준으로 할 때 이 회사가 새로운 상품의 개발, 기존상품의 개선, 또는 고객상호작용 과정의 개선 등을 추구하기 위하여 실험적으로 테스트한 횟수가 무려 45,000번이라고 한다. 다시 말하면 이 회사의 비즈니스 프로세스는 새로운 상품 아이디어를 규모가 적은 고객 샘플을 대상으로 테스트하고 그 테스트 결과를 분석하여 그 아이디어를 다시 테스트하고 개선하는 과정을 거쳐 준비가 되었다고 판단하면 타겟 전체로 launch 한다고 한다. 이런 비즈니스의 수행 결과 이 회사의 카드 상품은 6,000개가 넘는 변형상품들을 가지고 고객들에게 접근하고 있다고 한다. 그야말로 대량 맞춤화(mass customization) 마케팅이 제대로 실행되고 있는 것이다.

Direct marketer로 카드 비즈니스를 시작한 Capital One은 고객관계관리 투자로 집중화 전략을 취할 수 있었던 여건이 조성되어 있었다고 평가할 수도 있다. 이 사례를 보고 여러분은 Capital One의 고객자산 관리능력을 어떻게 평가하시겠습니까?

자료원 : Day, George S. (2003), "Creating a Superior Customer-Relating Capability," *MSI Working Paper*, Report No. 03-001, p. 24; Kumar, V. and Werner J. Reinartz (2006), *Customer Relationship Management: A Databased Approach*, Wiley.

고객마케팅 전문활동 마케팅 프로세스의 실행 경험이 축적되어 기업의 이해 · 흡수역량(absorptive capability: Cohen and Levinthal 1990·

그림 4.6 고객관계관리의 실행을 위한 IDIC frame

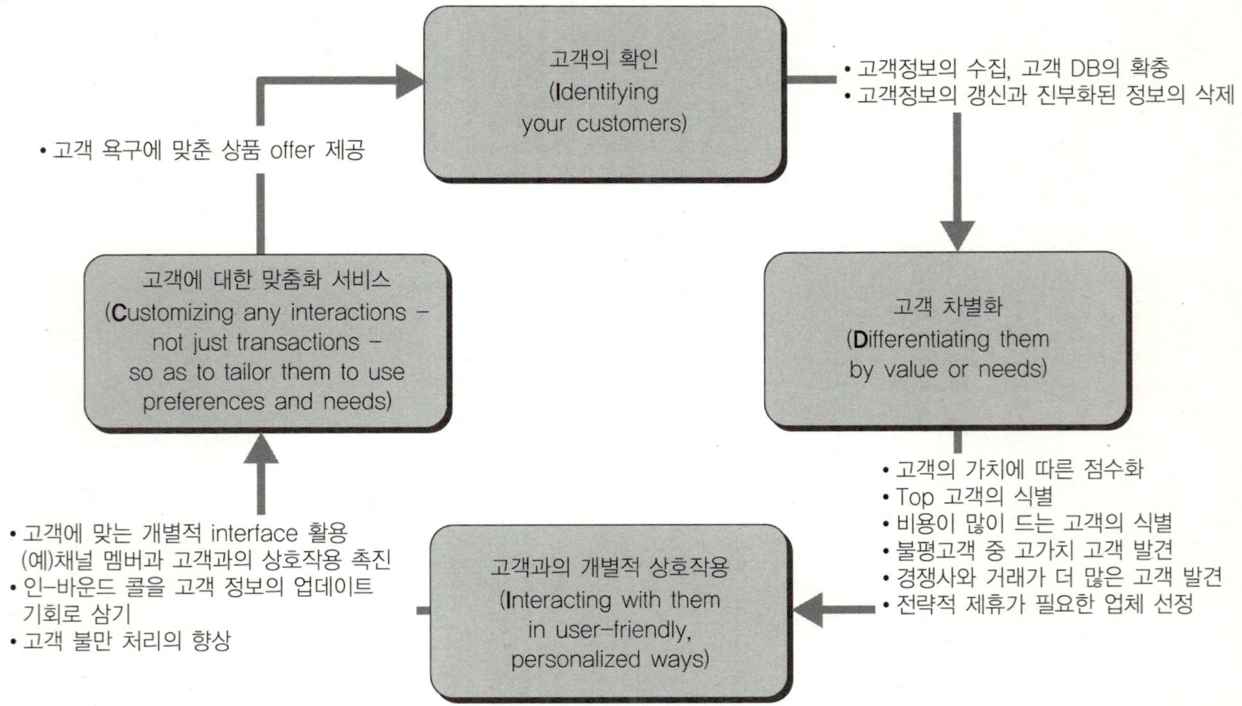

자료원 : Peppers, Don and Martha Rogers (2004), *Managing Customer Relationships : A Strategic Framework*, Wiley의 내용을 그림으로 만듬.

등)이 증진되면 기업은 고객자산 관리능력을 보다 전략적인 의사결정 차원으로 발전시킬 수 있다. 다음에서 이러한 전략적 · 구조적 고객자산관리 마케팅 프로세스를 살펴 본다.

구조적 고객마케팅 프로세스(architectural customer equity management process)

구조적 고객마케팅능력은 투입되는 자원과 전문적인 능력을 개발하고 조정하기 위해 사용되는 전략적 고객마케팅의 수립 및 실행과 관련된 능력을 의미한다. 이 능력이 구현되는 프로세스를 구조적 고객마케팅 프로세스라 할 수 있다. 한편 고객마케팅 전문활동 프로세스는 가치의 동시 창조 분석을 통한 고객전략의 수립, 고객마케팅 프로그램의 실행, 성과평가와 지속적인 개선이 주요 프로세스인데, 이러한 일련의 프로세스가 수많은 실험적 실행(experimental testing)을 통해 학습되며 증진된 능력을 구조적 고객마케팅 능력이라 할 수 있다.

구조적 고객마케팅 능력의 첫 번째 주요 내용은 기업이 기업 특유의 마케팅투자수익률 모델(〈그림 4.2〉 참조)을 측정하고 활용하는 시스템을 구축하였는가에 관한 것이다(Hogan et al. 2002a). 이러한 마케팅투자의 수익률 모델은 가치의 동시 창조 원칙을 내포하고 있는 것이다. Gupta와 Lehmann (2005)도 Rust 등(2004a)의 마케팅투자수익률 모델과 일관된 frame을 제시하고 있다(〈그림 4.7〉 참조). 이들에 따르면 전통적인 또는 브랜드 중심의 마케팅은 고객에 대한 가치(value to the customer) 제안에 상대적으로 더 초점을 맞춘 반면, 고객중심 마케팅은 고객에 대한 가치 제안은 고객의 공헌가치(value of the customer)와 연결될 때에만 의미가 있다는 것이다[15].

---

15) 브랜드중심의 마케팅도 브랜드가치사슬(〈그림3.1〉 참조) frame 하에 기업성과와 기업가치에 영향을 미치는 활동만을 전개할 수 있다고 주장할 수 있으나, 측정과 활용 측면에서 고객중심의 마케팅에 비하여 상대적으로 더 큰 어려움에 직면하고 있다(Peppers and Rogers 2004). 이 이슈는 본 장 끝부분에서 다시 논의됨.

그림 4.7 고객에 대한 가치(value to the customer)로부터 고객의 가치(value of the customer)에 이르는 사슬

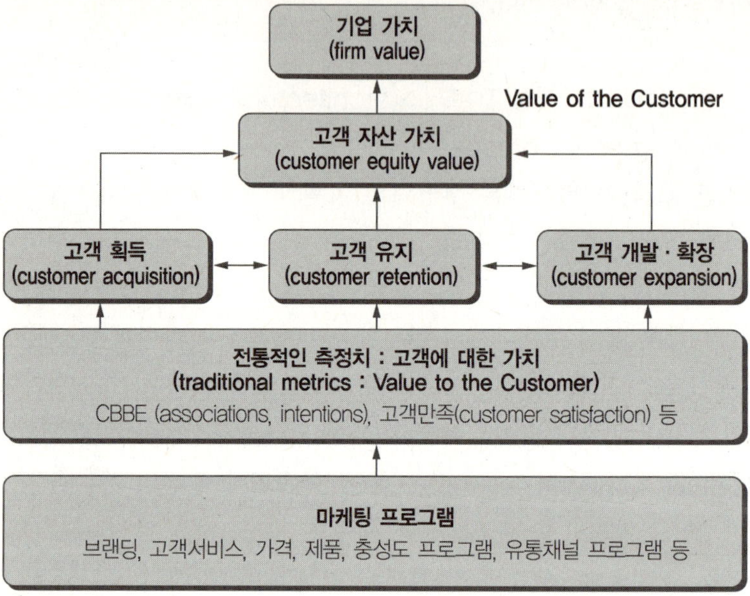

자료원 : Gupta, Sunil and Donald R. Lehmann (2005), *Managing Customers As Investments*, Wharton School Publishing, p. 155의 도표 6.6.

Gupta와 Lehmann (2005)의 가치사슬 개념은 Rust 등(2004a)의 마케팅투자수익률 모델에도 그대로 적용될 수 있다(〈그림 4.8〉 참조). 이러한 가치의 동시 창조 원칙에 의한 전략적 고객마케팅 능력은 그 기업의 성장 및 경쟁 우위를 위한 중요한 원천인 것이다.

이러한 구조적 고객마케팅 능력이 개발되면, 기업은 다수 제품들과 관련된 고객계층의 관리 이슈(고객 포트폴리오), 시간의 경과 등을 감안한 고객관계관리의 프로세스 관리, 고객과 파트너에 대한 보다 발전된 이해를 통한 신제품개발 및 관리 이슈와 공급사슬관리(supply chain management)

그림 4.8 마케팅 투자 수익률 모델의 가치기술

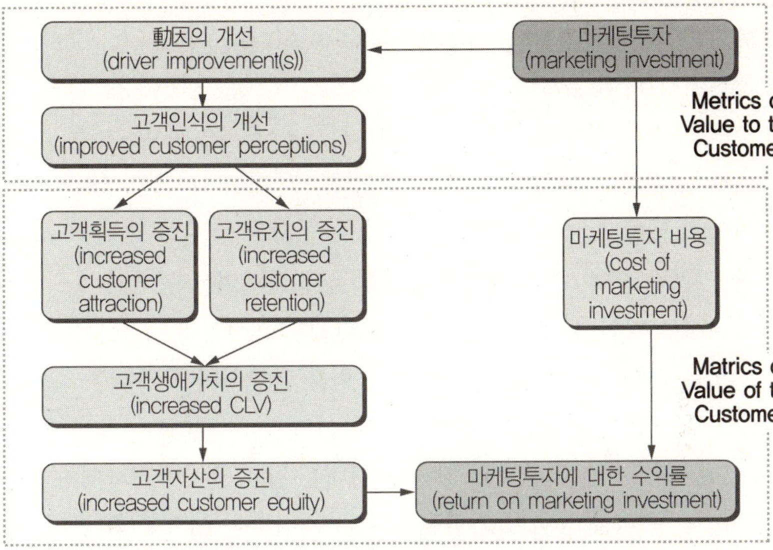

자료원 : Rust, Roland T., Katherine N. Lemon, and Valarie A. Zeithaml (2004), "Return on Marketing: Using Customer Equity of Focus Marketing Strategy," *Journal of Marketing*, 68(Jan.), p.112의 그림에 추가함.

이슈 등 보다 전략적이고 구조적인 의사결정 이슈들을 해결하려는 노력을 경주하는 것이다. 이에 따라 기업의 지속적인 성장을 위하여 다수의 제품들과 다수의 시장들과 관련된 고객군들을 효과적 · 효율적으로 관리하는 것은 매우 중요하다 할 수 있다. 이러한 이슈들은 〈그림 4.4〉에서 step2와 step3-2로 표시되어 있다.

마케팅투자수익률의 측정 · 활용 모델의 구축 외에 기업은 다수 제품들과 관련된 고객계층의 관리 이슈(고객 포트폴리오)에 관한 의사결정을 하여야 한다. Johnson과 Selnes (2004)는 고객과의 관계 정도에 따라 고객계층을 지인(acquaintances), 친구(friends), 그리고 파트너(partners)로 구분하고 산업의 특성과 기업능력의 형태에 따라 어떠한 고객계층을 더 중

요하게 관리하여야 하는지에 관한 규범적 제안을 다음과 같이 보여주고 있다 :

(1) 규모의 경제가 중요한 산업에서는 지인의 공헌이 친구나 파트너의 공헌보다 더 중요하다.

(2) 고객을 전환(지인 → 친구 → 파트너)시키는 기업의 능력(즉 고객마케팅 전문활동능력)이 우월한 기업에서는 친구나 파트너의 공헌이 지인의 공헌보다 더 높다.

(3) 지인 획득능력이나 경쟁기업의 고객을 전환시키는 능력이 우월한 기업에서는 지인의 공헌이 친구나 파트너보다 높다.

즉, 기업은 산업 특성과 기업 특유의 능력을 감안하여 고객계층 · 포트폴리오 관리에 관한 전략을 수립하고 실행하여야 하는 것이다. 고객 포트폴리오 관리를 위해서는 고객과의 접촉과 거래를 잘 추적 · 관리하여야 한다. 이러한 추적 · 관리를 통하여 기업은 고객과 기업의 관계가 진화(관계의 시작, 관계의 발전 및 쇠퇴)되는 단계별로 고객관계관리 전략의 실행을 조정할 수 있는 것이다(Kumar and Reinartz 2006; Reinartz et al. 2004; Venkatesan and Kumar 2004).

CRM 프로세스, 신제품개발 프로세스와 SCM 프로세스가 기업의 성과에 영향을 미치는 주요 비즈니스 프로세스임을 감안할 때, 구조적 고객마케팅능력과 프로세스는 효과적인 고객관계관리 · 고객자산관리를 위하여 CRM 프로세스가 신제품개발과 SCM 프로세스와 어떻게 연계되어 구현되어야 하는지에 대한 의사결정을 수립 · 실행하여야 한다(Ramaswami et al. 2004; Srivastava et al. 1999). Joshi와 Sharma (2004)는 신제품 특성과 고객선호 간의 적합성을 증진시키는 조직의 고객지식개발 프로세스(customer knowledge development)가 신제품의 성공으로 연결됨을 보여주었다. 즉, 기업의 구조적 고객마케팅능력과 프로세스는 CRM마케팅과 R&D의 인터페이스 이슈를 해결해야 하는 것이다. Sawhney와 Zabin (2002)는 고객관계관리의 frame을 확장하여 공급자나 채널 파트너와의 관계관리도 비슷하게 설정되고 추진되어야 함을 강조하고 있다. 즉, 기업은 CRM과 SCM의 인터페이스 이슈도 잘 결정하여야 한다.

다시 정리하면, 고객에 대한 마케팅투자수익률의 측정 · 활용 모델의 구축, 고객 포트폴리오 전략 및 관리 이슈들, 시간의 흐름에 따른 고객관계관리 이슈들, 고객의 이해를 통한 신제품 개발 및 관리 이슈와 공급사슬관리 이슈들에 관한 의사결정을 수행하는 프로세스가 구조적 고객마케팅 프로세스라 할 수 있다. 이 프로세스를 잘 수행하여 고객마케팅 전문활동 프로세스의 실행과 함께 기업성과를 증진시키는 기업의 능력이 구조적 고객마케팅능력이다. 이 능력의 증진을 위해선 전략적 고객자산관리 이슈들에 대한 조직의 정보처리 및 학습역량, 그리고 기업의 고객관계관리 지향성이 반영되어 전략적 이슈들의 수행에 도움이 되는 실행체제(비즈니스 프로세스와 시스템)가 구비되는 것이 중요하다.

마케팅 프로세스의 변화(Change in Marketing Processes)

고객자산관리를 위한 마케팅 프로세스를 고객마케팅 전문활동 프로세스와 구조적 고객마케팅 프로세스로 나누어 살펴보았다. 전통적인 마케팅 프로세스와 고객자산관리 마케팅 프로세스를 비교할 때 가장 크게 변화되는 부분은 가치 창조(value creation) 단계이다. 즉, 고객자산관리 마케팅 프로세스의 가치 창조 단계에서는 가치의 동시 창조 원칙을 명확하게 고려하여 고객전략을 수립하여야 하는 점을 강조하였다. 이러한 변화는 〈그림 4.7과 4.8〉을 통하여 다시 한 번 표현되었다. 즉, 고객에 대한 가치(value to the customer) 창조는 고객의 가치(value of the customer: firm value) 창조를 극대화하는 방향으로 이루어져야 함을 제시하였다. 이러한 변화 주장은 기존 연구들의 주장과도 매우 일관된 것이다(Boulding et al. 2005; Payne and Fow 2005; Rogers 2005; Vargo and Lusch 2004).

물론 브랜드자산관리의 중요성을 강조하는 학자들(예 : Keller 2003)의 경우에도 브랜드가치사슬(〈그림 3.1〉 참조) 모형을 강조하는 등 가치 창조 단계에서 가치의 동시 창조 원칙을 고려하여 브랜드 전략을 수립할 수 있다고 주장할 수 있을 것이다. 예를 들어 주식시장 투자자의 반응은 브랜드에 투자하는 기업의 활동(예 : 광고)은 가치수확(value appropriation)으로 받아들여 호의적인(주식가치의 상승) 반면, 신제품을 개발하는 혁신활동은 가치창조(value creation)로 인식되어 그리 높게 평가되지 않았다(Mizik and Jacobson 2003). 그러나 이러한 반응은 이미 호의적인 브랜드를 가지고 있는 기업에서 발견되었으며, 그렇지 않은 기업의 경우에는 기업의 가치창초활동에 대하여 주식시장이 더 호의적인 반응을 나타낸 것으로 보고 되었다. 즉, 기업은 주식시장의 반응을 고려하여 가치창조활동과 가치수확활동의 균형점을 전략적으로 찾아야 하는 것이다.

그러나 브랜드의 시장성과나 재무성과는 브랜드의 전체(aggregate) 수준에서 논의되고 있고, 고객 수준의 CBBE는 mindset, 즉, 지각의 변화로만 측정된다. 즉, CBBE는 고객에 대한 가치(value to the customer)를 평가하는 데는 매우 유용한 개념이지만, 브랜드 가치사슬 모형에서는 고객의 공헌가치(value of the customer)에 대한 측정과 활용은 빠져 있는 것이다(Peppers and Rogers 2004, pp.300~301). 이러한 측정의 명확성과 활용, 즉, 전략 수립 프로세스의 변화, 그리고 개별화 마케팅과 맞춤화 마케팅이라는 전략 실행 프로세스의 변화가 고객자산관리 관점이 가져 온 마케팅 프로세스의 변화라 할 수 있다.

향후 고객자산관리 · 고객관계관리 분야에서는 다양한 이슈의 많은 연구들이 계속 진행되어야 할 것이다. 이러한 방향들은 〈표 4.1〉과 〈표 4.2〉, 그리고 기존연구들의 제안 속에서 찾을 수 있다(예 : Boulding et al. 2005; Gupta and Zeithaml 2005; Kamakura et al. 2005). 특히 우리가 제안하는 몇 가지의 중요한 선행연구 방향들을 간략히 정리하면 다음과 같다 :

(1) 고객자산 관리능력의 선행 개념과 결과와의 관계에 대한 실증 연구

(본 장에서 제안한 개념들과 그 관계에 대한 실증적 연구)

(2) 브랜드자산과 고객자산 간의 관계에 관한 개념화와 실증 연구

(3) 고객관계관리의 실행 중 변화관리(change management) 및 종업원의 역량 역할에 관한 연구(Kumar and Reinartz 2005; 박찬욱 2005)

(4) CRM 시스템과 같은 기술적 요인이 회사의 프로그램과 종업원의 활동에 어떠한 영향을 미쳐 어떻게 소비자의 품질 지각-가치 지각-충성도에 영향를 미치는가에 관한 연구(Parasuraman and Grewal 2000; Singh and Sirdeshmukh 2000; Sirdeshmukh, Singh, and Sabol 2001).

3. 요 약

본 장에서 우리는 먼저 고객자산의 정의와 고객자산에 대한 관심 증대 배경 그리고 고객관계관리에 대하여 살펴본 후, 고객에 대한 투자와 성과를 연계시키는 개념적 틀에 관하여 고찰하였다. 기업의 고객자산(customer equity)은 그 기업 고객들의 생애가치를 현재가치화 한 총합(the total of the discounted customer lifetime values)으로 정의되며, 고객자산을 측정하기 위해서는 고객이 한 기업과의 관계를 유지하는 총 기간인 고객수명주기(customer life cycle) 동안 그 기업의 제품이나 서비스를 구입함으로써 가져다 주는 수익을 예측하여야 한다. 이에 따라 전체고객 수준에서는 고객자산이라는 용어가, 개별고객 수준에서는 고객생애가치(customer lifetime value)라는 용어가 사용되고 있다(예 : Blattberg et al. 2001; Jain and Singh 2002; Rust et al. 2000).

고객자산에 대한 관심은 일찍이 마케팅이 강조해 온 가치의 동시 창조 개념들(Levitt (1960)의 마케팅 개념, Bagozzi (1974)의 교환 개념,

Morgan과 Hunt (1994)의 관계마케팅 개념), 시장기반 학습, 고객관리(Sheth 2005)와 고객 포트폴리오(Johnson and Selnes 2004) 등의 개념들이 IT 기술과 CRM 솔루션의 발전과 결합되어 고객에 대한 개별적 접근(addressability)을 가능하게 만들면서 증대되어 왔다.

90년대 중반 이후 발전되어 온 고객관계관리(CRM)는 세 수준에서 정의될 수 있다(예 : Kumar and Reinartz 2006; Payne and Frow 2005). 첫 번째 수준은 고객지원 및 서비스 시스템(CSS)이나 영업사원 자동화 시스템(SFA) 같은 특정 단위별 기술 솔루션 프로젝트를, 두 번째 수준은 고객대면활동을 통합적으로 만들기 위한 기술 솔루션 프로젝트의 실행을 의미한다. 전략적 수준에서의 CRM은 기술과 시스템 측면을 넘어서서 고객 중심 경영을 실행하는 비즈니스 프로세스와 주주가치의 중요성을 강조한다. 이러한 정의의 수준에서 한국 CRM의 과거는 기업의 이해 · 흡수 역량(absorptive capacity: Cohen and Levinthal 1990 등)이 높지 않은 상황에서 많은 기능을 가지고 있는 CRM 시스템 패키지가 한꺼번에 기술 중심적으로 구축된 것으로 평가되었다. 향후 규범적으로 바람직한 CRM의 정의는 전략적 수준의 정의이며, 기업은 이러한 전략적 CRM을 어떠한 단계로 추진할 수 있는지에 대하여 많은 관심과 노력을 기울여야 할 것이다.

고객에 대한 투자와 성과를 연계시키는 개념적 틀에 관하여 고찰한 결과, CRM 시스템 투자에 의해 개별고객 수준의 데이터가 확보 가능한 상황을 전제로 하여 제시된 frame들과 상세한 개별고객 데이터를 확보할 수 없어도 고객자산관리를 위한 마케팅을 전개할 수 있는 일반적(generic) 접근 방법이 있었다. 특히 일반적인 접근방법인 Rust 등(2000; 2004a)의 frame과 Gupta 등(2004; Gupta and Lehmann 2005)의 frame을 통합하면 마케팅활동-고객자산기반-고객자산-기업재무성과의 전체 모델을 구성하여 유용하게 사용할 수 있을 것이다(〈그림 4.2〉 참조). 또한 기업의 이해 · 흡수 역량(absorptive capacity: Cohen and Levinthal 1990)에 따라 CRM 또는 고객자산관리 활동이 STP 등 수많은 전통적인 마케팅활동과 어떻게 통합되어 실행되는지가 중요할 것이다. 즉 기업이 고객을 이해 · 학습하고 이 학습을 실행으로 전환하여 고객관계를 관리하는 능력이 중요한 것이다. 그래서 기업의 고객자산 관리능력은 어떻게 개념화될 수 있는지를 고찰하고 이러한 능력이 구현되는 마케팅 프로세스에 대하여 살펴보았다.

고객자산 관리능력(capabilities for customer equity management)은 집적된 지식과 그 활용스킬, 그리고 기업의 자원들을 통합하여 고객관련 요구를 파악하고, 중점 고객의 가치를 증진시키기 위해 기업활동을 반복적으로 조정하고 통합하는 능력으로 정의하였으며, 이 능력은 2장의 구성개념과 일관되게 고객마케팅 전문활동능력 (specialized customer marketing capabilities)과 구조적 고객마케팅능력(architectural customer marketing capabilities)으로 구성되었다.

고객마케팅 전문활동능력은 활용가능한 자원(예 : 고객 정보)을 가치 있는 결과(quality of marketing outcomes)로 전환하기 위하여 고객에 대한 구체적인 마케팅 믹스 프로그램 등과 관련된 활동을 실행하는 능력으로 정의된다. 예를 들어 고객을 획득하거나 또는 유지 · 개발하기 위한 목적하에 상품 offering (제품, 가격, 판촉 등) 프로그램과 고객접촉 또는 채널 믹스 마케팅 프로그램을 실행하는 활동의 품질을 의미한다. 한편 구조적 고객마케팅능력은 투입되는 자원과 전문적인 능력을 개발하고 조정하기 위해 사용되는 전략적 고객마케팅의 수립 및 실행과 관련된 능력을 의미한다.

그리고 2장에서 살펴 본 자원준거 및 시장기반 관점에서 개념화된 마케팅능력과 마케팅능력의 선행요인인 여러 지향성들과 시장기반학습을 개념적 근거로 하고, 고객자산을 연구해 온 학자들(Day 2000, 2003; Day and Bulte 2002; Hogan 2002a; Jayachandran et al. 2005; Johnson, Sohi, and Grewal 2004; Kumar and Reinartz 2006)의 연구를 근거로 고객자산 관리능력과 그 선행개념들을 〈그림 4.3〉처럼 제시하였다.

고객자산 관리능력의 선행 개념들로는 고객관계관리 지향성(customer relationship orientation), 정보처리 및 학습역량(information processing and learning for customer equity management), 그리고 비즈니스 프로세스의 통합과 조정(integration and alignment of organizational processes)이 제안되었다. 고객자산 관리능력의 증진을 위해선 각 선행 개념과 선행 개념들간의 상호작용이 모두 중요함을 살펴보았다. 마지막으로 이러한 선행 개념들이 상호작용하여 기업의 고객자산 관리능력이 구현되는 마케팅 프로세스에 대하여 고찰하였다.

고객마케팅 전문활동능력이 구현되는 마케팅 프로세스는 시장의 니즈(환경분석), 그리고 특히 고객에 대한 가치 분석을 통하여 고객을 획득, 유지, 개발하기 위한 목적을 설정하고 해당 고객 또는 고객세분군별로 이 목적을 달성하기 위한 마케팅 믹스 프로그램 활동을 실행에 옮기고 그 성과를 평가하여 차기의 마케팅 프로세스를 지속적으로 개선하는 과정이다(〈그림 4.4〉의 step 1, step 3-1, step 4 와 step 5). 즉 이러한 프로세스 활동의 효과성 · 효율성이 그 조직의 고객마케팅 전문활동능력의 수준을 나타내는 것이다. 특히 고객가치 분석에 의한 고객전략 수립 단계(〈그림 4.4〉의 step 3-1)가 고객자산관리 · 고객관계관리의 핵심 프로세스라 할 수 있으며, 이 핵심 프로세스인 회사와 고객 가치의 동시 창조(dual creation of firm and customer value)에 대하여 설명하였다(Boulding et al. 2005; Payne and Fow 2005; Rogers 2005; Vargo and Lusch 2004). 즉, 고객에 대한 마케팅 프로그램을 수립하기 전에 고객이 기업에 공헌하는 가치(value of the customers)로 고객을 세분화 하고, 이러한 가치세분군별로 고객에게 어떠한 가치를 제공(value to the customer)하여야 하는지를 분석하여야 한다(〈그림 4.5〉 참조).

이와 같은 가치의 동시 창조 분석을 통한 고객전략의 수립, 고객마케팅 프로그램의 실행, 성과평가와 지속적인 개선이 고객마케팅 전문활동의 주요 프로세스인데, 이러한 일련의 프로세스를 수행하는 능력은 쉽게 획득되는 것이 아니라 수많은 실험적 실행(experimental testing)을 통하여 학습되며 이러한 관점에 대한 설명으로 Peppers와 Rogers (2004)의 고객관계관리 실행 틀인 IDIC (Identify, Differentiate, Interact, and Customize) frame에 대하여 살펴보았다(〈그림 4.6〉과 〈Capital One 사례〉 참조). 고객마케팅 전문활동 마케팅 프로세스의 실행 경험이 축적되어 기업의 이해 · 흡수역량(absorptive capability: Cohen and Levinthal 1990 등)이 증진되면 기업은 고객자산 관리능력을 보다 전략적인 의사결정 차원으로 발전시킬 수 있는데 이에 해당하는 프로세스가 전략적 · 구조적 고객자산관리 마케팅 프로세스이다.

고객에 대한 마케팅투자수익률의 측정 · 활용 모델의 구축(〈그림 4.7〉과 〈그림 4.8〉 참조), 고객 포트폴리오 전략 및 관리 이슈들, 시간의 흐름에 따른 고객관계관리 이슈들, 고객의 이해를 통한 신제품 개발 및 관리 이슈와 공급사슬관리 이슈들에 관한 의사결정을 수행하는 프로세스가 구조적 고객마케팅 프로세스이다(〈그림 4.4〉의 step2와 step 3-2). 이 프로세스를 잘 수행하여 고객마케팅 전문활동 프로세스의 실행과 함께 기업성과를 증진시키는 기업의 능력이 구조적 고객마케팅능력이다. 이 능력의 증진을 위해선 전략적 고객자산관리 이슈들에 대한 조직의 정보처리 및 학습역량, 그리고 기업의 고객관계관리 지향성이 반영되어 전략적 이슈들의 수행에 도움이 되는 실행체제(비즈니스 프로세스와 시스템)가 구비되는 것이 중요하다.

전통적인 마케팅 프로세스와 고객자산관리 마케팅 프로세스를 비교할 때 가장 크게 변화되는 부분은 가치 창조(value creation) 단계이다. 즉, 고객자산관리 마케팅 프로세스의 가치 창조 단계에서는 가치의 동시 창조 원칙을 명확하게 고려하여 고객전략을 수립하여야 하는 점을 강조하였다. 즉 고객에 대한 가치(value to the customer) 창조는 고객의 가치(value of the customer: firm value) 창조를 극대화하는 방향으로 이루어져야 함을 제시하였다. 이러한 주장은 기존 연구들의 주장과도 매우 일관된 것이다(Boulding et al. 2005; Payne and Fow 2005; Rogers 2005; Vargo and Lusch 2004). 특히 고객의 공헌가치(value of the customer)에 대한 측정과 활용, 이에 의한 고객마케팅전략 수립 프로세스의 변화, 그리고 개별화 마케팅과 맞춤화 마케팅이라는 전략 실행 프로세스의 변화를 고객자산관리 관점이 가져 온 마케팅 프로세스의 변화로 결론지을 수 있다. 마지막으로 향후 고객자산관리 · 고객관계관리 분야에서는 고객자산 관리능력의 선행 개념과 결과와의 관계에 대한 실증 연구(본 장에서 제안한 개념들과 그 관계에 대한 실증적 연구), 브랜드자산과 고객자산 간의 관계에 관한 개념화와 실증 연구 등 많은 연구가 필요함을 제시하였다.

참고문헌

김경식, 이석규(2007), "소비자의 보상물 선택결정에 관한 연구 : 소비자의 노력수준을 중심으로," *마케팅연구*, 22(1), 1-19.

박세훈, 김문용(2007), "고객 보상프로그램에서 사용되는 매개수단이 보상물의 선택 행동에 미치는 영향: 포인트와 상품권의 비교," *마케팅연구*, 22(3), 159-178.

박찬욱(2005), *한국적 CRM 실천방안*, SIGMA INSIGHT.

이성호(2002), "브랜드자산, CRM, 그리고 고객자산 기반의 마케팅," *Marketing Trend Review*, Vol. 8(July), 21-34.

이성호, 한창기, 장광필(2003), "고객자산관리개념을 활용한 고객충성도 영향요인에 관한 연구," *한국소비자학회 춘계학술대회 발표논문집*, (5월), 101-118.

Ardnt, Johan (1979), "Toward a Concept of Domesticated Markets," *Journal of Marketing*, 43(Fall), 69-75.

Bagozzi, Richard P. (1974), "Marketing as an Organized Behavioral System of Exchange," *Journal of Marketing*, 38(4), 77-81.

Berger, Paul D. and Nada I. Nasr (1998), "Customer Lifetime Value: Marketing Models and Applications," *Journal of Interactive Marketing*, 12(Winter), 17-30.

Berger, Paul D., Ruth N. Bolton, Douglas Bowman, Elten Briggs, V. Kumar, A. Parasuraman, and Creed Terry (2002), "Marketing Actions and the Value of Customer Assets: A Framework for Customer Asset Management," *Journal of Service Research*, 5(1), 39-54.

Berry, Leonard L. (1983), "Relationship Marketing," in *Emerging Perspectives on Services Marketing*, Leonard L. Berry, G. Lynn

Shostack, and Gregory Upah, eds., Chicago: American Marketing Association, 25–28.

Blattberg, Robert C. and John Deighton (1991), "Interactive Marketing: Exploiting the Age of Addressability," *Sloan Management Review*, 33(1), 5–14.

Blattberg, Robert C. and John Deighton (1996), "Manage Marketing by the Customer Equity Test," *Harvard Business Review*, 74(July–August), 136–44.

Blattberg, Robert C., Gary Getz, and Jacquelyn S. Thomas (2001), *Customer Equity: Building and Managing Relationships as Valuable Assets*, HBS Press.

Bolton, Ruth N., P. K. Kannan, and Matthew D. Bramlett (2000), "Implications of Loyalty Program Membership and Service Experiences for Customer Retention and Value," *Journal of the Academy of Marketing Science*, 28(1), 95–108.

Bolton, Ruth N., Katherine N. Lemon, and Peter C. Verhoef (2004), "The Theoretical Underpinnings of Customer Asset Management: A Framework and Propositions for Future Research," *Journal of the Academy of Marketing Science*, 32(3), 271–292.

Boulding, William, Richard Staelin, Michael Ehret, and Wesley J. Johnston (2005), "A Customer Relationship Management Roadmap: What Is Known, Potential Pitfalls, and Where to Go," *Journal of Marketing*, 69(Oct.), 155–166.

Brown, Richard T. (1999), "The Relationship of General Cognitive Ability, 'Working Smart' and Salesperson Performance," *unpublished doctoral dissertation*, Southern Illinois University at Carbondale.

Butler, S. (2000), "Changing the game: CRM in the e–world," *Journal of Business Strategy*, 21(2), 13–14.

Buttle, Francis A. (2001), "The CRM Value Chain," *Marketing Business*,

(Feb.), 52-55.

Cao, Yong and Thomas S. Gruca (2005), "Reducing Adverse Selection Through Customer Relationship Management," *Journal of Marketing*, 69(Oct.), 219-229.

Cohen, Wesley M. and Daniel A. Levinthal (1990), "Absorptive Capacity: A New Perspective on Learning and Innovation," *Administrative Science Quarterly*, 35(Mar.), 128-152.

Colgate, M.R. and P.J. Danaher (2000), "Implementing a Customer Relationship Strategy: The Asymmetric Impact of Poor Versus Excellent Execution," *Journal of the Academy of Marketing Science*, 28(3), 375-387.

Day, George S. (1994), "Continuous Learning About Markets," *California Management Review*, 36(Summer), 9-31.

Day, George S. (2000a), "Managing Market Relationships," *Journal of the Academy of Marketing Science*, 28(1), 24-30.

Day, George S. (2000b), "Capabilities for Forging Customer Relationships," *Marketing Science Institute Working Paper*, Report No. 99-118, Cambridge, MA: Marketing Science Institute.

Day, George S. (2003), "Creating a Superior Customer-Relating Capability," *Marketing Science Institute Working Paper*, Report No. 03-001, Cambridge, MA: Marketing Science Institute.

Day, George S. and Christophe Van den Bulte (2002), "Superiority in Customer Relationship Management: Consequences for Competitive Advantage and Performance," *Marketing Science Institute Working Paper*, Report No. 02-123, Cambridge, MA: Marketing Science Institute.

Dowling, Grahame R. and Mark Uncles (1997), "Do Customer Loyalty Programs Really Work?" *Sloan Management Review*, (Summer), 71-82.

Drèze, Xavier and Joseph C. Nunes (2004), "Using Combined-Currency

Prices to Lower Consumers' Perceived Cost," *Journal of Marketing Research*, 41(Feb.), 59–72.

Dwyer, F. Robert, Paul H. Schurr, and Sejo Oh (1987), "Developing Buyer–Seller Relationships," *Journal of Marketing*, 51(April), 11–28.

Fiol, C. Marlene and Marjorie A. Lyles (1985), "Organizational Learning," *Academy of Management Review*, 10(4), 803–813.

Fluss, Donna (2000), "The Future of e–service is E–CRM," *Inside Gartner Group*, 1–3, Gartner Group Research Note (Strategic Planning), June 9, SPA–10–7725.

Fusaro, L. (1999), "From a Market of Millions to a Million Markets of One," *Canadian Manager*, 24(4), 18–28.

Gaski, John F. (1984), "The Theory of Power and Conflict in Channels of Distribution," *Journal of Marketing*, 48(Summer), 9–30.

Gilmore, James H. and B. Joseph Pine (2000), *Markets of One: Creating Customer–Unique Value through Mass Customization*, Harvard Business School Press.

Glazer, Rashi (1997), "Strategy and Structure in Information–Intensive Markets: The Relationship Between Marketing and IT," *Journal of Market–Focused Management*, 2(1), 65–81.

Gupta, Sunil and Donald R. Lehmann (2005), *Managing Customers As Investments*, Wharton School Publishing.

Gupta, Sunil and Valarie A. Zeithaml (2005), "Customer Metrics: The Past, the Present, and the Future in Academia and Practice," *Marketing Science Institute Working Paper*, Report No. 05–200, Cambridge, MA: Marketing Science Institute.

Gupta, Sunil, Donald R. Lehmann, and Jennifer Ames Stuart (2004), "Valuing Customers," *Journal of Marketing Research*, 41(Feb.), 7–19.

Gustafsson, Anders, Michael D. Johnson, and Inger Roos (2005), "The

Effects of Customer Satisfaction, Relationship Commitment Dimensions, and Triggers on Customer Retention," *Journal of Marketing*, 69(Oct.), 210–218.

Hogan, John E., Katherine N. Lemon, and Roland T. Rust (2002a), "Customer Equity Management: Chartering New Directions for the Future of Marketing," *Journal of Service Research*, 5(1), 4–12.

Hogan, John E., Donald R. Lehmann, Maria Merino, Rajendra K. Srivastava, Jacquelyn S. Thomas, and Peter C. Verhoef (2002b), "Linking Customer Assets to Financial Peformance," *Journal of Service Research*, 5(1), 26–38.

Homburg, Christian and Christian Pflesser (2000), "A Multiple–Layer of Market–Oriented Organizational Culture: Measurement Issues and Performance Outcomes," *Journal of Marketing Research*, 37(Nov.), 449–462.

Homburg, Christian, John P. Workman, Jr., and Ove Jensen (2000), "Fundamental Changes in Marketing Organization: The Movement Toward a Customer–Focused Organizational Structure," *Journal of the Academy of Marketing Science*, 28(4), 459–478.

Jain, Dipak and Siddhartha S. Singh (2002), "Customer Lifetime Value Research in Marketing: A Review and Future Directions," *Journal of Interactive Marketing*, 16(2), 34–46.

Jayachandran, Satish, Subhash Sharma, Peter Kaufman, and Pushkala Raman (2005), "The Role of Relational Information Processes and Technology Use in Customer Relationship Management," *Journal of Marketing*, 69(Oct.), 177–192.

Joshi, Ashwin W. and Sanjay Sharma (2004), "Customer Knowledge Development: Antecedents and Impact on New Product Performance," *Journal of Marketing*, 68(Oct.), 47–59.

Johnson, A. M. (1999), "The Customer Who Would Be King," *CIO*,

12(21), 182–186.

Johnson, Jean L., Ravipreet S. Sohi, and Rajdeep Grewal (2004), "The Role of Relational Knowledge Stores in Interfirm Partnering," *Journal of Marketing*, 68(July), 21–36.

Johnson, Michael D. and Fred Selnes (2004), "Customer Portfolio Management: Toward a Dynamic Theory of Exchange Relationships," *Journal of Marketing*, 68(April), 1–17.

Kalakota, Ravi and Marcia Robinson (2000), *e–Business 2.0 : Roadmap for Success*, 2nd ed., Addison–Wesley.

Kale, Sudhir H. (2004), "CRM Failure and the Seven Deadly Sins," *Marketing Management*, 13(Sept.–Oct.), 42–46.

Kamakura, Wagner, Carl F. Mela, et al. (2005), "Choice Models and Customer Relationship Management," *Marketing Letters*, 16(3/4), 279–291.

Keller, Kevin Lane (2003), *Strategic Brand Management: Building, Measuring, and Managing Brand Equity*, 2nd ed., Upper Saddle River, NJ: Prentice Hall.

Khanna, Sunil (2001), "Measuring the CRM ROI: Show Them Benefits," available at http://www.crm–forum.com.

Kim, Namwoon, Vijay Mahajan, and Rajendra K. Srivastava (1995), "Determining the Going Market Value of a Business in an Emerging Information Technology Industry: The Case of the Cellular Communications Industry," *Technological Forecasting and Social Change*, 49, 257–279.

Kumar, Nirmalya (2004), *Marketing As Strategy: Understanding the CEO's Agenda for Driving Growth and Innovation*, Harvard Business School Press.

Kumar, V. and Werner J. Reinartz (2006), *Customer Relationship Management: A Databased Approach*, Wiley.

Kumar, V. and Girish Ramani (2007), "Interaction Orientation: The New

Measure of Marketing Capabilities," *Marketing Science Institute Working Paper*, Report No. 07–100, Cambridge, MA: Marketing Science Institute.

Kutner, Steve and John Cripps (1997), "Managing the Customer Portfolio of Healthcare Enterprises," *The Healthcare Forum Journal*, 4 (Sept.–Oct.), 52–54.

Lee, Sungho, S.J. Yoon, S. Kim, and J.W. Kang (2006), "The Integrated Effects of Market-Oriented Culture and Marketing Strategy on Firm Performance," *Journal of Strategic Marketing*, 14(3), 245–261.

Leenheer, Jorna and Tammo H. A. Bijmolt (2003), "Adoption and Effectiveness of Loyalty Programs: The Retailer's Perspective," *Marketing Science Institute Working Paper*, Report No. 03–124, Cambridge, MA: Marketing Science Institute.

Levitt, Theodore (1960), "Marketing Myopia," *Harvard Business Review*, 38(July–August), 45–60.

Levitt, Theodore (1969), *The Marketing Mode: Pathways to Corporate Growth*, New York: McGraw-Hill.

Lewis, Michael (2004), "The Influence of Loyalty Programs and Short-Term Promotions on Consumer Retention," *Journal of Marketing Research*, 41(Aug.), 281–292.

Lewis, Michael (2005), "Incorporating Strategic Consumer Behavior into Customer Valuation," *Journal of Marketing*, 69(Oct.), 230–238.

Libai, Barak, Das Narayandas, and Clive Humby (2002), "Toward an Individual Customer Profitability Model: A Segment-Based Approach," *Journal of Service Research*, 5(1), 69–76.

Lilien, Gary L. and Arvind Rangaswamy (2002), *Marketing Engineering: Computer-Assited Marketing Analysis and Planning*, 2nd ed., Prentice Hall.

Lord, C. (2000), "The Practicalities of Developing a Successful E-business Strategy," *Journal of Business Strategy*, 21(2), 40–43.

MacNeil, Ian R. (1978), "Contracts: Adjustment of Long–Term Economic Relations under Classical, Neoclassical and Relational Contract Law," *Northwestern University Law Review*, 72, 854–902.

Mitchell, P. J. (1998), "Aligning Customer Call Center for 2001," *Telemarketing and Call Center Solutions*, 16 (10), 6469.

Mithas, Sunil, M. S. Krishnan, and Claes Fornell (2005), "Why Do Customer Relationship Management Applications Affect Customer Satisfaction?" *Journal of Marketing*, 69(Oct.), 201–209.

Mizik, Natalie and Robert Jacobson (2003), "Trading Off between Value Creation and Value Appropriation: The Financial Implications of Shifts in Strategic Emphasis," *Journal of Marketing*, 67(1), 63–76.

Morgan, Robert M. and Shelby D. Hunt (1994), "The Commitment–Trust Theory of Relationship Marketing," *Journal of Marketing*, 58(July), 20–38.

MSI Research Priorities Reports (2000 ~ 2008), Cambridge, MA: Marketing Science Institute.

Narver, John C. and Stanley F. Slater (1990), "The Effect of a Market Orientation on Business Profitability," *Journal of Marketing*, 54(October), 20–35.

Niraj, Rakesh, Mahendra Gupta, and Chakravarti Narasimhan (2001), "Customer Profitability in a Supply Chain," *Journal of Marketing*, 65(July), 1–16.

Nunes, Joseph C. and Xavier Dréze (2004), "Too Close To Quit: The Effect of Reward Fungibility on Consumer Purchase Intentions," *Working Paper*, University of Southern California.

Palmatier, Robert W., Rajiv P. Dant, and and Dhruv Grewal (2007), "Theoretical Perspectives of Interorganizational Relationship Performance," *MSI Working Paper*, Cambridge, MA: Marketing Science Institute.

Parasuraman, A. and Dhruv Grewal (2000), "The Impact of Technology on the Quality-Value-Loyalty Chain: A Research Agenda," *Journal of the Academy of Marketing Science*, 28(1), 168-174.

Parvatiyar, Atul and Jagdish Sheth (2001), "Customer Relationship Management: Emerging Practice, Process and Discipline," *Journal of Economic and Social Research*, 3(2), 1-34.

Payne, Adrian and Pennie Frow (2005), "A Strategic Framework for Customer Relationship Management," *Journal of Marketing*, 69(Oct.), 167-176.

Peppers, Don and Martha Rogers (1993), *The One to One Future: Building Relationships One Customer at a Time*, New York: Doubleday & Company.

Peppers, Don and Martha Rogers (2004), *Managing Customer Relationships: A Strategic Framework*, Wiley.

Peppers Don, Martha Rogers, and Bob Dorf (1999), "Is Your Company Ready for One-to-One Marketing?" *Harvard Business Review*, 77(1), 151-160.

Pine, Joseph B. (1993), *Mass Customization: The New Frontier of Business Competition*, Boston: Harvard University Press.

Puschmann, T. and A. Rainer (2001), "Customer Relationship Management in the Pharmaceutical Industry," *Proceedings of the 34th Hawaii International Conference on System Sciences*, Maui.

Reinartz, Werner J. and V. Kumar (2000), "On the Profitability of Long-Life Customers in a Noncontractual Setting: An Empirical Investigation and Implications for Marketing," *Journal of Marketing*, 64(Oct.), 17-35.

Reinartz, Werner, Manfred Krafft, and Wayne D. Hoyer (2004), "The Customer Relationship Management Process: Its Measurement and Impact on Performance," *Journal of Marketing Research*, 41(Aug.), 293-305.

Reinartz, Werner, Jacquelyn S. Thomas, and V. Kumar (2005),

"Balancing Acquisition and Retention Resources to Maximize Customer Profitability," *Journal of Marketing*, 69(Jan.), 63–79.

Rogers, Martha (2005), "Customer Strategy: Observations from the Trenches," *Journal of Marketing*, 69(Oct.), 262–263.

Rust, Roland T., Valarie A. Zeithaml, and Katherine N. Lemon (2000), *Driving Customer Equity: How Customer Lifetime Value Is Reshaping Corporate Strategy*, Free Press.

Rust, Roland T., Katherine N. Lemon, and Valarie A. Zeithaml (2001), "Driving Customer Equity: Linking Customer Lifetime Value to Strategic Marketing Decisions," *Marketing Science Institute Working Paper*, Report No. 01–108, Cambridge, MA: Marketing Science Institute.

Rust, Roland T., Katherine N. Lemon, and Valarie A. Zeithaml (2004a), "Return on Marketing: Using Customer Equity to Focus Marketing Strategy," *Journal of Marketing*, 68(Jan.), 109–128.

Rust, Roland T., Tim Ambler, Gregory S. Carpenter, V. Kumar, and Rajendra K. Srivastava (2004b), "Measuring Marketing Productivity: Current Knowledge and Future Directions," *Journal of Marketing*, 68(Oct.), 76–89.

Ryals, Lynette (2005), "Making Customer Relationship Management Work: The Measurement and Profitable Management of Customer Relationships," *Journal of Marketing*, 69(Oct.), 252–261.

Sawhney, Mohanbir and Jeff Zabin (2002), "Managing and Measuring Relational Equity in the Network Economy," *Journal of the Academy of Marketing Science*, 30(4), 313–332.

Sawy, O. A. E. and G. Bowles (1997), "Redesigning the Customer Support Process for the Electronic Economy," *MIS Quarterly*, 21(4), 457–483.

Seligman, M. (2000), "Sultans of Sales," *New Zealand Management*, 47(6), 63–67.

Selnes, Fred and James Sallis (2003), "Promoting Relationship Learning," *Journal of Marketing*, 67(July), 80-95.

Sheth, Jagdish (2005), "The Benefits and Challenges of Shifting Strategies," *Customer Management*, MSI conference summary, Cambridge, MA: Marketing Science Institute, 4-5.

Sheth, Jagdish, Rajendra S. Sisodia, and Arun Sharma (2000), "The Antecedents and Consequences of Customer-Centric Marketing," *Journal of the Academy of Marketing Science*, 28(1), 55-66.

Simonson, Itamar (2005), "Determinants of Customers' Responses to Customized Offers: Conceptual Framework and Research Propositions," *Journal of Marketing*, 69(Jan.), 32-45.

Singh, Deepali and D. P. Agrawal (2003), "CRM Practices in Indian Industries," *International Journal of Customer Relationship Management*, 5 (Decemeber-January), 241-257.

Singh, Jagdip and Deepak Sirdeshmukh (2000), "Agency and Trust Mechanisms in Consumer Satisfaction and Loyalty Judgments," *Journal of the Academy of Marketing Science*, 28(1), 150-167.

Sirdeshmukh, Deepak, Jagdip Singh, and Barry Sabol (2001), "Consumer Trust, Value, and Loyalty in Relational Exchanges," *MSI Working Paper*, report No. 01-116, Cambridge, MA: Marketing Science Institute.

Sodano, A. (2000), "Leveraging CRM to Build Better Products," *National Underwriter*, 104(26), 23-27.

Srinivasan, Raji and Christine Moorman (2005), "Strategic Firm Commitments and Rewards for Customer Relationship Management in Online Retailing," *Journal of Marketing*, 69(Oct.), 193-200.

Srivastava, Rajendra, Tasadduq A. Shervani, and Liam Fahey (1998), "Market-Based Assets and Shareholder Value: A Framework for Analysis," *Journal of Marketing*, 62(Jan.), 2-18.

Srivastava, Rajendra, Tasadduq A. Shervani and Liam Fahey (1999), "Marketing, Business Processes and Shareholder Value: An Organizationally Embedded View of Marketing Activities and the Discipline of Marketing," *Journal of Marketing*, 63(Special Issue), 168–179.

Stevens, T. (1999), "Can You Relate?" *Industry Week*, www.industryweek.com: 1–3.

Stone, Merlin and Neil Woodcock (2001), "Defining CRM and Assessing it s Quality," in *Successful Customer Relationship Marketing*, Brian Foss and Merlin Stone, eds., London: Kogan Page, 3–20.

Swift, Ronald S. (2000), *Accelerating Customer Relationships–Using CRM and Relationship Technologies*, Upper Saddle River, NJ: Prentice Hall.

Thomas, Jacquelyn S. (2001), "A Methodology for Linking Customer Acquisition to Customer Retention," *Journal of Marketing Research*, 38(May), 262–268.

Thomas, Jacquelyn S. and Ursula Y. Sullivan (2005), "Managing Marketing Communications with Multichannel Customers," *Journal of Marketing*, 69(Oct.), 239–251.

Tuominen, Matti, Kristian Müller, and Arto Rajala (1997), "Marketing Capability: A Nexus of Learning–Based Resources and a Preresquisite for Marketing Orientation," in *Marketing: Progress, Prospects, Perspectives*, Arnott et al., eds., Warwick, UK: Warwick Business School, 26th EMAC Conference Proceedings, Volume 3, 1220–1240.

Uncles, Mark D., Grahame R. Dowling, and Kathy Hammond (2003), "Customer Loyalty and Customer Loyalty Programs," *Journal of Consumer Marketing*, 20(4), 294–316.

Valenzuela, Ana, Ravi Dhar, and Florian Zettelmyer (2004), "The Effects of Customization Procedure on Consumer Preferences and

Satisfaction," *MSI Working Paper*, Report No. 04-111, Cambridge, MA: Marketing Science Institute.

Vargo, Stephen L. and Robert R. Lusch (2004), "Evolving to a New Dominant Logic for Marketing," *Journal of Marketing*, 68(Jan.), 1-17.

Venkatesan, Rajkumar and V. Kumar (2004), "A Customer Lifetime Value Framework for Customer Selection and Resource Allocation Strategy," *Journal of Marketing*, 68(Oct.), 106-125.

Verhoef, Peter (2003), "Understanding the Effect of Customer relationship Management Efforts on Customer Retention and Customer Share Development," *Journal of Marketing*, 67(Oct.), 30-45.

Villanueva, Julian, Shijin Yoo, and Dominique M. Hanssens (2006), "The Impact of Marketing-Induced versus Word-of-Mouth Customer Acquisition on Customer Equity," *MSI Working Paper*, Report No. 06-119, Cambridge, MA: Marketing Science Institute.

Wind, Jerry and Arvind Rangaswamy (2000), "Customerization: The Next Revolution in Mass Customization," *MSI Commentary Paper*, Report No. 00-108, Cambridge, MA: Marketing Science Institute.

Yi, Youjae and Hoseong Jeon (2003), "Effects of Loyalty Programs on Value Perception, Program Loyalty, and Brand Loyalty," *Journal of the Academy of Marketing Science*, 31(3), 229-240.

Yoo, Shijin and Dominique M. Hanssens (2005), "Modeling the Sales and Customer Equity Effects of the Marketing Mix," *Working Paper*, Singapore Management University and the UCLA Anderson School of Management.

Zablah, Alex R., Danny Beuenger, and Wesley J. Johnston (2003), "Customer Relationship Management: An Explication of Its Domain and Avenues for Further Inquiry," in *Relationship Marketing, Customer Relationship Management and Marketing*

Management: Co-Operation-Competition-Co-Evolution, Michael Kleinaltenkamp and Michael Ehret, eds., Berlin: Freie Universität, Berlin, 115-124.

마치며

Epilogue

본 서는 기업에 있어서 전략적 마케팅의 역할을 강조하여 설명하였다. 구체적으로 기업의 중요한 무형적 자산 형성에 있어 중요한 요소인 기업의 마케팅능력과 시장기반학습과정이 무엇을 의미하는지 그리고 능력과 학습이 기업성과에 어떻게 영향을 미치는지 살펴보았다. 그 후 무형적 자산 중 마케팅능력을 통해 주로 형성되는 브랜드자산과 고객자산을 관리하는 능력은 무엇인지 그리고 그 능력을 구현하기 위해 필요한 마케팅 프로세스는 어떠한 지와 이들이 어떻게 성과로 이어지는지를 살펴보았다. 즉, 전략적 마케팅은 기업의 과거나 현재가치뿐만 아니라 미래가치를 증대시킬 수 있도록 하여야 함을 강조하였다.

일찍이 피터 드러커(2003)는 비즈니스의 목적은 고객의 창출과 유지를 통한 기업 수익의 창출과 지속적 성장이며, 이를 위해 가장 중요한 기능은 마케팅과 혁신임을 명확히 하였다. 즉, 기업의 현재가치뿐만 아니라 미래가치를 생각하는 마케팅과 혁신의 전략적 역할을 강조한 것으로 해석할 수 있다. 기업의 마케팅이 전략적 역할을 제대로 하기 위해선 시장에 관한 정보처리와 학습에 기반하여 마케팅전략을 수립하고 실행하는 전략적 마케팅능력을 키워나가야 한다. 이러한 능력의 증진을 위해선 기업 최고경영층이 주도하는 조직의 시장·학습지향적 문화가 필수조건인 것이다.

전략적 마케팅능력에 기반한 기업의 비즈니스 프로세스는 그 기업의 중요한 무형자원인 브랜드자산과 고객자산의 기반을 창출하게 된다. 나아가,

전략적 마케팅능력은 브랜드자산과 고객자산의 관리를 위하여 더 구체화되는 것이 필요하다. 이에 따라 본 서는 전략적 마케팅능력을 브랜드자산관리와 고객자산관리를 위한 방향으로 각각 구체화 하여 제시하였다. 특히 최근에 등장하여 발전하여 오고 있는 CRM 시스템은 기업의 고객관계자산관리의 중요성을 더욱 부각시키며 전략적 차원으로 진화하고 있다. 즉, 오래 전부터 마케팅이 개념적으로 강조해 온 가치의 동시 창출 원칙(dual creation of value)을 구체적으로 실행할 수 있는 수단이 등장하여 발전하고 있는 것이다.

미국의 경우 CRM과 고객관계자산에 대한 중요성 인식은 학계와 산업계의 협동에 의하여 그 개념과 수단의 발전으로 이어지고 있다. 예를 들어 Teradata 社는 2000년 Duke 경영대학원에 Teradata 연구 및 교육센터(the Teradata Center for Customer Relationship Management Research and Learning; www.teradataduke.org)를 설립하였으며, 그 이후 Rutgers, Yale, Baylor 대학원 등에 유사한 연구센터들이 문을 열었다(Rogers 2005). 이러한 노력들과 MSI (Marketing Science Institute)의 지원은 학계에 연구의 기반이 되는 데이터를 제공하고 있는 것이며, 그 결과로 4장에서 고찰한 바와 같이 CRM과 고객관계 자산에 관한 수준 높은 연구들이 많이 진행되어 오고 있는 것이다. 한편 이러한 연구 노력에 비해, 저자들의 예상과는 다르게, CRM과 고객관계자산은 아직 경영대학원의 주요 마케팅 과목에 빠르게 편입되고 있는 상황은 아닌 것으로 분석되었다. 주요 경영대학원 중 현재 CRM 관련 마케팅 교과목이 공식적으로 커리큘럼에 포함된 경우는 Northwestern, Cornell, Columbia, Dartmouth, Duke, University of Norte Dame, USC, University of Maryland-College Park, University of Texas-Austin, University of Rochester, Boston College, University of Georgia, Georgia Institute of Technology, University of Iowa, Rice University, Southern Methodist University, Thunderbird School, Wake Forest

University 등이었다. 향후 더 많은 학교에서 이러한 교과목을 빠르게 개설하리라고 예상한다.

미국에 비해 한국의 경우는 어떠한가? 교육과정은 아직 실증적인 연구가 필요하지 않을 정도로 공식적인 과목을 발견하기가 어려운 형편이다(곽원일 2006 참조). 연구는 어떠한가? 일단 절대적인 量도 적은 편이라 할 수 있으며, 연구의 품질(rigor)이나 관련성(relevance) 또한 현재는 미흡한 수준이라 할 수 있다. 여러 가지 이유가 있겠지만, 관련 자료 확보의 어려움, 분야에 대한 연구자들의 관심 부족 등을 주요 이유로 추론해 볼 수 있다. 물론 한국데이터베이스협회가 창립되어 관심을 가진 실무자간의 교류가 활성화 되고 있고, 최근에는 CRM 학회가 발족하여 이 분야의 연구를 진작시키는 역할을 하기 시작한 점은 매우 긍정적으로 평가할 수 있다. 그러나 이러한 추세가 한층 더 발전되기 위해서는 학계와 산업계의 실질적 · 효과적 교류가 이루어져야 하고 산업계의 데이터가 학계로 넘어와 수준 높은 연구로 이어지고 그 결과가 다시 산업계의 경영 및 마케팅활동을 증진시키는 선순환 구조가 창출되어야 할 것이다.

이러한 점들을 감안하며 본 서는 기존연구의 통합적 고찰을 통해 고객자산 관리능력과 프로세스에 관한 개념적 틀을 제시하고자 하였다. 그 틀을 만드는 과정에서 우리는 고객관계자산관리의 틀이 독립적으로 개발되는 것보다는 기업의 전략적 마케팅능력과 시장기반학습에 근거하는 것이 바람직함을 발견하였다. 이러한 발견은 전략적 CRM의 등장과 그 맥을 같이 하는 것으로 평가할 수 있다. 향후 특히 중요하게 다뤄져야 할 연구 및 실무적 이슈는 브랜드자산관리와 고객관계자산관리의 관계를 어떻게 설정하는 것이 바람직하며 이러한 관계 설정에 영향을 미치는 조건이나 변수는 무엇인가에 관한 것이라 할 수 있다. 예를 들어 브랜드자산관리에 관한 연구도 고객 포트폴리오 관점에서 연구되는 것이 바람직할 것이다(예 : Ambler et al. 2002; Chien, George, and McAlister 2004; Johnson and Selnes 2004; Kirmani et al. 1999).

본 서는 마케팅의 역할이 기업의 과거나 현재가치뿐만 아니라 미래가치를 증대시킬 수 있도록 공헌하는 점을 명확히 하여 보다 전략적으로 발전되어야 함을 강조하며, 이를 위해선 브랜드자산관리 또한, 특히, 고객자산관리 마케팅이 매우 중요함을 제시한 첫 발걸음이라 할 수 있다. 많은 학자들, 학자 지망생들, 기업관리자들의 동참을 요구하며 미약하나마 본 서는 여기에서 마치며, 추후 지속적인 노력으로 다시 찾아 뵐 것을 약속한다.

참고문헌

곽원일(2006), "한국 4년제 대학교의 마케팅 교육에 대한 실태분석 : 경영학과(부)의 교과과정을 중심으로," *마케팅논집*, 14(5), 103–118.

Ambler, Tim, C. B. Bhattacharya, Julie Edell, Kevin Lane Keller, Katherine N. Lemon, and Vikas Mittal (2002), "Relating Brand and Customer Perspectives on Marketing Management," *Journal of Service Research*, 5(1), 13–25.

Chien, Yung-Hsin, Edward I. George, and Leigh McAlister (2004), "Modeling a Brand's Customer-Mix," *Marketing Science Institute Working Paper*, Report No. 04–113, Cambridge, MA: Marketing Science Institute.

Drucker, Peter F. (2003), *The Essential Drucker: The Best of Sixty Years of Peter Drucker's Essential Writings on Management*, paperback ed., Collins.

Johnson, Michael D. and Fred Selnes (2004), "Customer Portfolio Management: Toward a Dynamic Theory of Exchange Relationships," *Journal of Marketing*, 68(April), 1–17.

Kirmani, Amna, Sanjay Sood, and Sheri Bridges (1999), "The Ownership Effect in Consumer Reponses to Brand Line Stretches," *Journal of Marketing*, 63(January), 88–101.

Rogers, Martha (2005), "Customer Strategy: Observations from the Trenches," *Journal of Marketing*, 69(Oct.), 262–263.

저자 소개

Profile of Authors

이성호(Lee, Sungho)

이성호는 고려대학교 경영학과를 졸업하고 미국 University of Wisconsin-Madison에서 경영학석사학위(M.B.A.)를 받았으며, 미국 University of Illinois at Urbana-Champaign에서 마케팅을 전공하여 경영학박사학위(Ph.D.)를 취득했다. 현재 서울시립대학교 경영학부 교수로서 일하고 있으며, 부임하기 전 그는 미국 University of Illinois at Urbana-Champaign에서 Lecturer로 학생들을 가르쳤으며, 한국에 와서는 삼성경제연구소의 수석연구원으로 근무하였다. 또한 박사학위과정 전에는 제일기획에서 A. E. 및 마케터로 근무하였다.

그의 관심 분야는 소비자행동, 브랜드자산 및 고객자산관리, 마케팅전략이며, 이러한 관심 분야에서 활발한 연구 및 저술 활동을 하고 있다. 그의 연구 노력은 JAMS (Journal of the Academy of Marketing Science), Journal of Strategic Marketing, International Journal of Retail & Distribution Management, Advances in Consumer Research 등, 국내외 유명 학술지에 실린 약 20여 편의 논문에 잘 반영되어 있다.

그는 교내 및 학술봉사활동 외에 교외봉사활동으로 정통부, 서울시 투자기관, 대기업과 금융권 등에 대한 기업경영교육활동과 기업자문활동도 활발히 수행하여 오고 있다. 그는 Phi Kappa Phi (1996), Walter H. Steller Fellow, Sheth Foundation Fellow & J.M. Jones Fellow (1992~1996), Albert Harring Symposium (1995), Best Teaching Award & Best Research Award (UOS) 등의 수상경력을 가지고 있다.

박정은(Park, Jeong-Eun)

박정은은 고려대학교 대학원 경영학과에서 석사를 취득한 후 박사과정을 수료하고 미국 University of Alabama에서 경영학박사학위(Ph.D.)를 취득하였으며, 현재 이화여자대학교 경영학부 교수로서 일하고 있다. 이화여대 부임 전 그는 미국 University of New Hampshire에서 교수로 학생들을 4년간 가르쳤으며, 미국 유학 전 한국에서는 매경경영연구원의 선임연구원으로 근무한 바 있다.

그의 관심 분야는 마케팅전략, 영업전략 및 국제마케팅 분야 이며, 이러한 관심 분야에서 활발한 연구 및 저술 활동을 하고 있다. 그의 연구 노력은 Journal of Marketing Research, Journal of Personal Selling and Sales Management, Journal of Business Research, Journal of Business and Industrial Marketing 등, 해외 유명 학술지와 학술대회에 실린 약 30여 편의 논문에 잘 반영되어 있다. 그는 Excellence in Research Award (The Selling and Sales Management SIG of the AMA, American Marketing Association), Best Sales Dissertation Award (Society for Marketing Advance), Best Student Paper Award & Best Doctoral Paper Award (National Conference of Sales Management) 등의 수상경력을 가지고 있다.

채서일(Chaiy, Seoil)

채서일은 현재 고려대학교 경영대학 교수이며, 한국의 경영학계와 마케팅학계의 거두들 중 하나이다. 서울대학교 상과대학에서 경영학학사학위를 받은 후 한국과학원에서 산업과학원에서 산업공학석사, 미국 Indiana University에서 경영학석사(M.B.A.)와 마케팅으로 경영학박사학위(D.B.A.)를 취득하였다.

그는 Indiana University에서 Lecturer로 교직생활을 시작하였으며, University of Pittsburgh의 Katz School of Business에서 4년간 조교수를 역임하였다. 1984년, 고려대학교 경영대학에 부임한 이래 현재까지 동 대학에서 교수로 재임 중이며, 이밖에 Standford, University of Pittsburgh의 경영대학원에서 객원교수를 역임하였다. 또한 고려대학교 기획처장으로서, 동 대학교의 전략기획, 예산수립 및 감사활동 등을 전담하였고, 특히 IMF사태 이후의 위기상황에서 학교의 전략수정 및 운영효율성 향상을 위한 구조조정 업무를 수행하였다.

그는 한국소비자학회, 한국마케팅학회의 회장을 역임한 후 2006년에는 한국경영학회의 회장직을 수행하였다. 경영학연구의 편집위원, 마케팅연구, 소비자학의 편집위원 및 편집위원장으로 활동하였으며, 아울러 이들 학회에서 활발한 위원회 활동과 함께 꾸준히 학술 논문을 발표해 오고 있으며, Asian Journal of Marketing을 비롯한 해외저널의 편집위원으로도 활동하였다.

그는 경제기획원, 국무총리실, 외교통상부, 산업자원부, 중소기업청 등 정부기관에서 자문 또는 위원회 활동을 활발하게 하였으며 삼성, 현대, LG, SK, GS, KT, 데이콤, 동원, 에스콰이아 등 국내 유수기업 및 중견기업들의 사외이사 및 경영자문 활동을 통하여 경영이론의 현실 적용은 물론 현장 경영에 근거한 한국적 경영학 연구의 토대 마련에 애쓰고 있다.

그는 사회과학조사방법론, 마케팅 등 수많은 저서를 저술하였으며, 학술논문으로는 Psychometrika 등 국내외 유수 저널에 40여 편의 논문을 발표하였으며, 마케팅전략 분야에서 수많은 제자들을 양성해 오고 있다. 또한 그는 Sigma Iota Epsilon (1978), Beta Gamma Sigma (1980), Asian Productivity Organization (1984) 등의 수상경력을 가지고 있다.

찾아보기

Index

한글 색인

영문 색인

저자와의
협의하에
인지생략

고객자산관리와 마케팅프로세스의 변화

2007년 12월 22일 초판 인쇄
2007년 12월 23일 1쇄 발행

저 자 : 이 성 호 · 박 정 은 · 채 서 일
발 행 인 : 정 광 식
발 행 처 : **비앤엠북스**
서울시 마포구 현석동 17번지 2층
등 록 2004.12.29. / 제313-2004-00298호
전 화 701-0801~2, 팩스 701-0831
홈페이지 bnmbooks.co.kr
이 메 일 bmbooks@paran.com

정가 15,000원 ISBN 978-89-91879-38-6